Geschlecht und Gesellschaft
Band 58

Herausgegeben von
B. Kortendiek, Essen, Deutschland
I. Lenz, Bochum, Deutschland
H. Lutz, Frankfurt, Deutschland
M. Mae, Düsseldorf, Deutschland
M. Meuser, Dortmund, Deutschland
U. Müller, Bielefeld, Deutschland
M. Oechsle, Bielefeld, Deutschland
B. Riegraf, Paderborn, Deutschland
K. Sabisch, Bochum, Deutschland
S. Völker, Köln, Deutschland

Geschlechterfragen sind Gesellschaftsfragen. Damit gehören sie zu den zentralen Fragen der Sozial- und Kulturwissenschaften; sie spielen auf der Ebene von Subjekten und Interaktionen, von Institutionen und Organisationen, von Diskursen und Policies, von Kultur und Medien sowie auf globaler wie lokaler Ebene eine prominente Rolle. Die Reihe „Geschlecht & Gesellschaft" veröffentlicht herausragende wissenschaftliche Beiträge aus der Frauen- und Geschlechterforschung, die Impulse für die Sozial- und Kulturwissenschaften geben. Zu den Veröffentlichungen in der Reihe gehören neben Monografien empirischen und theoretischen Zuschnitts Hand- und Lehrbücher sowie Sammelbände. Zudem erscheinen in dieser Buchreihe zentrale Beiträge aus der internationalen Geschlechterforschung in deutschsprachiger Übersetzung.

Herausgegeben von
Beate Kortendiek
Universität Duisburg-Essen

Ilse Lenz
Ruhr-Universität Bochum

Helma Lutz
Johann-Wolfgang-Goethe Universität
Frankfurt/Main

Michiko Mae
Heinrich-Heine Universität Düsseldorf

Michael Meuser
Technische Universität Dortmund

Ursula Müller
Universität Bielefeld

Mechtild Oechsle
Universität Bielefeld

Birgit Riegraf
Universität Paderborn

Katja Sabisch
Ruhr-Universität Bochum
München

Susanne Völker
Universität zu Köln

Koordination der Buchreihe:
Beate Kortendiek
Netzwerk Frauen-
und Geschlechterforschung NRW
Universität Duisburg-Essen

Weitere Bände in dieser Reihe http://www.springer.com/series/12150

Ilse Lenz · Sabine Evertz · Saida Ressel
(Hrsg.)

Geschlecht im flexibilisierten Kapitalismus?

Neue UnGleichheiten

Herausgeberinnen
Ilse Lenz
Bochum, Deutschland

Saida Ressel
Bochum, Deutschland

Sabine Evertz
Bochum, Deutschland

Geschlecht und Gesellschaft
ISBN 978-3-658-15347-2   ISBN 978-3-658-15348-9 (eBook)
DOI 10.1007/978-3-658-15348-9

Die Deutsche Nationalbibliothek verzeichnet diese Publikation in der Deutschen Nationalbibliografie; detaillierte bibliografische Daten sind im Internet über http://dnb.d-nb.de abrufbar.

Springer VS
© Springer Fachmedien Wiesbaden GmbH 2017
Das Werk einschließlich aller seiner Teile ist urheberrechtlich geschützt. Jede Verwertung, die nicht ausdrücklich vom Urheberrechtsgesetz zugelassen ist, bedarf der vorherigen Zustimmung des Verlags. Das gilt insbesondere für Vervielfältigungen, Bearbeitungen, Übersetzungen, Mikroverfilmungen und die Einspeicherung und Verarbeitung in elektronischen Systemen.
Die Wiedergabe von Gebrauchsnamen, Handelsnamen, Warenbezeichnungen usw. in diesem Werk berechtigt auch ohne besondere Kennzeichnung nicht zu der Annahme, dass solche Namen im Sinne der Warenzeichen- und Markenschutz-Gesetzgebung als frei zu betrachten wären und daher von jedermann benutzt werden dürften.
Der Verlag, die Autoren und die Herausgeber gehen davon aus, dass die Angaben und Informationen in diesem Werk zum Zeitpunkt der Veröffentlichung vollständig und korrekt sind. Weder der Verlag noch die Autoren oder die Herausgeber übernehmen, ausdrücklich oder implizit, Gewähr für den Inhalt des Werkes, etwaige Fehler oder Äußerungen. Der Verlag bleibt im Hinblick auf geografische Zuordnungen und Gebietsbezeichnungen in veröffentlichten Karten und Institutionsadressen neutral.

Gedruckt auf säurefreiem und chlorfrei gebleichtem Papier

Springer VS ist Teil von Springer Nature
Die eingetragene Gesellschaft ist Springer Fachmedien Wiesbaden GmbH
Die Anschrift der Gesellschaft ist: Abraham-Lincoln-Str. 46, 65189 Wiesbaden, Germany

Inhalt

Neukonfigurationen von Geschlecht im flexibilisierten Kapitalismus?
Potenziale von Geschlechter- und Gesellschaftstheorien 1
Ilse Lenz, Sabine Evertz und Saida Ressel

Treffen am Rande der Angst. Feministische Theorie im Weltmaßstab 9
Raewyn Connell

Flexibilität und Reflexivität. Männlichkeiten im globalisierten
Kapitalismus 31
Diana Lengersdorf und Michael Meuser

Männlichkeit unter Druck? 49
Mechthild Bereswill

Autonomie und Verwundbarkeit. Das Social Flesh der Gegenwart 65
Paula-Irene Villa

Neukonfigurationen von Staat und Heteronormativität.
Neue Einschlüsse, alte Machtverhältnisse 85
Gundula Ludwig

Transformationen der Arbeit und das flexible Herz. Prekarität, Gefühle
und Ungleichheit 109
Allison J. Pugh

Neoliberale Regierungsweisen und die Rekonfiguration der
Geschlechterordnung. Zur Rolle des Staates 131
Verónica Schild

Flexibilisierung von Gender-Normen und neoliberales Empowerment 159
Christa Wichterich

Genderflexer? Zum gegenwärtigen Wandel der Geschlechterordnung 181
Ilse Lenz

Verzeichnis der Autor*innen 223

Neukonfigurationen von Geschlecht im flexibilisierten Kapitalismus?
Potenziale von Geschlechter- und Gesellschaftstheorien

Ilse Lenz, Sabine Evertz und Saida Ressel

Die Geschlechterverhältnisse verändern sich gegenwärtig widersprüchlich. Sie bewegen sich zwischen rasendem Stillstand und stiller Revolution: So strömen Frauen auf den Arbeitsmarkt, aber die gläserne Decke vor dem oberen Management erweist sich als stabil. Handelt es sich um kontinuierliche Brüche oder gebrochene Kontinuitäten, um grundlegende Veränderungen oder um die gleiche Männerherrschaft (weißer) Eliten? Schließlich entwickeln sich die Geschlechterverhältnisse heute zwischen Gleichheitstendenzen und vertieften wechselwirkenden Ungleichheiten.

Die Leitfragen dieses Buches richten sich auf diese Veränderungen und Widersprüche, und dies in doppelter Hinsicht: Die Beiträge untersuchen zum einen wesentliche Aspekte wie die neoliberale Neuformierung von Staat und globaler Politik, die sich auf die Nutzung weiblicher ‚Potenziale' in verschiedenen Klassen und Gruppen richtet, oder die Flexibilisierung und Reflexivierung von Männlichkeiten. Zum anderen hinterfragen und reflektieren sie die leitenden Ansätze, mit denen diese Veränderungen heute wahrgenommen und analysiert werden. Wie muss man Geschlecht oder Kapitalismus (neu) denken, wenn man diese Transformationen erfassen will?

Um zunächst auf gleichheitliche Entwicklungen einzugehen: Die geschlechtliche Arbeitsteilung zwischen bezahlter und unbezahlter Arbeit wurde grundlegend in dem Sinne reorganisiert, dass Frauen nun Lohnarbeit wie auch weiterhin den Löwenanteil der Familienarbeit leisten, aus der Männer freigestellt bleiben. Die alleinige Zuweisung der Frauen auf unbezahlte Familienarbeit in der frühen bürgerlichen Moderne ist erodiert. In postindustriellen Gesellschaften ist heute die Mehrheit der Frauen erwerbstätig, wenn auch häufig unter prekären Bedingungen. Zugleich haben sich Frauen qualifizierte und mittlere Berufsfelder erschlossen und sie steigen allmählich ins untere Management auf. Jedoch leisten sie weiterhin einen Großteil der unbezahlten Hausarbeit oder sie verlagern diese zu Niedrigstbezahlung an andere Frauen, oft an irreguläre Migrantinnen. In der Politik haben zunächst einheimische Frauen Teilhabe in einer Minderheitenposition errungen, obwohl sie die Hälfte bilden, und Homosexuelle wie auch Migrant*innen sind ihnen nachgefolgt. Insgesamt hat sich das Verständnis von Geschlecht in weiten Kreisen in den Metropolen über den vorigen Mann-Frau-Dualismus hinaus pluralisiert und differenziert: Geschlecht erscheint heute eher als ein selbst mitzugestaltendes Element individueller Selbstentwürfe und nicht mehr allein als kollektives Schicksal. Homosexualität wird als Lebensform weithin anerkannt und die tiefgehende Diskriminierung von Transgender und Inter*Personen wird zunehmend hinterfragt.

Diese Entwicklungen wurden auch durch die Frauenbewegungen, andere soziale Bewegungen und die Gleichstellungspolitik befördert. Auf einer Metaebene hat die Geschlechterforschung sie durch eine grundlegende Innovation des Geschlechterwissens begleitet: Sie hat die biologistische Vorstellung von festgelegten dualen „Geschlechterrollen" von Mann und Frau aus dem 19. Jahrhundert umfassend widerlegt und aufgezeigt, dass Geschlecht im Wechselverhältnis von Gesellschaft und Körperlichkeit sozial gestaltet wird. In anderen Worten, auch Geschlecht ist reflexiv geworden in einer Moderne, in der alle Verhältnisse hinterfragbar und letztlich veränderbar erscheinen.

Doch zugleich vertiefen sich wechselwirkende Ungleichheiten nach Klasse, Migration und Geschlecht und sie werden komplexer. Einheimische Frauen wie auch hochqualifizierte Migrant*innen dringen in qualifizierte Berufe ein, während sich die irreguläre Migration zu Niedriglöhnen und ohne Sicherung parallel dazu ausweitet. Die soziale Sicherung über Lohnarbeit geht zurück und während längerer Arbeitslosigkeit oder im Alter sinkt sie für breite Gruppen auf ein Minimum. Die Flexibilisierung und Prekarisierung in der Lohnarbeit erfassen im globalisierten Kapitalismus zuvörderst Frauen, aber auch Männer und sie wird zunehmend von der Qualifikation abgekoppelt. Dennoch sind die jungen Generationen und Migrant*innen besonders davon betroffen. Für sie sind flexibilisierte und ökonomisierte Arbeitsverhältnisse alltäglich geworden, während alternative Sicherheiten und Solidaritäten verblassen.

Die Reichweite dieser Veränderungen wird deutlich, wenn wir sie mit den Geschlechterverhältnissen um etwa 1960 vergleichen: Damals hatte sich in den meisten industriekapitalistischen Gesellschaften im Westen und in Japan weitgehend das Ernährer-Hausfrauenmodell etabliert, das auch auf die Arbeiterklasse ausstrahlte. Männer konnten als Stammarbeiter in der Massenproduktion zunehmend auf Beschäftigungssicherheit und Aufstieg hoffen. Frauen waren demgegenüber häufig nur vor der Ehe oder dem ersten Kind beschäftigt. Danach sollten sie die unbezahlte Familienarbeit verrichten und zunehmend ihren Männern im Betrieb dem Rücken freihalten. Aus politischer Partizipation waren Frauen bis zum Beginn oder der Mitte des 20. Jahrhunderts auch in den industriekapitalistischen Gesellschaften formell ausgeschlossen und erst zu Ende des 20. Jahrhunderts gewannen sie eine Stimme. Dieser polaren geschlechtlichen Arbeitsteilung und hegemonialen politischen Männermacht entsprach ein rigider Geschlechtsdualismus, der von einem biologischen Determinismus und strikten Normierungen entlang der herrschenden Vorstellungen von Männlichkeit und Weiblichkeit geprägt war. Homosexualität war tabuisiert und kam tendenziell dem sozialen Tod gleich. Männliche Homosexualität war in verschiedenen modernen Gesellschaften strafrechtlich verboten. Auch die Geschlechtskörper wurden im Sinne dieses Geschlechtsdualismus normiert und angepasst. Transgenderpersonen waren aus dem öffentlichen Bewusstsein ausgeschlossen und Inter*Personen wurden medizinisch ausgesondert und behandelt.

In diesem Band wollen wir die Tiefe der Transformationen von Geschlecht zusammen mit den Kontinuitäten betrachten. Dazu suchen wir sich überkreuzende Perspektiven zwischen Raum und Zeit: Wir beziehen globale, nationale und lokale Geschlechterverhältnisse und die Dynamiken zwischen ihnen ein. Wir wollen die Zukunft nicht einfach als eine Fortschreibung vergangener „neopatriarchaler" Verhältnisse fortschreiben und uns vor allem an den erodierenden vergangenen Ungleichheiten orientieren. Vielmehr geht es darum, die gegenwärtigen tiefgreifenden Transformationen und Reorganisationen von Ungleichheiten auch von der Zukunft her zu begreifen. Und diese Zukünfte sind offen und letztlich gestaltbar. So kann der flexibilisierte globale Kapitalismus die Ansätze geschlechtlicher Vielfalt durch die Nutzung von ‚queeren Humankapitalen' oder männlichen wie weiblichen ‚Migrationseliten' kooptieren. Aber es können auch Öffnungen in betrieblichen Hierarchien durch Diversity-Ansätze erreicht werden, wie viele Erfahrungen zeigen.

So wird in diesem Band eine doppelte Perspektive auf diese Transformationen entfaltet. Zum einen werden neue Analysen zu diesen Veränderungen und zu den wichtigsten Akteur*innen in diesem Zusammenhang zusammengeführt. Zum anderen werden verschiedene geschlechtertheoretische Ansätze daraufhin betrachtet, inwiefern sie sich eignen, diese Transformationen und Kontinuitäten von Geschlecht im Zusammenwirken mit anderen Ungleichheiten im globalen flexibilisierten Kapitalismus zu erfassen und zu erklären.

Die ersten Beiträge ziehen Bilanz zum Stand der Geschlechterforschung, einschließlich der Männlichkeitenforschung angesichts der sozialen Flexibilisierung und Reflexivierung wie auch der Globalisierung und entwickeln neue kritische Ansätze. Sie leuchten die Aufbrüche und Kontinuitäten im Feld von Geschlecht, Körpern und Gouvernmentalität aus und reflektieren relevante Theorieansätze vonseiten der Geschlechterforschung. Insbesondere werden die postkoloniale Kritik an der Geschlechterforschung (Connell, Ludwig), die Bedeutung der hegemonialen Männlichkeit, Ambivalenzansätze aus der Kritischen und queeren Theorie eingebracht. Weiterhin werden Weiterführungen von Pierre Bourdieus Habitusansatz und der Gouvernementalität von Michel Foucault entwickelt.

Zu Beginn leistet Raewyn Connell eine grundlegende Theoriekritik der feministischen Ansätze in den Metropolen aus postkolonialer Perspektive. Werden doch die *Theoriebeiträge* postkolonialer feministischer Forschungen in der gegenwärtigen globalen Wissensökonomie kaum anerkannt. Die feministische Theorie muss die Kolonialität von Geschlecht begreifen, sowie die geschlechtliche Dynamik des Imperialismus und die Bedeutung der globalen Prozesse für ihr Verständnis von Geschlecht wahrnehmen, um ihrer kritischen Sicht auf globale und nationale Machtverhältnisse nachzukommen. Daraus ergeben sich neue Möglichkeiten: Denn die Leitfragen der postkolonialen feministischen Theorie verändern sich und sie schließen Gewalt, Macht und den Staat, Identität, Methodologien und den Grund und Boden ein. So entwickelt sich eine alternative Wissensstruktur, die das globale Terrain feministischer Theorie und ihre Verbindungen zur Praxis neu gestalten kann.

Diana Lengersdorf und Michael Meuser untersuchen darauf die Veränderungen von Männlichkeiten im globalisierten Kapitalismus in bezug auf Flexibilität und Reflexivität. Die im Zuge der neoliberalen Transformation von Wirtschaft und Gesellschaft erfolgenden Rekonfigurationen von Geschlechterarrangements betreffen Männlichkeiten und männliche Lebenslagen ebenso wie Weiblichkeiten und weibliche Lebenslagen. Der Beitrag diskutiert, in welcher Hinsicht Männlichkeiten in den Prozess einer Flexibilisierung spätmoderner Existenzweisen einbezogen sind, und zeigt, wie die Flexibilisierung von Männlichkeit mit deren Reflexivierung einhergeht. Jedoch erscheinen diese Prozesse auch als Folge der Erschöpfung industriegesellschaftlicher Geschlechterverhältnisse und Männlichkeitskonstruktionen. Denn die Erosion tradierter Männlichkeitspositionen hat den Bedarf nach einer diskursiven Verständigung darüber, was Männlichkeit ausmacht, stark erhöht.

Mechthild Bereswill untersucht, wie sich wandelnde gesellschaftliche Ungleichheitsverhältnisse und Mechanismen männlicher Herrschaft korrespondieren, wobei sie von den ungleichzeitigen und verdeckten Dynamiken des Wandels und der Persistenz ausgeht. Eine solche Konstellation wird am empirischen Beispiel einer durch Prekarisierung gekennzeichneten Konfiguration untergeordneter bzw. marginalisierter Männlichkeit konkretisiert. Der Fokus richtet sich dabei auf eine Ungleichheitskonstellation, die den scheinbar stillgestellten Wandel der industriekapitalistischen Gesellschaft im Zusammenhang von Marginalisierung und sozialer Kontrolle spiegelt. Dies schärft den theoretischen Blick für ungleichzeitige und spannungsgeladene Konfigurationen sozialer Ungleichheit.

Paula-Irene Villa diskutiert zunächst die Spannungen zwischen Autonomie und Verwundbarkeit exemplarisch anhand der Frauenbewegungen und ihren ‚body politics'. Der Körper bildet(e) darin den Ort und Modus der Forderung nach Autonomie. Das ‚Social Flesh' ist auch Ausdruck politischer Kämpfe, wie der Beitrag in einer kurzen historisch-genealogischen Skizze darlegt. Im Zuge gegenwärtiger gouvernementaler Selbstregierungsstrategien intensiviert und plausibilisiert sich nun zunehmend das Selbstverständnis, den Körper als Ressource zu Diensten des ‚unternehmerischen Selbst' (Bröckling) zu gebrauchen. Nicht mehr das ‚natürliche' Haben, sondern das praktische Machen des Körpers steht dabei im Vordergrund. Das wird am Beispiel der Praxis der kosmetischen Chirurgie betrachtet. In diesem biopolitisch verstandenen Feld lassen sich dezidiert ambivalente Positionen ausmachen: Schönheitshandeln als Unterwerfung (unter Normen, phantasmatische Ideale, etc.) und (auch emanzipatorische) Selbstermächtigung, die vom Imperativ maximaler individueller Autonomie gerahmt wird. Am Ende steht ein Plädoyer für die gesellschaftliche Anerkennung von Verwundbarkeit (Butler) auch im Sinne emanzipatorischer Politik.

Gundula Ludwig untersucht die Neukonfigurationen von Staat und Heteronormativität, die sich aus der zunehmenden Akzeptanz von Homosexualität und sexueller Vielfalt in Europa ergeben, mit der queeren postkolonialen Gouvernementalitätstheorie. Sie rekonstruiert zunächst die Verflechtung von Sexualität, Regieren und Staat bei Michel Foucault. Daraufhin zeigt sie die ausgrenzenden rassifizierenden Effekte der klassischen kolonialen Nation und ihrer heteronormativen Sexualitätsdiskurse auf. Nun hat sich das Sexualitätsdispositiv im Namen von Differenz, Pluralität und Toleranz geöffnet und flexibilisiert. Darin konstatiert sie zwar eine Verschiebung in den Machttechnologien, mit denen Subjekte und die Bevölkerung durch den Wandel sexueller Politiken regierbar werden. Sie verweist auf Trends zur inklusiven Heteronormativität, die sexuelle Vielfalt zwar zulässt, aber hierarchisch ein- und unterordnet. Dies führt zu einer Vielfalt des ‚Begehrens zum Staat', die aber im Sinne des Homonationalismus neokoloniale und rassistische Ausgrenzungen begründen können. So lassen sich einschneidende Veränderungen in staatlichen sexuellen Politiken konstatieren, die eine partielle Öffnung, Pluralisierung und Flexibilisierung des Sexualitätsdispositivs anzeigen. Zugleich ermöglichen gerade diese Veränderungen, dass Sexualität und Heteronormativität weiterhin ein zentrales Scharnier in der Beziehung zwischen Nationalstaat und Bevölkerung bleiben können.

Die darauf folgenden Beiträge untersuchen die neoliberale Reformierung von globaler Politik, Staat, Wirtschaft, Gesellschaft und ihre Auswirkungen auf Geschlechterbilder und -normen und auf die vergeschlechtlichten Subjektivitäten. Sie decken Konvergenzen zwischen Neoliberalismen in verschiedenen Kontexten und Feminismen auf und spüren alten und neuen Widerstandspotenzialen nach.

Allison Pugh untersucht in intersektionaler Sicht die Auswirkungen der Flexibilisierung der Lohnarbeit auf die Emotionsarbeit der Beschäftigten auf der Grundlage ihrer umfassenden qualitativen Studie (Pugh 2015). Sie fächert die Flexibilität in bezug auf Zeit, Raum, die Arbeitsfunktion, die Akteure, die Karrieren und die Arbeitsplätze auf und zeigt, wie die Beschäftigten sie in ihrer Emotionsarbeit wahrnehmen und aufbereiten. Im Ergebnis zeigt sich, dass unsicher Beschäftigte in den USA tendenziell Emotionsarbeit einsetzen, um den Ausdruck von Wutgefühlen zu unterdrücken und stattdessen Trauer, Selbstbeschuldigungen und Bedauern anzeigen. Entsprechend der neoliberalen Normen sehen sie sich selbst verantwortlich und lenken mit ihrer Selbstverarbeitung von der Unternehmerverantwortlichkeit eher ab. Die Hauptauswirkungen der Arbeitsunsicherheit liegen jenseits des Arbeitsplatzes am Schnittpunkt von Gefühlen, Sorgearbeit und Geschlecht. Wenn unsicher Beschäftigte mit Umbrüchen zuhause konfrontiert sind, drücken sie ihre Gefühle von Wut und Enttäuschung offen aus.

Verónica Schild untersucht die Konfigurationen der Formen der staatlichen Regulierung im Kontext der neoliberalen kapitalistischen Projekte der sozialen Integration in Lateinamerika. Diese schließen ökonomische und moralische Strategien der individuellen Integration durch Arbeit ein. Diese neoliberalisierte Staatsform umfasst zwei vergeschlechtlichte Dimensionen: Eine ermöglichende/"verbessernde" oder „versorgende" und eine bestrafende Dimension. Zu den sozialregulatorischen Zielen eines ermöglichenden neoliberalen Staates gehört, dass sie Gesellschaften durch das *Selbstverantwortlichmachen von Individuen*, die – als unternehmerisches Selbst – in der neuen Ökonomie funktionieren können, in *unternehmerische Gesellschaften* verwandelt. Seine Sozialpolitik bringt regulatorische Praktiken hervor, die feministische Empowerment-Diskurse und -praktiken zur Nutzung bezahlter und unbezahlter Arbeit von Frauen einbeziehen. In diesem Sinne bedeutet die neoliberale Restrukturierung nicht einen Rückzug des Staates vom Sozialen, sondern dieser nimmt erweiterte Fähigkeiten der Leitung, Regulierung und Kontrolle von anderen Akteuren und Agenturen des „Regierens" ein, die sich auf neue Gouvernementalitäten von Frauen stützen.

Christa Wichterich untersucht demgegenüber die Widersprüche und Konvergenzen von Neoliberalismus und Feminismen auf globaler Ebene. Sie bezieht sich auf die feministische kritische Theorie, die sich darauf richtet, Zusammenhänge herzustellen, strukturalistische und post-strukturalistische Ansätze analytisch zu verweben, und auf die Dialektik zwischen Strukturen und Subjektivitäten sowie auf Gegenläufigkeiten und Ungleichzeitigkeiten der Veränderung von Geschlechterregimen zu fokussieren. Sie bildet einen Gegenentwurf zu neoliberalen Subjektkonzepten, die keine Ambivalenzen und Paradoxien zulassen. Sie konkretisiert diesen Zugang anhand dreier Zusammenhänge. Sie analysiert die Global Gender Governance, die in den UN-Weltfrauenkonferenzen verankert wurde, als normsetzendes institutionalisiertes Machtverhältnis, in dem feministische Ansprüche neoliberalen Normen subsumiert und damit vermengt wurden. Dann beleuchtet sie am Beispiel der Weltbank das Prinzip neoliberalen Empowerments, um schließlich an Fallbeispielen aus Indien die widersprüchlichen Wirkungen des globalisierten Kapitalismus zu dekonstruieren.

Ilse Lenz setzt sich mit der Entwicklung der Geschlechterforschung, neueren Ansätzen in der Kapitalismustheorie und dem Konzept der Geschlechterordnung auseinander. Zunächst fasst sie die Hauptlinien der gegenwärtigen dekonstruktiven Gendertheorie zusammen, wobei sie das Reflexivwerden und die Diversität des Genderwissens hervorhebt. Auf dieser Grundlage schlägt sie einen Arbeitsbegriff von Geschlecht als Strukturkategorie vor, der die Dimensionen der ungleichen Macht- und Arbeitsstrukturierung und der Normierung von Begehren und Körpern verbindet. Daraufhin diskutiert sie neuere Kapitalismuskonzepte, die für die Globalisierung, Flexibilisierung und geschlechtliche Veränderungen offen sind. Die neuen widersprüchlichen Entwicklungen erfasst sie mit dem Ansatz der Geschlechterordnung: Während sich gegenwärtig in den postindustriellen Wohlfahrtsstaaten eine Flexibilisierung von Geschlecht, wie auch von Beschäftigungs- und Beziehungsstrukturen abzeichne, nimmt sie einen Übergang zu einer flexibilisierten Geschlechterordnung an. Anschließend stellt sie einige empirische Tendenzen dazu zusammen.

Ein Teil der Beiträge geht auf zwei Tagungen zu Neukonfigurationen von Macht, Geschlecht und sozialen Ungleichheiten 2012 zurück. Sie wurden von der DFG, der Heinrich Böll-Stiftung und der Research School der Ruhr-Universität Bochum gefördert. Für diese Förderung bedanken wir uns herzlich. Ein großer Dank gilt unseren Autor*innen für ihre spannenden Beiträge in diesem Buch.

Literatur

Pugh, Allison J. (2015). *The Tumbleweed Society: Working and Caring in an Age of Insecurity.* New York: Oxford University Press.

Treffen am Rande der Angst
Feministische Theorie im Weltmaßstab[1]

Raewyn Connell

> *The evening will be under my disposal*
> *and the meeting at the edge of fear is mine*
> *I am another Buthayna*
> *perfume springs from me*
> *as well as love and diaspora*
>
> Saleha Obeid Ghabesh:
> Who Will Secure a Safe Haven for Buthayn?

1 ‚Ein bedeutender Fehler in der feministischen Forschung': Das Problem

Vor einem Vierteljahrhundert nannte Martha Lazreg in einem eindrucksvollen Artikel mit dem Titel „Feminismus und Differenz" die Behandlung von Frauen in kolonisierten Gesellschaften einen „bedeutenden Fehler in der feministischen Forschung" (1988, S. 100). Eine gespaltene Weltsicht, die sich aus dem Kolonialismus herleitet und auf kulturelle Differenz fixiert ist, bedeutete, dass Frauen in arabischen

---

1 Dieser Artikel wurde durch die Schriften, den Rat, die Gastfreundschaft und die Unterstützung vieler KollegInnen in Brasilien, Südafrika, Costa Rica, Indonesien, Chile, Indien, China, Senegal, Taiwan, Aotearoa/Neuseeland, Australien, Mexiko und Kolumbien wie auch in der globalen Metropole ermöglicht. Mein Dank geht an sie alle. Rebecca Pearse leistete als Forschungsmitarbeiterin einen großen Beitrag. Tiefe Dankbarkeit habe ich für mein weit verstreutes Unterstützungsteam, besonders Barrie Thorne, Robert Morrell und Kylie Benton-Connell.
Anm. d. Ü.: Der Artikel erschien zuerst auf Englisch unter dem Titel *Meeting at the Edge of Fear: Theory on a World Scale*. In: Feminist Theory, 2015, 16 (1), S. 49–66 und darauf in deutscher Übersetzung in der Zeitschrift Argument 314, Wege des Marxismus-Feminismus, S. 693-777. Die Übersetzung übernahm Ilse Lenz.

Ländern nicht nur gegen Geschlechterunterdrückung kämpfen mussten. Sie mussten auch mit den vorherrschenden Paradigmen feministischen Wissens brechen.

Auch Chandra Talpade Mohanty machte in dem Aufsatz „Under Western Eyes", der unter englischsprachigen FeministInnen weitaus bekannter ist, auf den kolonialen Blick in der Geschlechterforschung im Norden aufmerksam (Mohanty 1991). Zehn Jahre nach Lazregs Artikel veröffentlichte die australische Soziologin Chilla Bulbeck das Buch *Re-Orienting Western Feminisms* (1998), in dem sie die große Diversität der Erfahrungen und politischen Kampfe von Frauen quer durch die postkoloniale Welt verfolgte und für ein ‚Verflechten' von multiplen Feminismen im Weltmaßstab eintrat.

Ein weiteres Jahrzehnt danach vertrat Min Dongchao, während sie über den von der Ford Foundation finanzierten Import von feministischem Denken aus der USA nach China nachsann, dass „die Machtverhältnisse hinter diesem globalen Fluss feministischer Ideen, Veröffentlichungen und Aktivitäten aufgedeckt werden sollten" (2007). In Kolumbien äußerte Mara Viveros, dass eine entkolonisierende Sicht auf ‚Rasse' und Süd-Süd-Verbindungen wesentlich für die feministische Theorie sei (2006). Shailaja Fennell und Madeleine Arnot kritisierten in Großbritannien die Art und Weise, in der die globale Forschung über Geschlecht und Bildung durch angloamerikanische Ansätze dominiert wird und gaben Beispiele für feministische Herausforderungen aus dem Süden für die „hegemoniale Geschlechtertheorie" an (2008, S. 525). In einer Übersicht über afrikanische Frauen und Geschlechterverhältnisse warnten Akosua Adomako Ampofo, Josephine Beoku-Betts und Mary Johnson Osirim vor einem Import postmoderner wie auch marxistischer Theorien, da beide „verzerrtes und ausgeliehenes Wissen hervorbringen, das die existierende geschlechtliche Unterordnung verbirgt" (2008, S. 334). Sondra Hale untersuchte den „wandernden Geschlechteransatz" in der arabischen Welt und hinterfragte die Nord-Süd-Hierarchie in der Geschlechterforschung und vor allem die Vorstellung, dass diese im Süden sich nur praktischen Fragen, nicht aber der Theorie zuwenden solle (2009).

Woher kommt diese andauernde Beunruhigung? Die feministische Forschung interessiert sich häufig für die Mehrheitswelt. Es gib nun eine umfangreiche Forschungsliteratur über Globalisierung und Geschlecht und eine ganze Bibliothek von Werken zu Geschlecht und Entwicklung. Wir haben Sammelwerke zu globaler Geschlechterforschung (z. B. Bose und Kim 2009). Feministische Zeitschriften im Norden veröffentlichen regelmäßig Ausgaben über arabischen oder lateinamerikanischen Feminismus und bemühen sich um Beiträge aus dem globalen Süden. Dank Forscherinnen wie Mohanty und Spivak und dem Aufstieg des schwarzen und lateinamerikanischen Feminismus hat der postkoloniale Feminismus einen festen Platz in Lehrplänen an nordamerikanischen Universitäten und wird nun auch in

Europa diskutiert (Reuter und Villa 2009). Bekannte feministische DenkerInnen formulieren nun oft ihre Ideen unter Berücksichtigung globaler Probleme und postkolonialer Sichtweisen: Ein bemerkenswertes Beispiel ist Sandra Hardings Reformulierung der feministischen Epistemologie in *Sciences from Below* (2008).

Dennoch existiert ein eklatantes Ungleichgewicht in dieser breiten Literatur. Die große Masse feministischer Veröffentlichungen, die international zirkulieren und den globalen Süden diskutieren, ist empirisch, deskriptiv oder politikberatend angelegt. Wenn sie überhaupt Theorien enthalten – in der Konzeption, Methodologie oder in ihren Erklärungsrahmen – kommen diese fast immer aus dem globalen Norden.

Dafür gibt es gute soziologische Gründe. Feministische Forschung – an Universitäten, staatlichen Behörden oder von NROs – wird von Arbeitskräften im Rahmen einer globalen Ökonomie produziert. Der Philosoph Paulin Hountondji aus dem Benin, der die beste Analyse zu dieser Frage vorgelegt hat, hat eine globale Arbeitsteilung in der Wissensproduktion festgestellt, deren Ursprünge im Imperialismus liegen (1997, 2002). Die koloniale Welt diente als reiche Quelle für Daten wie auch für Waren. Informationen und Musterexemplare wurden in die Metropole (wie die französische Bezeichnung für das imperiale Zentrum, die Heimat der Kolonisten lautet) befördert, die zum Standort des *theoretischen* Moments der Wissenschaft wurde. In der Zeit der neoliberalen Globalisierung bleibt die Metropole der Hauptstandort der Theorieverarbeitung, die nun Forschungsunternehmen und Datenbanken, die von großen Privatfirmen betrieben werden, umfasst.

Intellektuelle Arbeiter in der Peripherie werden in eine Haltung gedrängt, die Hountondji Extraversion nennt. Um als WissenschaftlerIn erfolgreich zu sein, *muss* man die führenden Zeitschriften aus der Metropole lesen, die dort vermittelten Forschungstechniken anwenden und dort Anerkennung erreichen. Karrierewege schließen weiterführende Ausbildung in der Metropole, Teilnahme an Konferenzen dort und – für die Erfolgreicheren – Beschäftigung in der Metropole ein. Die Hegemonie des Nordens in der Theorie ergibt sich einfach aus dem normalen Funktionieren dieser Wissensökonomie.

Diese globale Wissensökonomie steht in einem bestürzenden Widerspruch zur politischen Geschichte der Geschlechterverhältnisse. Die Intellektuellen der kolonisierten Gesellschaften und Siedlergruppen haben eine reiche Geistes- und Debattengeschichte zur Geschlechterungleichheit, die bis zu Sor Juana[2] im Mexiko des 17. Jahrhunderts zurückgeht. Gleichzeitig zur ersten Welle des Feminismus in der Metropole traten Frauen auf wie Aisha Taymour in Ägypten, die in ihrem Buch *The Mirror of Contemplating Affairs* (1892) die Korantexte in Bezug auf Frauen untersuchte (Elbendary 2002), oder Raden Adjeng Kartini (2005), die den

---

2 Sor Juana Inés de la Cruz, Schriftstellerin und Nonne (1651-1695) (Anm. d. Ü.).

Klassiker *Briefe einer javanischen Prinzessin* schrieb und trotz ihres frühen Todes Generationen indonesischer Feministinnen inspirierte (Robinson 2009). In dem radikalen intellektuellen Gären des späten Qing Kaiserreiches in China verfasste He-Yin Zhen, eine ihrer Zeitgenossinnen, bemerkenswerte Analysen zu der Macht der Männer, der Frauenarbeit und der feministischen Politik (Liu et al. 2013).

Die Frauen in der Vierten Mai-Bewegung in China starteten neue Schreibprojekte zu den Erfahrungen von Frauen in den 1920er Jahren, die einen großen kulturellen Durchbruch darstellten (Ng und Wickeri 1996). Huda Sharawi und andere arabische Frauen gründeten 1923 die ägyptische Frauenunion (Badran 1988). Auch Männer dachten in der kolonisierten und semikolonialen Welt über Geschlechterreform nach. Dazu gehören Qasim Amin in Ägypten, der 1899 *Die Befreiung der Frau* schrieb, Jin Tianhe in China, Verfasser von *The Women's Bell* (1903) und Bankimchandra Chatterjee, der ein bekannter Romanschriftsteller und – wie einer Reihe anderer bengalischer männlicher Intellektueller des 19. Jahrhunderts – ein Fürsprecher und Vertreter von Geschlechtergleichheit war.

Aus dem globalen Süden kamen fortlaufend originelle und machtvolle Geschlechteranalysen. Ein Beispiel ist Heleieth Saffiotis großes Pionierwerk *A Mulher na Sociedade de Classes* (Frauen in der Klassengesellschaft), das 1969 vor den berühmten Texten der Frauenbefreiungsbewegungen im Norden in São Paulo veröffentlicht wurde. Ein weiteres ist das Buch *Beyond the Veil* (1975) der marokkanischen Soziologin Fatima Mernissi, eine beachtliche Darlegung einer Perspektive, die Gender als soziale Verhältnisse begreift (es erschien gleichzeitig zu Gayle Rubins „The Traffic in Women", war aber historisch sensibler) und eine bahnbrechende feministische Analyse der Lage von Männern und der Muster von Männlichkeit. Ein drittes ist Bina Agarwals *A Field of One's Own* (1994), das mit seinem tiefen empirischen Wissen, seiner integrativen und imaginativen Kraft eine der größten Leistungen der gegenwärtigen feministischen Forschung darstellt.

Die Fruchtbarkeit des Denkens in der Peripherie hat sich neulich durch das Buch *Feminismos desde Abya Yala* von Francesca Gargallo Celentani erwiesen (2012), dessen Untertitel *Ideas y proposiciones de las mujeres de 607 pueblos en nuestra América* lautet. Es hält Diskussionen mit Frauen aus indigenen Gemeinschaften von Mexiko bis Chile fest, wobei es lokale feministische Ideen über Kolonialität, Patriarchat, Gewalt, Religion, Rassismus, internen Kolonialismus, Identität, Umwelt usw. untersucht.

Saffiottis Werk ist in Brasilien weit verbreitet und in anderen Teilen Lateinamerikas bekannt. Andernorts kennt man es kaum und in Diskussionen über Geschlechtertheorie in der Metropole wird es nur sehr selten erwähnt. Mernissis Arbeit wird in der englischen Geschlechterforschung als exotische Ethnographie betrachtet und nie als Theoriebeitrag zitiert. Agarwals Werk ist in der Entwicklungsökonomie wohl bekannt und zunehmend auch in Umweltdebatten, aber ich habe es noch nie in einem Text zur feministischen Theorie im Norden diskutiert gesehen. In der globalen Metropole werden nur wenige Veröffentlichungen von Bewegungen oder von NROs oder auch offizielle Berichte gelesen. Selbst die akademischen Veröffentlichungen sind in den metropolitanen Foren nur begrenzt präsent.[3]

Das Problem liegt nicht in einem Ideendefizit aus der globalen Peripherie – es ist ein Defizit von Anerkennung und Verbreitung. Es handelt sich um ein Strukturproblem des feministischen Denkens im Weltmaßstab. Wenn die einzigen Theorieversionen, die global zirkulieren und Autorität innehaben, der sozialen Erfahrung einer regionalen Minderheit entspringen, besteht eine drastische Verarmung der Geschlechterforschung als Wissensform.

Einige ForscherInnen, die dieses Muster erkennen, schildern eine starre Dichotomie von Norden versus Süden, einheimisches versus ,westliches' Wissen. Während der Zorn der Entkolonialisierung, der diese Vorstellungen vorantreibt, verständlich ist, ist das empirische Bild der Geschlechterforschung komplexer. Migration in den Norden kann zur Kritik wie auch zur Assimilation führen; daher kommt der *expatriate feminism*, den Josephine Beoku-Betts und Wairimũ Ngarũiya Njambi subtil analysiert haben (2005). Einige Expatriates reisen hin und zurück, fördern andere in intellektuellen Kettenwanderungen und organisieren gemeinsame Projekte und Publikationen. Einige Intellektuelle aus dem Norden leben einige Zeit in der kolonialen Welt und werden dadurch beeinflusst. Das Pionierwerk von Maria Mies *Patriarchy and Accumulation on a World Scale* (1986) kam aus dieser Erfahrung, wie sie in ihrer Autobiographie festhält.

Und zweifellos können Ideen aus dem Norden in einer neuen Art und Weise von DenkerInnen aus dem Süden verwendet werden. In hochkreativer Weise verwendeten Heleieth Saffioti den marxistischen Strukturalismus und Bina Agarwal Verhandlungsmodelle. Kathy Davis hält in ihrer Geschichte der Verbreitung von *Our Bodies, Ourselves* die Veränderungen der Themen und politischen Annahmen in der lateinamerikanischen Ausgabe *Nuestros Corpos, Nuestras Vidas* fest (2007, S. 175ff.). Über den Pazifik hinweg wurden die Kategorien der politischen Ökonomie aus dem Norden für die philippinische Geschichte in *The Political Economy of Gender* von Elizabeth Uy Eviota neu aufgearbeitet (1992, S. 172), wobei die ,strukturelle Gewalt' betont wird, die die kollektive Lage der Frauen in der neokolonialen Ökonomie definiert. Ein Beispiel aus jüngster Zeit ist die Kritik des Kanons aus dem Norden

---

3 Um nur ein Beispiel zu nennen: Die Zeitschrift *Feminist Theory* hat Artikel von 122 AutorInnen veröffentlicht: 38 sind in Institutionen in Nordamerika, 68 in Europa, 15 im Rest der Welt (davon elf aus englischsprachigen Siedlerkolonien wie Australien und Neuseeland).

und die Neubearbeitung des Differenzansatzes von kolumbischen Feministinnen in *El Género: Una Categoría útil para las Ciencias Sociales* (Arango und Viveros 2011). Doch trotz all dieser Einschränkungen erbringt das metropolitane Denken weiterhin global die vorherrschende theoretische Rahmung für das Geschlechterwissen und in der Peripherie ist intellektuelle Abhängigkeit immer noch die übliche Lage. Das ist nicht gut genug. Die soziale Erfahrung der kolonisierten Welt ist historisch anders und die praktische Arbeit des Feminismus in den Lagen, in denen die Mehrheit der Welt lebt, bedarf einer Theorie, die auf diese Geschichte antwortet. Wir müssen die Geschlechtertheorie selbst in neuen und global inklusiven Wegen konzipieren.

Das ist eine riesige und komplexe Aufgabe. Hier folgt eine Erkundung von drei Fragen, die sich sofort stellen. Wenn man die globale Formung des Wissens wahrnimmt, ergeben sich zum Ersten Rückfragen an das Konzept, das dem gesamten Wissensfeld zugrunde liegt – an die Vorstellung von Geschlecht selbst. Wenn wir zum Zweiten dem Süden Priorität geben, müssen wir über die Aufgaben nachdenken, die sich feministischen intellektuellen ArbeiterInnen stellen und potentiell die Agenda der feministischen Theorie umschreiben. Zum Dritten müssen wir den epistemologischen und praktischen Charakter des vom Feminismus lancierten Wissensprojekts neu bedenken und eine relevante *Form* für die Wissensformierung im Weltmaßstab finden.

Im Folgenden wird ein weites Terrain rasch und manchmal atemlos (wofür ich mich entschuldigen möchte) durchkreuzt. Ich habe Beispiele und Belege zu dem jeweiligen Problem zugeordnet und nicht nach Region oder Zeitperiode gruppiert, (was das übliche Vorgehen wäre). Dabei betone ich Kontaktpunkte in den Erfahrungen in verschiedenen Weltteilen und möchte die LeserInnen ermutigen, über die Fragen im Weltmaßstab – nicht nur auf regionaler Ebene – nachzudenken.

2 ‚An der imperialen Quelle': Die Kolonialität von Geschlecht

Amina Mama zeigt in einer machtvollen Argumentation, dass wir die Gewalt des Kolonialismus verstehen müssen, wenn wir die Gewalt gegen Frauen im postkolonialen Afrika begreifen wollen, und dafür müssen wir mit den „Geschlechterverhältnissen und der Geschlechtergewalt an der imperialen Quelle" beginnen (1997, S. 48). Die christlichen Gesellschaften, die die globalen Eroberungen der letzten fünfhundert Jahre lostraten, waren bereits zuvor patriarchal und kriegerisch. Was Sarah Radcliffe, Nina Laurie und Robert Andolina die „Transnationalisierung des

Geschlechts" nannten (2004), hat eine sehr lange Geschichte und es ist erhellender von der Kolonialität von Geschlecht zu sprechen. Dieser Begriff wurde von der Philosophin María Lugones eingeführt (2007, S. 2010). Ihre Darstellung ist zwar sehr abstrakt, aber sie erbringt einen nützlichen Zugang zu diesem Problem. Lugones' Argumentation bezieht sich auf zwei Denkrichtungen: Die eine ist die lateinamerikanische Strömung des Denkens der Entkolonisierung, die eine eindringliche Kritik des Eurozentrismus in der regionalen Kultur entwickelt hat. Lugones bezieht sich insbesondere auf den peruanischen Soziologen Aníbal Quijano und seine Darstellung der Kolonialität der Macht (2000), die die südamerikanischen Realitäten in den Jahrhunderten geprägt hat, seitdem die direkte Kolonialherrschaft durch neue Formen der globalen Macht abgelöst wurde. Die andere ist eine lang andauernde afrikanische Debatte über einheimisches Wissen und afrikanische Philosophie (Hountondji 2002). Einige ForscherInnen vor allem aus der afrikanischen Diaspora haben vertreten, dass vorkoloniale Gesellschaften nicht patriarchal oder durch Geschlecht strukturiert waren, dass der Feminismus kulturelle Kolonisierung einbezieht und dass eine eigenständige afrikanische Perspektive auf Frauen erforderlich ist (z. B. Oyěwùmí 1997; Nnaemeka 2005). Lugones unterscheidet klar zwischen dem Kolonialen und dem Einheimischen und spricht davon, dass Geschlecht „kolonial aufgezwungen wurde" (2010, S. 748).

Solche Formulierungen sind erfrischend. Sie fordern die habituellen Mentalitäten heraus, die die nicht europäische Welt als das Heim primitiver Geschlechterdichotomien und eines unveränderten Patriarchats sehen. Aber die empirischen Begründungen sind strittig. Die freundliche Sicht auf die einheimische Gesellschaft hat in Afrika heftige Kritik hervorgerufen, wobei andere Feministinnen deren faktische Behauptungen, kulturellen Essentialismus und impliziten politischen Konservatismus hinterfragten (Hendricks und Lewis 1994; Bakare-Yusuf 2004). Die Präsenz von Geschlecht und die Existenz von Geschlechterungleichheiten in den meisten Weltregionen zum Beginn der westlichen Kolonisierung ist schwer abzustreiten – so in Ostasien, Indien, Nordafrika, Australien und dem Pazifik. Wir müssen die Kraft präkolonialer Geschlechterordnungen, die komplexen Strukturen der Geschlechterverhältnisse, wie sie von Agarwal, Mernissi, Saffioti und anderen theoretisch herausgearbeitet wurden, und die turbulente geschlechtliche Geschichte der Kolonisierung begreifen. Das Bild von Lugones ist deshalb überzeichnet, aber die von ihr benannte Dynamik ist von großer Bedeutung. Sie führt zu einem zutiefst historischen Konzept von Geschlecht. Konkrete Beweise für geschlechtliche Arbeitsteilungen und die kulturelle Anerkennung von Geschlecht lassen sich bis etwa 40 000 Jahre zurückverfolgen (Balme und Bowdler 2006). Die menschliche Reproduktion wurde mit sozialen Strukturen verknüpft, als sich anatomisch moderne Menschen über den Planeten verbreiteten. Offensichtlich haben die Geschlechterverhältnisse in den folgenden Jahrtausenden in verschiedenen Umwelten viele Transformationen durchgemacht. Die Vorstellung der Kolonialität von Geschlecht betrifft den neuesten Umsturz von Macht und Bevölkerungen, die fünfhundert Jahre des europäischen Weltreichs und der globalen kapitalistischen Ökonomie. Wie Valentine Mudimbe in *The Idea of Africa* anmerkte (1994), „war die neue Macht darauf angewiesen, eine neue Gesellschaft aufzubauen, um sich zu etablieren" (Mudimbe 1994, S. 140). Ein wesentliches Element davon war das Aufbrechen und die Verwirrung der Geschlechterverhältnisse. Die weit verbreitete Vergewaltigung einheimischer Frauen durch die Männer der kolonialisierenden Streitkräfte war eine unmittelbare Verletzung ihrer Körper und zerstörte zugleich die vorhandenen Strukturen der Sexualität, Familie und Vererbung. Es konnte geschehen, dass die Bevölkerung, die die Eroberung überlebt hatte, in Zwangsmigration umgesiedelt wurde und Familien auseinandergerissen wurden (bis weit in das 20. Jahrhundert wurden Kinder weggenommen). Strukturen geschlechtlicher Autorität wurden immer wieder aufgebaut, oft durch Missionare. Die Arbeitskräfte für die kolonialen Industrien wurden manchmal einfach so vereinnahmt, wie sie dastanden, aber oft wurden sie durch Zwang, Landenteignung oder ökonomischen Druck zusammengestellt. Herrscher und Siedler schufen Vererbungssysteme und versuchten, ihre Macht über die Zeit zu projizieren. Sowie die Plünderungen in Kolonisierung umschlugen, waren reproduktive Körper- und Geschlechterverhältnisse im Herzen des imperialen Projekts.

Mara Viveros aus Kolumbien merkte an, dass der Kolonialismus Geschlechter- und rassische Hierarchien mit ganz besonderer Intensität verwob (Viveros 2006). In kolonialen Lagen können Geschlecht und ‚Rasse' kaum als getrennte Variabeln gesehen werden. Die Bedeutung der ‚Rasse' wurde in Geschlechterdynamiken konstituiert – zum Beispiel in den Regeln gegen Mischehen zwischen KolonisatorInnen und Kolonisierten, die in den meisten europäischen Reichen nach 1850 verschärft wurden. Umgekehrt wurde die Bedeutung von Geschlecht durch Vorstellungen von ‚Rasse' definiert wie etwa die Hierarchien zwischen Männlichkeiten, die die britischen Kolonisatoren bei ihren indischen Untertanen festlegten (Sinha 1995).

Die Schaffung einer kolonialen Geschlechterordnung war nie eine einfache Transplantation. Ashis Nandy zeigt in seiner klassischen Studie der Psychologie der Britischen Herrschaft in Indien, dass die koloniale Eroberung neue Muster von Männlichkeit sowohl für die Kolonisierten als auch die Kolonisatoren *schuf* (Nandy 1983). Robert Morrells bedeutende Geschichte der Siedlermännlichkeiten im kolonialen Natal zeichnet den Aufbau der Institutionen, die harten und eindringlichen Definitionen von Geschlecht und die fortgesetzte Gewalt gegen einheimische Völker nach, die erforderlich waren (Morrell 2001).

In der heutigen Welt wurde die direkte imperiale Herrschaft durch Finanzmacht, Unternehmensinvestitionen, differentielle Handelsbeziehungen, häufige, aber verstreute Militärinterventionen, Entwicklungshilfeprogramme und die multilaterale staatliche Struktur der Vereinten Nationen abgelöst. Die Geschlechterverhältnisse sind in all diese Strukturen eingebettet und werden durch sie konstituiert. Dies wird auf vielfältige Weise dokumentiert, auch durch die umfangreiche Literatur zu Geschlecht in der Entwicklung (Harcourt 2009) und zu Geschlecht in der globalisierten Wirtschaft (Gottfried 2013). Zum Beispiel haben Geschlechterhierarchien die Ausbeutung in den Fabriken des ‚südchinesischen Wirtschaftswunders' und bei den ‚baomu', den migrierten HausarbeiterInnen in den neoliberalen chinesischen Städten abgestützt (Hairong 2008; Kwan 1998). Diese Veränderungen können auch sehr widersprüchlich sein, wie Sonia Montecino im neoliberalen Chile beobachtete; die Modernisierung der Geschlechterverhältnisse in den privilegierten Klassen kann erreicht werden, indem den Volksklassen archaische feminisierte Arbeit abgefordert wird (2001).

Geschlechterdynamiken wurden in dem Übergang zu einer postkolonialen Welt ebenso eng einbezogen wie zuvor bei der Erschaffung des Kolonialismus. Die Entkolonisierung wird oft als Kampf zwischen Gruppen von Männern dargestellt, aber feministische Forschungen haben beharrlich die Anwesenheit von Frauen in antikolonialen Kämpfen aufgezeigt (Mies 1986; Ghoussoub 1987; Mama 1997; Robinson 2009). Sexismus und Gewalt bildeten oft einen Teil der Erfahrungen von Frauen innerhalb der Unabhängigkeitsbewegungen (Bennett 2010) und die meisten postkolonialen Regimes nahmen das Gleichheitsversprechen ziemlich rasch wieder zurück. Einige wie die Neue Ordnung von General Suharto in Indonesien richteten sehr regressive Positionen für Frauen ein (Robinson 2009). Dennoch stellt Marnia Lazreg in ihrer klassischen Analyse dieses Prozesses in Algerien fest: „Allein die Tatsache, dass die Frauen freiwillig in den Krieg gingen, stellte einen radikalen Bruch in den Geschlechterverhältnissen dar" (1990, S. 768). Shahnaz Rouse äußert ein ähnliches Argument zu Pakistan, wo Frauen in den Entkolonisierungskämpfen aktiv waren und zu Beginn kein unterdrückerisches Patriarchat bestand (2004).

In diesen Analysen erscheint die Gewalt nicht als Konsequenz der vorher bestehenden Arrangements, also als „abhängige Variable" wie in dem Großteil der Forschung zu geschlechtsbasierter Gewalt im Norden (European Commission 2010). Gewalt wird eher als wichtiger Teil des historischen Prozesses der Herstellung der Geschlechterordnung behandelt; sie ist in diesem Sinne *konstitutiv*. Jane Bennett diskutiert in einer neuen Ausgabe von *Feminist Africa* homophobe und transphobe Gewalt und sinnt darüber nach, dass in solchen Fällen sich die Verbindung zwischen Geschlecht und Gewalt verändert: „Geschlecht, wie es üblicherweise trotz der unterschiedlichen Kontexte praktiziert wird, *ist* Gewalt" (2010, S. 35). Die konstitutive Gewalt als allgemeine Eigenschaft der Kolonialität von Geschlecht zu begreifen, kann uns ermöglichen, extreme geschlechtliche Gewaltlagen von heute in den Griff zu bekommen.

Demnach bedeutet in einer historischen Langzeitperspektive der Feminismus in der kolonialen und postkolonialen Welt viel mehr, als der Genderforschung im Norden ethnische Diversität beizufügen. Er dokumentiert eine große historische Transformation der sozialen Prozesse, durch die Geschlecht konstituiert wird. Er eröffnet einen Weg, neu über das Geschlecht selbst in einem Maßstab nachzudenken, der der Welt, in der wir leben, entspricht. Wenn die Geschlechterdynamik innerhalb des Imperialismus und der gegenwärtigen Globalisierung die eine Seite der Kolonialität von Geschlecht darstellt, so bilden die Bedeutung des Imperialismus und der neoliberalen Globalisierung wie auch der dadurch erzeugten Welt für die Konstitution von Geschlecht die andere Seite.

3 ‚Wie Bambussprossen nach einem Frühlingsregen': Die Agenda verändern

Min Dongchao bemerkt in einem eloquenten Artikel zu dem „Wieder Erwachen", dem Neuaufschwung des Feminismus im China der 1980er Jahre, dass es, während die Kontakte der AktivistInnen mit den FeministInnen aus den USA sehr wichtig sind, eine Kluft zwischen der jeweiligen historischen Erfahrung gibt, von der diese beiden Gruppen ausgehen (2005). Die Kolonialität von Geschlecht beinhaltet eine veränderte Problematik für die Geschlechtertheorie, eine Ausweitung und Re-Formierung intellektueller Agenden.

Diese Problematik ist für ein „neues und heterogenes" Wissensfeld, das durch vielfältige Spannungen gekennzeichnet ist, wie es Magdalena León ausdrückt, nicht leicht zu bestimmen (León 2007, S. 23). Aber thematische Überblicke zu regionaler Literatur wie der von León zu Lateinamerika, von Arnfred (2003) zu Afrika, oder von Agnihotri und Mazumdar (1995) zu Indien, bieten einen Ausgangspunkt. Eine Richtung, in die die Agenda ausgeweitet werden muss, ist die Frage einheimischen Wissens und seiner Beziehung zu Wissenssystemen im Norden, die in dem vorigen Abschnitt angesprochen wurde. Vier weitere Fragen sind in der Geschlechterforschung aus dem Süden leicht zu erkennen.

Die erste lautet *Macht und der Staat*. Unter dem Einfluss des Poststrukturalismus hat der neuere Feminismus im Norden das Konzept des Staats heruntergespielt – bis zu dem Punkt, wo der Staat in einem Lehrbuch zur Geschlechtertheorie nicht einmal im Index auftaucht. In der postkolonialen Welt sind heute Definitionen von Geschlecht als „eine spezifische Form der Herrschaft", um den Prospekt des Instituts für Geschlechterforschung an der Universidad Nacional de Colombia zu zitieren (Universidad Nacional de Colombia o. J.), viel verbreiteter als in der Metropole. Auf die Beachtung von groß angelegter Gewalt im Bild der Macht habe ich bereits hingewiesen.

In postkolonialen Kontexten gibt es heftige Debatten um den Staat und seine Rolle für die Geschlechterverhältnisse und es ist leicht zu erkennen, warum das so ist: Die Staatsmacht war die zentrale Frage in den Entkolonialisierungskämpfen und postkoloniale Staaten haben ihre eigenen Verlaufspfade von Geschlecht. Die periphere Industrialisierung schuf neue privilegierte Stellen für männliche Beschäftigung wie die ölfinanzierten Industrien in Algerien (Lazreg 1990) oder die fragile Autoindustrie in Australien. Diktaturen in südlichen Ländern wie die Neue Ordnung in Indonesien schufen neue Konfigurationen maskulinisierter Macht. Aber Entwicklungsstrategien in den gleichen Ländern konnten auch massiv in die Mädchenbildung investieren (Lazreg 1990). Mernissi stellte das fest und deutete ironisch an, dass der Staat als Förderer der ökonomischen Entwicklung zur wichtigsten Bedrohung für die männliche Vorherrschaft in Marokko wurde (Mernissi 1985 [1975]).

Die zweite Frage betrifft das Konzept der *Identität*, das im metropolitanen Feminismus der letzten Generation so wichtig war. KritikerInnen im Süden vertreten, dass Identitätsfragen gegenüber Armut, Macht und Gewalt wenig Bedeutung haben (El Saadawi 1997, S. 117ff.). Für andere ist Identität zwar wichtig, aber auf andere Weise. Sonia Montecino (2001) in Chile und Elisa Nascimento (2007) in Brasilien sehen beide die *kollektive* Identität im Zentrum. Dieses Konzept bildet den Kern eines modernen feministischen Klassikers, *Ser Política en Chile* von Julieta Kirkwood (Kirkwood 1986), der die Identitätsfrage als das Problem behandelt, die Gruppe in ein historisches Subjekt zu transformieren, das die spezifische Unterdrückung hinterfragen kann, die das Patriarchat produziert. So wird die Identitätsfrage radikal historisiert und nicht als philosophisches oder psychologisches Problem behandelt.

Dieser Ansatz wurde kritisiert. Nelly Richard vertritt, dass Kirkwood die Vielfalt von Sexualität und die Bedeutung kultureller Auseinandersetzung nicht wahrnimmt (Richard 2004). Feministische Diskussionen zu Identität und Subjektivität in Lateinamerika haben sich unter dem Einfluss des Poststrukturalismus aus dem Norden verändert (de Lima Costa 2002). Dennoch ist das von Kirkwood erforschte Problem weithin relevant. Wie sich kollektives Bewusstsein transformiert und sich kollektive Handlungsfähigkeit bildet, wurde wunderbar von Lu Yin in der Vierten Mai-Bewegung in China beschrieben, als neue Ideen „wie Bambussprossen nach einem Frühlingsregen" emporschossen (Ng und Wickeri 1996, S. 112).

Eine dritte Frage ist die Methodologie, ein Feld, das von postkolonialen Debatten außerhalb der Geschlechterforschung insbesondere von Linda Tuhiwai Smith's *Decolonizing Methodologies* (1999) beeinflusst wurde. Auch die feministische Forschung bietet neue Aufbrüche in der Methodologie. Ein bemerkenswertes Beispiel sind Forschungen chilenischer Feministinnen zu dem ICC[4], einer Methode, um Fortschritte (oder deren Ausbleiben) in Richtung Geschlechtergleichheit zu messen. Dieser Index entgeht der Top-Down-Logik in den Tabellen internationaler Verbände und ist ausdrücklich mit einer Politik der zivilen Kontrolle verbunden (Valdés 2001).

Ein weiteres Beispiel ist die Verwendung internationaler Online-Diskussionen mit hunderten von TeilnehmerInnen aus dem Norden und Süden als eine Methodologie zur Theorieentwicklung, die von der UNIFEM gefördert wurde. Dieser Ansatz der Theoriebildung erwuchs aus der Erfahrung der AktivistInnen und spricht Fragen der Exklusion, des Zwanges und der kulturellen Differenzen an (Ackerley 2001).

Das vielleicht eindruckvollste methodologische Modell kam von islamischen Feministinnen. In *Le Harem Politique* hat sich Fatima Mernissi (1991) eine vollständige Neuinterpretation der religiösen Lage der Frauen vorgenommen. Sie betrachtete die Art und Weise der Konstruktion der Tradition der ‚hadith' (dem Propheten zugeschriebene Aussagen) durch männliche Gelehrte und deren selektive Interpretation des Qur'an kritisch. Die islamische Forschung hat lange mit einer kritischen Prüfung kanonischer Texte gearbeitet. Der islamische Feminismus vertritt, dass die Prinzipien des Qur'an die Geschlechtergerechtigkeit einschließen und dass patriarchale Bräuche in muslimischen Gemeinschaften auf das Eindringen nicht-islamischer Elemente zurückgehen. Die Auseinandersetzung mit der *ijtihad*, der Interpretation, ist keine scholastische irrelevante Beschäftigung. Sie stellt eine Form des Theoretisierens dar, die im Mittelpunkt des islamischen intellektuellen Lebens steht, und ist deswegen ein bedeutender Teil des globalen Bildes der Geschlechtertheorie.

Die vierte Frage ist das Land, ein Thema, das in der Geschlechtertheorie im Norden fast völlig fehlt. Die Landnahmen sind ein zentraler Prozess der Kolonisierung, der enorme Konsequenzen für die Kolonisierten hat. In der Zeit der Großen Mahele, der Aufteilung von Gemeinschaftsland in Hawai'i um 1846-55, zum Beispiel verloren die Frauen rasch an Autorität (Stauffer 2004). Einheimische Gesellschaften in Australien wurden ebenfalls durch ihre Beziehungen zum Land strukturiert und diese Strukturierung schloss die Geschlechterverhältnisse ein. Verwandtschaft und Abstammung, geschlechtliche Arbeitsteilungen, Rituale und Kunst von Frauen und Männern waren und sind noch heute mit Beziehungen zum Land verbunden wie bei Nutzungsrechten, Umweltwissen, Reiserouten und

---

4 *Indice de compromiso cumplido* (Index der erfüllten Verpflichtungen, Anm. d. Ü.).

symbolischen Bedeutungen der Landschaft. Der Titel einer wichtigen Sammlung von Schriften der Aboriginee lautet *Our Land is Our Life* (Yunupingu 1997). Eine Autorin, Marcia Langton, vertritt darin in einem Artikel über ‚Grandmother's Law', dass unter dem Druck der Kolonisierungsgewalt das Rechtssystem und die Beziehungen zum Land der Frauen entscheidend wichtig waren (Langton 1997). Die Beziehung zwischen Geschlecht und Land ist zentral im Werk von Bina Agarwal. In ihrem berühmten Buch *A Field of One's Own: Gender and Land Rights in South Asia* (1994) und in einer Forschungsagenda, die sich über vierzig Jahre erstreckt (Agarwal 2000, 2010), legt Agarwal eine vielfach verzweigte, aber bemerkenswert klare Darstellung davon vor, wie Geschlechterverhältnisse in Agrargesellschaften funktionieren – in denen etwa die Hälfte der Menschen und die große Mehrheit der Armen auf der Welt leben. In ihrer Synthese führt sie geschlechtliche Arbeitsteilungen, Armut, Verhandlungen im Haushalt, lokale politische Prozesse, patriarchale Normen und deren Bekämpfung, Frauennetzwerke und -aktivismus, staatliche Strategien und technologischen Wandel in Land- und Forstwirtschaft zusammen. Diese Synthese bildet vielleicht die umfassendste gegenwärtige Darstellung des multidimensionalen und dynamischen Charakters der Geschlechterverhältnisse.

Während Agarwals Ansatz sich auf Forschung im Nahbereich in südasiatischen Gemeinschaften bezieht, kann er leicht auf andere Orte übertragen werden. Ihr Werk gibt eine eindrucksvolle Darstellung der Bedeutung von Landrechten für die Veränderung der Geschlechterverhältnisse und hat zudem zu wichtigen Beiträgen zum Umweltdenken geführt. Es zeigt – so dramatisch wie der Aufstieg des dekonstruktivistischen Feminismus – wie eine veränderte Agenda weitreichende Konsequenzen für Geschlechtertheorie und feministische Strategie haben kann.

Mit der *Kombination* dieser Themen – und weiterer, die sich aus postkolonialen Transformationen ergeben – kann ein umfassendes Überdenken der Theorie begründet werden. Das ist auch für die Metropole wichtig. Analysen aus dem Süden haben sich als wertvoll für ein Verständnis der Geschlechterdynamiken im Norden erwiesen. Die historische Erfahrung des massiven Aufbrechens der Geschlechterordnung ist hilfreich, um die Auswirkungen der ökonomischen Krise und der neoliberalen Politik in der Metropole zu verstehen. Angereicherte feministische Methodenrepertoires und Ideen helfen, zunehmend mobile und plurale Bevölkerungen zu begreifen. Der größte mögliche Gewinn für den metropolitanen Feminismus und den Feminismus im globalen Süden ist gleich. Er ist die Vision einer weiteren Welt, die dramatische Ausweitung dessen, was Geschlechteranalyse sein könnte.

4 Hin zu einer feministischen Demokratietheorie

Um diese Möglichkeit zu realisieren, brauchen wir sowohl eine Vorstellung von der Gestalt, die feministisches Wissen auf Weltebene annehmen kann, wie auch Praktiken, die dahin führen können. Meine Argumentation stützt sich hier auf aktuelle Debatten über die Kolonialität des Wissens, Theorie aus dem Globalen Süden und einheimisches Wissen (Odora Hoppers 2002; Connell 2007). Drei wichtige Bilder der Gestalt globalen Wissens werden in diesen Diskussionen enthüllt.

Das erste ist das *Pyramidenmodell*, das dem Mainstream der Wissensökonomie implizit zugrunde liegt. Danach ist die Theorie universell, sie wird vor allem an der Spitze des globalen Systems generiert, manchmal mit einem Datenimput aus dem Rest der Welt. Wenn sie einmal formiert wurde, verbreitete sie sich in einem Trickle-Down-Effekt auf diesen Rest. ForscherInnen im globalen Süden und in marginalen Institutionen im globalen Norden können an der Theoriebildung teilhaben, wenn sie zu diesem Gipfel migrieren oder seine Sprache lernen und aus der Distanz beitragen. Die Probleme des Modells wurden in diesem Artikel schon erwähnt. Es verwirft einen Großteil des gegenwärtigen Reichtums der Wissensformationen, es zwingt Erfahrungen aus dem Süden in Gussformen aus dem Norden und es legitimiert krasse Unterschiede zwischen den intellektuellen ArbeiterInnen der Welt.

Das zweite Modell könnte man mosaikhafte Epistemologie nennen. Getrennte Wissenssysteme sitzen nebeneinander wie Teilchen in einem Mosaik, die jeweils auf einer spezifischen Kultur oder historischen Erfahrung aufbauen und ihren eigenen Geltungsanspruch haben. Die mosaikhafte Epistemologie bietet eine klare Alternative zur Hegemonie aus dem Norden und zur globalen Ungleichheit, während sie die Priorität eines Wissenssystems durch respektvolle Beziehungen unter vielen Wissenssystemen ablöst.

Jedoch steht ein mosaikhafter Ansatz vor wesentlichen Problemen, auf die Bibi Bakare-Yusuf in ihrer sorgfältigen Kritik eines bekannten afrozentrischen Textes hinweist. Kulturen und Gesellschaften sind dynamisch und nicht auf eine Haltung zu fixieren (Bakare-Yusuf 2004). Vorkoloniale Gesellschaften waren keine Silos, sondern interagierten über lange Zeit miteinander, nahmen äußere Einflüsse auf und hatten innere Diversität. Auch Uma Narayan (1998) denkt in ähnlicher Weise über die Probleme essentialistischer Darstellungen von Kultur nach, die ikonische Geschlechterpraktiken wie *sati* verwenden und von der Einheitlichkeit einer Kultur ausgehen. Diese Argumente werden bekräftigt, wenn wir das massive Aufbrechen der einheimischen Geschlechterordnung erkennen. Jane Bennett in Südafrika verweist darauf, dass viel feministische Forschung unter Bedingungen gemacht wird, in denen „relatives Chaos, ‚Rasse' wirtschaftliche Ungleichheiten,

Vertreibung, Ungewissheit und Überraschungen" die *Norm* und nicht die Ausnahme darstellen (2008, S. 7).

Wenn Theorie dem entsprechen soll, was Teresa Valdés (2007) das emanzipatorische Interesse *im Weltmaßstab* nennt, bedarf sie einer interaktiveren Epistemologie. Ein solcher Ansatz muss sowohl die Diversität lokaler Geschlechterordnungen wie auch die Kolonialität von Geschlecht anerkennen.

Das dritte Bild des Wissens betont horizontale Interaktionen und könnte eine *solidaritätsbasierte Epistemologie* genannt werden. Es zeigt wechselseitiges Lernen im Weltmaßstab: Verschiedene Wissensformationen werden respektiert, aber sie nehmen Bildungsbeziehungen miteinander auf. Diese Beziehungen schließen Kritik mit ein, da Bildung immer aktives Engagement und Evaluierung erfordert. Wie Bildung beinhaltet Solidarität das Anliegen der sozialen Gerechtigkeit – das Prinzip, das die Interessen der am wenigsten Privilegierten voranstellt. Während die Welt von ungleichen Geschlechterordnungen beherrscht wird, während immer noch neue Formen geschlechtlicher Ausbeutung und Gewalt entstehen, wird nur dieses Prinzip die Energie für solidaritätsbasierte Wissensprojekte bereitstellen.

Eine solche Wissensperspektive ist vielen aktuellen Diskussionen implizit etwa bei Bulbecks Idee des 'Verflechtens' von Feminismen und Benetts methodologischen Bemerkungen zur feministischen Forschung in Afrika (Bennett 2008; Bulbeck 1998). In dieser Sicht ist die fortgesetzte und unvorhersagbare Verflechtung von Ideen und Erfahrungen, die sich um die Mehrheitswelt vollzieht, ein Vorzug und nicht ein Problem. Das bedeutet nicht, dass es immer leicht ist, Solidarität aufzubauen angesichts der Geschichte der Kolonisierung, der konstitutiven Gewalt und den gewaltigen Ungleichheiten der heutigen Welt. Aileen Moreton-Robinson zeigt einige der Gründe in ihrer Kritik des weißen Feminismus aus Aboriginee- Sicht: institutionelle Orthodoxien, tiefverwurzelte Rassismen und soziale Distanz (2000).

Damit eine solidaritätsbasierte Epistemologie funktionieren kann, bedarf es einer Praxis, die Geschlecht *grundlegend* in der Perspektive von Kolonialität sieht. Dies bedeutet weitgehende Veränderungen im Lehrplan der Wissensinstitutionen im Norden. Wie viele Programme in den Gender Studies kommen gerade mit einem Kurs oder auch nur einer Vorlesung zum 'postkolonialen' Feminismus aus? Diese Praxis bedeutet, die Definition von akademischer Kompetenz in Richtung eines Modells von Weltkompetenz zu verändern. In der Peripherie beinhaltet sie, die tief verwurzelte Gewohnheit der Deferenz gegenüber der Metropole abzuschaffen. Sie bedeutet, neue Projekte für den Aufbau von Süd-Süd-Verbindungen anzugehen – was nie einfach ist, obwohl schon Ansätze versucht werden (z. B. Wieringa und Sívori 2013). Es reicht nicht, wenn Forschungen aus Indien, Südafrika, dem Maghreb, Brasilien, Mexiko und Australasien getrennt voneinander vorliegen. Erst wenn wir diese Werke *zusammen* sehen, erkennen wir einen Wissensbestand, der in Umfang und Differenziertheit dem Ertrag der Metropole durchaus vergleichbar ist. Viel des Geschlechterwissens in der Mehrheitswelt kommt eher von AktivistInnen (Conway 2011) als aus akademischer Reflektion. Um ein Beispiel aufzuführen – Esther Chávez, eine pensionierte Buchhalterin, war schockiert über die Zahl der Frauen, deren tote, oft verstümmelte Körper in der Wüste um Ciudad Juárez nahe der Grenze zwischen Mexiko und den USA gefunden wurden. Sie begann ein persönliches Forschungsprojekt, um die Morde zu dokumentieren und Aktionen einzufordern. Gegenüber der zunehmenden Gewalt und offizieller Indifferenz entstanden daraus eine Bewegung und schließlich eine internationale Kampagne, um den Femizid zu beenden (Chávez 2010). Diese Veränderungsprojekte erfordern mehr als die begrifflichen Formeln und Statistiken, die in offiziellen Entwicklungsprogrammen als ‚Geschlechterperspektive' durchgehen und die von Teresa Valdés als Technifizierung des Geschlechterwissens bezeichnet wurden (Valdés 2007).

Das Verhältnis zwischen akademischem und aktivistischem Wissen ist ein altes Problem in der feministischen Politik, die sich hoffnungsvoller gestaltet, wenn man sie sich global vorstellt. Regionale und globale Netzwerke haben eine gewisse Fähigkeit, verschiedene Arenen zusammenzuhalten und haben zunehmend das Interesse der feministischen Intellektuellen auf sich gezogen. Valentine Moghadam, Millie Thayer und andere haben Gegenöffentlichkeiten und Netzwerke dokumentiert, die sich bei verschiedenen Fragen – vom *structural adjustment* und Handel, Rechten von Lesben und Schwulen, der Lage von Frauen in Ländern mit muslimischer Mehrheit bis zur Beteiligung von Männern für Geschlechtergleichheit – engagieren (Moghadam 2005; Thayer 2010; Tambe und Trotz 2010; *www.menengage.org*). Mara Viveros (2007) deutet die wachsende Bedeutung von Süd-Süd-Verbindungen für die feministische Theorie an; Ashwini Tambe (2010) bietet ein Modell transnationaler feministischer Studien und stellt fest, dass selbst lokal basierte Feminismen entfernte Verbindungen haben können.

Die Arbeitskräfte der Geschlechterforschung in der Mehrheitswelt plus die Süd-Süd-Verbindungen, die kreuz und quer zwischen ihnen verlaufen, plus die heterogenen Gegenöffentlichkeiten, die dieses Wissen brauchen und nutzen, stellen eine Alternative zur globalen Wissensökonomie dar, die von der Metropole beherrscht wird. Diese Alternative entwickelt sich noch. Sie ist noch nicht stark institutionalisiert und hat erheblich weniger Ressourcen als der Mainstream. Viele ihrer Teile sind verletzbar durch Gewalt und räumliche Verstreuung. Aber es ist wichtig zu sagen, dass diese Alternative, wenn auch in begrenzter Form, existiert.

Um das Problem etwas zu dramatisieren, schlage ich vor, dass wir uns von einer auf den Norden zentrierten Wissensökonomie mit einer pyramidalen Epistemologie zu einer auf den Süden zentrierten globalen Wissensdemokratie mit einer solidaritätsbasierten Epistemologie hinbewegen, in der Theorie an vielen Orten produziert und anerkannt wird und so den populären Kämpfen und dem Alltagsleben nähergebracht wird. Während sich diese Struktur entwickelt, wird sie sicher multiple Typen der feministischen Theorie produzieren. Brasilianische Universitäten mit Zeitschriften wie *Estudos Feministas* und *Cadernos Pagu* werden eine Art Theorie erzeugen, muslimische Feminismen, die sich mit dem *ijtihad* auseinandersetzen, eine weitere, die Beschäftigung mit Land und Umwelt wieder in Indien eine andere. Es kann keine einheitliche ‚Südliche' Theorie des Geschlechts geben. Möglich ist ein anders strukturierter Weltprozess der Produktion und Zirkulation von Wissen. Um das geschehen zu lassen, bedarf es nicht einer geteilten Lehrmeinung. Erforderlich sind sich überschneidende Visionen von Geschlechtergerechtigkeit, Arenen der Verbindung, wechselseitiges Lernen und genügend Sinn für Solidarität, so dass diese Arenen funktionieren.

Dies bringt mich zu dem Gedicht, mit dem dieser Artikel anfing. Saleha Obeid Ghabesh, eine Dichterin aus den Golfstaaten, veröffentlichte 2002 „Who Will Secure a Safe Haven for Buthayn?"[5], das auf die Geschichte eines Dichters aus dem Mittelalter zurückgeht. Die Prinzessin Buthayna bint al-Mutamed wurde während des Zusammenbruchs des muslimischen Königreichs von Andalusien versklavt; darauf handelte sie mit ihrem Freier und ihrem Vater einen neuen Lebensweg aus. Die moderne Dichterin reicht über tausende Kilometer und über Jahrhunderte hinweg, um Parallelen zur Unterordnung der Frau und der Lage heutiger arabischer Gesellschaften zu finden. Sie nutzt die reichen Ressourcen der Tradition arabischer Dichtung, um sowohl auf die Notwendigkeit neuer Aufbrüche wie auch auf die Angst und das Zögern davor hinzuweisen (Gohar 2008). Der Symbolismus hat weite Relevanz. Das Treffen am Rande der Angst ist auch unseres.

Literatur

Ackerly, B. A. (2001). Women's Human Rights Activists as Cross-Cultural Theorists. In: *International Feminist Journal of Politics* 3, 3, S. 311-346.
Agarwal, B. (1994). *A Field of One's Own: Gender and Land Rights in South Asia*. Cambridge: Cambridge UP.
Agarwal, B. (2000). Conceptualising Environmental Collective Action: Why Gender Matters. In: *Cambridge Journal of Economics* 24, 3, S. 283-310.

---

5 Wer wird einen sicheren Hafen für Buthayn bereitstellen? (Anm. d. Ü.).

Agarwal, B. (2010). *Gender and Green Governance: The Political Economy of Women's Presence Within and Beyond Community Forestry*. Oxford: Oxford UP.
Agnihotri, I., & V. Mazumdar (1995). Changing Terms of Political Discourse: Women's Movement in India, 1970s-1990s. In: *Economic and Political Weekly* 30, 29, S. 1869-1878.
Ampofo, A. A., Beoku-Betts, J., & M.J. Osirim (2008). Researching African Women and Gender Studies: New Social Science Perspectives. In: *African and Asian Studies* 7, 4, S. 327-341.
Arango, L.G. , & Viveros M. (Hrsg.) (2011). *El Género: Una Categoria útil para las Ciencias Sociales*. Sede Bogotá: Universidad Nacional de Colombia.
Arnfred, S. (2003). African Gender Research: A View from the North. In: *CODESRIA Bulletin* 1, S. 6-9.
Badran, M. (1988). The Feminist Vision in the Writings of Three Turn-of-the-Century Egyptian Women. In: *British Journal of Middle Eastern Studies* 15, 1/2, S. 11-20.
Bakare-Yusuf, B. (2004). "Yorubas Don't Do Gender": A Critical Review of Oyeronke Oyewumi's The Invention of Women: Making an African Sense of Western Gender Discourses. In: *African Identities* 1, S. 121-143.
Balme, J., & S. Bowdler (2006). Spear und Digging Stick: The Origin of Gender and its Implications for the Colonization of New Continents. In: *Journal of Social Archaeology* 6, 3, S. 379-401.
Bennett, J. (2008). Editorial. Researching for Life: Paradigms and Power. In: *Feminist Africa* 11, S. 1-12.
Bennett, J. (2010). „Circles and Circles": Notes on African Feminist Debates around Gender and Violence in the C21. In: *Feminist Africa* 14, S. 21-47.
Beoku-Betts, J., & W.N. Njambi (2005). African Feminist Scholars in Women's Studies: Negotiating Spaces of Dislocation and Transformation in the Study of Women. In: *Meridians: Feminism, Race, Transnationalism* 6, 1, S. 113-132.
Bose, C.E., & M. Kim (Hrsg.) (2009). *Global Gender Research: Transnational Perspectives*. New York: Routledge.
Bulbeck, C. (1998). *Re-Orienting Western Feminisms: Women's Diversity in a Postcolonial World*. Cambridge: Cambridge UP.
Celentani, F.G.(2012). *Feminismos desde Abya Yala: Ideas y Proposiciones de las Mujeres de 607 Pueblos en Nuestra América*. Bogotá: Desde Abajo.
Chávez, E. (2010). *Construyendo Caminos y Esperanzas*. Cd. Juárez: Casa Amiga Centro de Crisis.
Connell, R. (2007). *Southern Theory: The Global Dynamics of Knowledge in Social Science*. Cambridge: Polity.
Conway, J. (2011): Activist Knowledges on the Anti-Globalization Terrain: Transnational Feminisms at the World Social Forum. In: *Interface* 3, 2, S. 33-64.
Davis, K. (2007). *The Making of Our Bodies, Ourselves: How Feminism Travels Across Borders*. Durham, NC: Duke UP.
de Lima Costa, C. (2002). O Sujeito no Feminismo: Revisitando os Debates. In: *Cadernos Pagu* 19, S. 59-90.
de Lima Costa, C. (2006). Lost (and Found?) in Translation: Feminisms in Hemispheric Dialogue. In: *Latino Studies* 4, S. 62-78.
El Saadawi, N. (1997). *The Nawal el Saadawi Reader*. London: Zed Books.
Elbendary, A. (2002). Reintroducing Aisha. Al-Ahram Weekly Online 586 (16–22 May). http://weekly.ahram.org.eg/2002/586/cu4.htm. Zugegriffen: 1. Februar 2014.

European Commission (2010). *Feasibility Study to Assess the Possibilities, Opportunities and Needs to Standardize National Legislation on Violence Against Women, Violence Against Children and Sexual Orientation Violence*. Luxembourg.

Eviota, E.U. (1992). *The Political Economy of Gender: Women and the Sexual Division of Labour in the Philippines*. London: Zed Books.

Fennell, S., & M. Arnot (2008). Decentring Hegemonic Gender Theory: The Implications for Educational Research. In: *Compare: A Journal of Comparative and International Education* 38, 5, S. 525-538.

Ghoussoub, M. (1987). Feminism – or the Eternal Masculine – in the Arab World. In: *New Left Review* 161, 1, S. 3-18.

Gohar, S. M. (2008). Toward a Revolutionary Emirati Poetics: Ghabesh's Beman ya Buthayn Taluthin? In: *Nebula* 5, 1/2, S. 74-87.

Gottfried, H. (2013). *Gender, Work, and Economy: Unpacking the Global Economy*. Cambridge: Polity.

Hairong, Y. (2008). *New Masters, New Servants: Migration, Development, and Women Workers in China*. Durham: Duke UP.

Hale, S. (2009). Transnational Gender Studies and the Migrating Concept of Gender in the Middle East and North Africa In: *Cultural Dynamics* 21, 2, S. 133-152.

Harcourt, W. (2009). *Body Politics in Development: Critical Debates in Gender and Development*. London: Zed Books.

Harding, S. (2008). *Sciences from Below: Feminisms, Postcolonialities and Modernities*. Durham, NC: Duke UP.

Hendricks, C., & D. Lewis (1994). Voices from the Margins. In: *Agenda* 10, 20, S. 61-75.

Houtondji, P. J. (1997). Introduction: Recentring Africa. In: P. J. Houtondji (Hrsg.): *Endogenous Knowledge: Research Trails* (S. 1-39). Dakar: CODESRIA.

Houtondji, P. J. (2002). Knowledge Appropriation in a Post-Colonial Context. In: C. Alum, & O. Hoppers (Hrsg.): *Indigenous Knowledge and the Integration of Knowledge Systems* (S. 23-38). Claremont: New Africa Books.

Kartini, R.A. (2005). *On Feminism and Nationalism: Kartini's Letters to Stella Zeehandelaar, 1899-1903*. Clayton: Monash UP.

Kirkwood, J. (1986). *Ser Política en Chile: Las Feministas y los Partidos*. Santiago: FLACSO.

Kwan, L.C. (1998). *Gender and the South China Miracle: Two Worlds of Factory Women*. Berkeley: University of California Press.

Langton, M. (1997). Grandmothers' Law, Company Business and Succession in Changing Aboriginal Land Tenure Systems. In: G. Yunupingu (Hrsg.): *Our Land is Our Life* (S. 84-116). St. Lucia: University of Queensland Press.

Lazreg, M. (1988). Feminism and Difference: The Perils of Writing as a Woman on Women in Algeria. In: *Feminist Studies* 14, 1, S. 81-107.

Lazreg, M. (1990). Gender and Politics in Algeria: Unraveling the Religious Paradigm. In: *Signs* 15, 4, S. 755-780.

León, M. (2007). Tensiones presentes en los estudios de género. In: L.G.Arango, & Y. Puyana (Hrsg.): *Género, Mujeres y Saberes en América Latina* (S. 23-46). Bogotá: Universidad Nacional de Colombia.

Liu, L.H., Karl, R.E., & D. Ko (Hrsg.) (2013). *The Birth of Chinese Feminism: Essential Texts in Transnational Theory*. New York: Columbia UP.

Lugones, M. (2007). Heterosexualism and the Colonial/Modern Gender System. In: *Hypatia* 22, 1, S. 186-219.

Lugones, M. (2010). Toward a Decolonial Feminism. In: *Hypatia* 25, 4, S. 742-759.
Mama, A. (1997). Sheroes and Villains: Conceptualizing Colonial and Contemporary Violence Against Women in Africa. In: M. J. Alexander, & C.T. Mohanty (Hrsg.): *Feminist Genealogies, Colonial Legacies, Democratic Futures* (S. 46-62). New York: Routledge.
Mernissi, F. ([1975] 1985). *Beyond the Veil: Male-Female Dynamics in Modern Muslim Society.* London: Saqi Books.
Mernissi, F. (1991). *Le Harem Politique: Le Prophete et les Femmes.* Paris: Albin Michel.
Mies, M. (1986). *Patriarchy and Accumulation on a World Scale: Women in the International Division of Labour.* London: Zed Books.
Min, D. (2005). Awakening Again: Travelling Feminism in China in the 1980s. In: *Women's Studies International Forum* 28, 4, S. 274-288.
Min, D. (2007). Translation as Crossing Borders: A Case Study of the Translations of the Word "Feminism" into Chinese by the CSWS. In: *Transversa*, 4. http://eipcp.net/transversal/1107/min/en. Zugegriffen: 1. Februar 2014.
Moghadam, V. (2005). *Globalizing Women: Transnational Feminist Networks.* Baltimore: Johns Hopkins UP.
Mohanty, C.T. (1991). Under Western Eyes: Feminist Scholarship and Colonial Discourses. In: C.T. Mohanty, A.R., & L. Torres (Hrsg.): *Third World Women and the Politics of Feminism* (S. 51-80). Bloomington: Indiana UP.
Montecino, S. (2001). Identidades y diversidades en Chile. In: M.A. Garretón (Hrsg.): *Cultura y Desarrollo en Chile* (S. 65-98). Santiago: Andres Bello.
Moreton-Robinson, A. (2000). *Talkin' Up to the White Woman: Indigenous Women and Feminism.* St. Lucia: University of Queensland Press.
Morrell, R. (2001). *From Boys to Gentlemen: Settler Masculinity in Colonial Natal 1880-1920.* Pretoria: University of South Africa.
Mudimbe, V.Y. (1994) *The Idea of Africa: African Systems of Thought.* Bloomington: Indiana UP.
Nandy, A. (1983). *The Intimate Enemy: Loss and Recovery of Self under Colonialism.* New Delhi: Oxford UP.
Narayan, U. (1998). Essence of Culture and a Sense of History: A Feminist Critique of Cultural Essentialism. In: *Hypatia* 13, 2, S. 86-106.
Nascimento, E.L. (2007). *The Sorcery of Color: Identity, Race, and Gender in Brazil.* Philadelphia: Temple UP.
Ng, J., & J. Wickeri (Hrsg.) (1996) *May Fourth Women Writers: Memoirs. Hong Kong*: Chinese University of Hong Kong.
Nnaemeka, O. (2005). Mapping African Feminisms. In: A. Cornwall (Hrsg.): *Readings in Gender in Africa* (S. 31-40). London: International African Institute, James Currey, Indiana UP.
Odora, H., & C. Alum. (Hrsg.) (2002). *Indigenous Knowledge and the Integration of Knowledge Systems.* Claremont: New Africa Books.
Oyéwùmí, O. (1997). *The Invention of Women: Making an African Sense of Western Gender Discourses.* Minneapolis: University of Minnesota Press.
Qâsim A. (1992 [1899]). *Die Befreiung der Frau.* Würzburg: Echter u. a.
Quijano, A. (2000). Coloniality of Power and Eurocentrism in Latin America. In: *International Sociology* 15, 2, S. 215-232.
Radcliffe, S.A., Laurie, N., & Andolina, R. (2004). The Transnationalization of Gender and Reimagining Andean Indigenous Development. In: *Signs* 29, 2, S. 387-416.

Reuter, J., & Villa, P.I. (Hrsg.) (2009). *Postkoloniale Soziologie: Empirische Befunde, theoretische Anschlüsse, Politische Intervention*. Bielefeld: transcript.
Richard, N. (2004). *Masculine/Feminine: Practices of Difference(s)*. [1993]. Durham, NC: Duke UP.
Robinson, K. M. (2009). *Gender, Islam, and Democracy in Indonesia*. Abingdon: Routledge.
Rouse, S. (2004). *Shifting Body Politics: Gender, Nation, State in Pakistan*. New Delhi: Women Unlimited.
Rubin, G. (1975). The Traffic in Women: Notes on the "Political Economy" of Sex. In: R. R. Reiter (Hrsg.): *Toward an Anthropology of Women* (S. 157-210). New York: Monthly Review Press.
Saffioti, H.I.B. (1978). *Women in Class Society* [1969]. New York: Monthly Review Press.
Sinha, M. (1995). *Colonial Masculinity: The 'Manly Englishman' and the 'Effeminate Bengali' in the Late Nineteenth Century*. Manchester: Manchester UP.
Smith, L.T. (1999). *Decolonizing Methodologies: Research and Indigenous Peoples*. London: Zed Books.
Spivak, G.C. (1988). *In Other Worlds: Essays in Cultural Politics*. New York: Routledge New York.
Stauffer, R. H. (2004). *Kahana: How the Land was Lost*. Honolulu: University of Hawai'i Press.
Tambe, A. (2010). Transnational Feminist Studies: A Brief Sketch. In: *New Global Studies* 4, 1.
Tambe, A., & A. Trotz (2010). Historical Reflections on DAWN: An Interview with Gita Sen. In: *Comparative Studies of South Asia, Africa and the Middle East* 30, 2, S. 214-217.
Thayer, M. (2010). Translations and Refusals: Resignifying Meanings as Feminist Political Practice. In: *Feminist Studies* 36, 1, S. 200-230.
Universidad Nacional de Colombia (o. J. [2010]). *Escuela de Estudios de Género*. Bogotá: Universidad Nacional de Colombia.
Valdés, T. (Hrsg.) (2001). *El índice de Compromiso Cumplido – ICC: Una Estrategia Para el Control Ciudadano de la Equidad de Género*. Santiago de Chile: FLACSO.
Valdés, T. (2007). Estudios de género: Una mirada evaluativa desde el cono sur. In: L.G. Arango, & Y. Puyana (Hrsg.): *Género, Mujeres y Saberes en América Latina* (S. 47-62). Bogotá: Universidad Nacional de Colombia.
Viveros, M. (2007). De diferencia y diferencias. Algunos debates desde las teorías feministas y de género. In: L.G. Arango, & Y. Puyana (Hrsg.): *Género, Mujeres y Saberes en América Latina* (S. 175-190). Bogotá: Universidad Nacional de Colombia.
Wieringa, S., & H. Sívori (Hrsg.) (2013). *The Sexual History of the Global South: Sexual Politics in Africa, Asia and Latin America*. London: Zed Books.
Yunupingu, G. (Hrsg.): *Our Land is Our Life*. St. Lucia: University of Queensland Press.

Flexibilität und Reflexivität
Männlichkeiten im globalisierten Kapitalismus[1]

Diana Lengersdorf und Michael Meuser

In der Geschlechterforschung werden die unter neoliberalen Vorzeichen sich vollziehenden Globalisierungsprozesse als eine Herausforderung der im Zuge der bürgerlichen Gesellschaft etablierten Geschlechterordnung diskutiert (Acker 2004; Lenz 2013; Marchand und Runyan 2000). Im Blick stehen gleichermaßen Entgrenzungen, in denen sich tradierte Verhältnisse, Strukturen und Hierarchien auflösen, und Rekonfigurationen, in denen sich Geschlechterarrangements neu formieren. In letzterem Sinne erweist sich die ‚Welt des Neoliberalismus'– nicht minder als die des (fordistischen) Industriekapitalismus – als eine „vergeschlechtlichte Welt" (Connell 2014, S. 41). Dieser doppelte Prozess von Entgrenzung und Rekonfiguration betrifft Männlichkeiten und männliche Lebenslagen ebenso wie Weiblichkeiten und weibliche Lebenslagen. Es ist davon auszugehen, dass Globalisierung Männlichkeiten nicht nur verändert (Kimmel 2003, S. 603), sondern dass diese Veränderungen zudem nicht mehr mit der bis dato vorherrschenden patriarchalen Grundordnung der Geschlechter in Einklang zu bringen sind. Mag der Wandel der Geschlechterverhältnisse in den frühen Phasen der zweiten Frauenbewegung in den 1970er und 1980er Jahren die gesellschaftliche Situation und die privilegierten Positionen von Männern noch weitgehend unberührt gelassen haben oder doch zumindest von deren Mehrheit als eine ihre Lebenslagen wenig tangierende Entwicklung wahrgenommen worden sein, wird die Erosion der institutionellen Grundlagen tradierter Männlichkeitspositionen zu einer weitverbreiteten Erfahrung unter Männern (vgl. auch Scholz 2012). Der Neoliberalismus verträgt sich „nicht mit dem traditionellen Patriarchat" (Connell 2014, S. 326); er ist „post-patriarchal" (Connell 2014, S. 327).

---

1 Wir führen in diesem Aufsatz Überlegungen zusammen, die in Teilen an anderen Stellen publiziert worden sind, und entwickeln sie weiter (vgl. Lengersdorf und Meuser 2010; Meuser 2015).

Insbesondere hegemoniale Männlichkeit konstituiert sich in wachsendem Maße in einem globalen Rahmen (Hooper 2000). Erste Analysen zeigen, dass diese Transformationsprozesse eng verwoben sind mit einem umfassenden Strukturwandel von Erwerbsarbeit, der sich entlang von Phänomenen wie Vermarktlichung und Flexibilisierung entfaltet (Lengersdorf und Meuser 2010). Flexibilisierung lässt sich dabei als eine zentrale Kategorie jüngerer Gesellschaftsdiagnosen verstehen und ist nicht allein auf Erwerbsarbeit bezogen. So hat Richard Sennett (1998, S. 10) den globalen Kapitalismus als „flexiblen Kapitalismus" beschrieben. Manuel Castells begreift Flexibilität weiter als ein zentrales Merkmal der sogenannten „Netzwerkgesellschaft" und als eine Form der Bewältigung von Ungewissheit (2001a, S. 175ff.), die diese Gesellschaft kennzeichnet. Jürgen Link (1997) zufolge sind viele gegenwärtige Gesellschaften durch einen „flexiblen Normalismus" geprägt und weisen „die Errungenschaft möglichst breiter Übergangszonen zwischen Normalität und Anormalität" (Link 1999, S. 171) auf. Flexibilität ist zudem eine zentrale Anforderung an das spätmoderne Individuum.

Ilse Lenz zufolge „zeichnet sich der Übergang zu einer flexibilisierten Geschlechterordnung ab" (Lenz 2013, S. 126). Wir werden im Folgenden diskutieren, in welcher Hinsicht Männlichkeiten in Prozesse einer Flexibilisierung spätmoderner Existenzweisen einbezogen sind und inwiefern eine (auferlegte) Autonomie als ambivalent erlebt wird. Als entscheidenden Motor begreifen wir dabei die Transformation von Erwerbsarbeit. Des Weiteren gehen wir davon aus, dass die Flexibilisierung von Männlichkeit mit deren Reflexivierung einhergeht. Auch dies ist ein allgemeines Merkmal flexibler Ordnungen. „Da der flexible Normalismus […] auf die Fähigkeit der Subjekte angewiesen ist, ihre je individuellen ‚Normalitätsentwürfe' ‚autonom' zu erproben und gegebenenfalls zu readjustieren, muß er ihnen (zum Beispiel über eine Therapiekultur oder über die Massenmedien) entsprechende symbolische Orientierungsrahmen und -modelle anbieten" (Link 1999, S. 171). In Therapien und medialen Diskursen werden Lebensentwürfe reflexiv verfügbar. Mediale Männlichkeitsdiskurse und auch an Männer adressierte Therapien haben seit den 1980er Jahren eine ungebrochene, in jüngster Zeit wachsende Konjunktur. Dominiert wird die in diesen Kontexten erfolgende Reflexivierung von Männlichkeit mehr und mehr von einem Krisennarrativ.

1 Transformation der Erwerbsarbeit

In der Wochenzeitung „Die Zeit" vom 23. Juli 2009 erschien ein Artikel mit dem Titel „Die Weiberwirtschaft". Der Untertitel lautet: „Männer verlieren ihre Jobs, Frauen kommen voran – in dieser Krise schneller denn je". Vor dem Hintergrund der Finanz- und Wirtschaftskrise diagnostiziert der Artikel einen bereits seit Ende des 20. Jahrhunderts andauernden Trend: einen Verlust von Arbeitsplätzen im industriellen Sektor sowie einen Zuwachs im Dienstleistungssektor. Da der industrielle Sektor überwiegend Männerarbeitsplätze bereithält, Frauen hingegen vor allem im Dienstleistungssektor arbeiten, steigt die Arbeitslosigkeit von Männern und sinkt die Arbeitslosigkeit von Frauen. Mit der pointierten Formulierung „Ohne Arbeit schmerzt das Arbeiterherz" ist angedeutet, dass der Wandel der Strukturen der Erwerbsarbeit Folgen für das Selbstverständnis der Männer hat. Mit diesem Wandel stehen Männlichkeiten bzw. eine bestimmte Form von Männlichkeit zur Disposition. „Was Männer heute zermürbt, ist der – durch schrumpfende Sozialleistungen, sinkende Löhne und zunehmende Arbeitsplatzunsicherheit verschärfte – Kampf um den Erhalt der ‚Männlichkeit' selbst." (Segal 1997, S. xxxii; zit. in: Wedgwood und Connell 2008, S. 119). In die gleiche Richtung weist eine von Helga Krüger mit Bezug auf den Wandel von der Industrie- zur Dienstleistungsgesellschaft aufgeworfene Frage „ob und inwieweit aufgrund des Strukturwandels des Arbeitsmarktes die Geschlechterordnung an strukturellem Boden verliert" (Krüger 2001, S. 79). Ingrid Kurz-Scherf, der zufolge die Krise der Arbeit „nicht zuletzt auch eine Krise der androzentrischen Strukturen moderner Arbeitsgesellschaften" (Kurz-Scherf 2005, S. 18) ist, weist ebenfalls auf die darin enthaltenen Potenziale für eine Restrukturierung der Geschlechterordnung hin. „Generell folgen die mit dem Wandel der Arbeit verbundenen Risiken und Chancen zumindest nicht per se und durchgängig dem tradierten Geschlechter-Code der Privilegierung von Männern und der Diskriminierung von Frauen" (Kurz-Scherf 2005).

Die Versuche der Men's Studies, Männlichkeit in sozialtheoretischer Perspektive zu analysieren, hatten von Beginn an den Zusammenhang von kapitalistischer Produktionsweise und sozialer Konstruktion von Männlichkeit im Fokus (Aulenbacher et al. 2012). Für Raewyn Connells Bestimmung des Konzepts der hegemonialen Männlichkeit sind drei Aspekte von zentraler Bedeutung: Zum Einen die Etablierung einer bürgerlich-kapitalistischen Gesellschaft und zum Anderen die Herausbildung der Sozialordnung der Zweigeschlechtlichkeit mit den Merkmalen der Heteronormativität und schließlich die entlang der Geschlechtergrenze vollzogene Trennung der Sphären von Privatheit und Öffentlichkeit. In dem Maße, in dem die industriekapitalistische Fundierung der Geschlechterverhältnisse an

Bedeutung verliert, ändern sich die Randbedingungen der Konstruktion von (nicht nur hegemonialer) Männlichkeit. Grundlage der industriegesellschaftlichen Männlichkeitskonstruktion ist die Berufszentriertheit der männlichen Lebensführung (Meuser und Scholz 2012). Diese allein ermöglicht es Männern, die Position des Ernährers der Familie für sich zu reklamieren und faktisch einzunehmen. Über diese Position sind in der industriegesellschaftlichen Männlichkeitskonstruktion die Sphären von Produktion und Reproduktion miteinander verknüpft. In der Parsonsschen Bestimmung der männlichen Geschlechtsrolle ist dies pointiert festgehalten. Diese sei fundiert "in his job and through it by his status-giving and income-earning functions for the family" (Parsons und Bales 1955, S. 14f.).

Das industriegesellschaftliche Normalarbeitsverhältnis ist die institutionelle Absicherung dieser Männlichkeitskonstruktion. Die Grundstruktur des Normalarbeitsverhältnisses ist maßgeblich durch Stabilisierung und Kontinuierung einer Vollzeitbeschäftigung gekennzeichnet. Durch seine rechtliche und normative gesellschaftliche Verankerung kann es als ein zentraler Regulierungsmechanismus gefasst werden, der festschreibt, welchen Personen welche Arbeitsverhältnisse zur Verfügung stehen sollen. In Deutschland und der EU ist das Normalarbeitsverhältnis für Männer nach wie vor die häufigste Beschäftigungsform, wenn auch nicht in allen EU-Ländern die Mehrzahl der beschäftigten Männer sich darin befindet, während die Erwerbsbeteiligung von Frauen und ihre Beteiligung am Normalarbeitsverhältnis deutliche Differenzen zwischen den EU-Ländern aufweisen (Eichhorst und Tobsch 2013; Schmeißer et al. 2012; Warren 2007, S. 324). Jenseits dieser statistischen Häufigkeitsverteilung weisen Studien darauf hin, dass das Normalarbeitsverhältnis weder für Frauen noch jemals für alle Männer die Regel war, sondern vor allem als Leitbild wirkte. Dieses ist charakterisiert durch die Vorstellung, dass für Männer die Ausnahme von der Regel eine Nichtbeteiligung am Normalarbeitsverhältnis ist, während für Frauen die Ausnahme in der Beteiligung am Normalarbeitsverhältnis liegt (Holst und Maier 1998, S. 508).

Wie eingangs angedeutet zeichnet es sich ab, dass diese Regulierung Neujustierungen unterliegt: Zum einen nimmt der Anteil von Frauen in Vollzeitbeschäftigung stärker zu als der Anteil der Männer; im Falle der EU ist der Männeranteil sogar rückläufig. Zum anderen lässt sich auch hinsichtlich der Berufsorientierung im Lebenslauf eine Angleichung der Geschlechter feststellen. Die Erwerbsquoten von Männern und Frauen haben sich in den letzten 50 Jahren kontinuierlich einander angenähert. Lag deren Differenz vor 50 Jahren noch bei über 40 Prozent, so beträgt sie heute nur noch 10 Prozent (Jurczyk und Lange 2014, S. 41). Vor mehr als zehn Jahren zeigten sich insbesondere in der Familienphase noch deutliche Unterschiede zwischen Männern und Frauen; gegenwärtig ist eine Zunahme der

Erwerbstätigkeit von Müttern erkennbar, auch bei Formen von Teilzeit, die der Vollzeit nahekommen oder mittleren Umfang haben (BMFSFJ 2012). Frauen sind zu Konkurrentinnen der Männer auf dem Arbeitsmarkt geworden. Zahlreiche Männer hingegen können das Leitbild des Normalarbeitsverhältnisses zunehmend weniger realisieren (Scholz 2012; Meuser 2007; Dörre 2010). Gleichwohl zeichnet sich bei den wenigen Forschungen zu Männern in prekären Lebenslagen ab, dass diese weiterhin am Normalarbeitsverhältnis und auch am Modell des Ernährers als einer zentralen Folie ihrer Lebenswünsche und Haltungen festhalten, obwohl diese für sie nur schwer oder gar nicht einzulösen sind. Dabei lässt sich feststellen, dass Prekarisierung nicht mehr nur Personen an den Rändern des Erwerbssystems trifft (Castel und Dörre 2009; Motakef 2015).

Eine Neuregulierung von Arbeits- und Geschlechterverhältnissen ist auch hinsichtlich der mit dem Normalarbeitsverhältnisses einhergehenden Abgrenzung von Familie und Freizeit gegenüber Erwerbsarbeit und Beruf zu verzeichnen. Diese wird durch Entgrenzungsphänomene herausgefordert (Gottschall und Voß 2003). Entgrenzung zeigt sich dabei u. a. als eine generelle Flexibilisierung von Arbeitsorten und -gruppen sowie Arbeitszeiten. Diese Veränderungen tangieren maßgeblich die Grenzziehungen zwischen Familien- und Berufssphäre z. B. durch das Hineintragen von Erwerbsarbeitstätigkeiten in den familialen Binnenraum, u. a. in Gestalt des „Homeoffice" (Halford 2006), aber auch durch Ansprüche von Beschäftigten auf mehr Familienzeit, u. a. von Vätern auf Elternzeit (Meuser 2012a; Wimbauer 2012). Des Weiteren verweist der Begriff der inneren Rekommodifizierung (Bosch 2003, S. 23) auf neue (Ab-)Sicherungsmodi des Normalarbeitsverhältnisses, die als „flexicurity" oder „employability" beschrieben werden. Diese Prognosen lassen sich an die Debatte zur Subjektivierung von Arbeit anschließen. Im Zuge dessen werden Kompetenzen für Wirtschaftsunternehmen bedeutsam, die gängigen Erwartungen zufolge eher bei Frauen als bei Männern zu finden sind (Meuser 2009; Aulenbacher 2005). Birger Priddat diagnostiziert eine Leitbildverschiebung „von einem hierarchisch-komplementären, Frauen subordinierenden Leitbild zu einem, in dem Frauen und Männer sowohl um gleichrangige Positionen konkurrieren als auch in gleichrangigen Teams kooperieren müssen" (Priddat 2004, S. 165). Dies dürfte in besonderem Maße für den tertiären Sektor der Dienstleistungs- und Wissensberufe gelten, in denen die Mehrzahl der Frauen beschäftigt ist. Im Zuge dieser, auch als kulturelle Feminisierung von Erwerbsarbeit beschriebenen Entwicklung erfahren die sogenannten männlichen Attribute eine Entwertung auf dem Arbeitsmarkt (Hooper 2000, S. 60) und erscheinen die Frauen als die idealen Arbeitskräfte der Zukunft (Kelan 2008, S. 1176).

Edgar Forster (2010) beschreibt die Entwicklung der Erwerbsarbeit im Postfordismus als eine Transformation von Arbeitskraft in Humankapital. Die Humankapitalperspektive erfasst die gesamte Person und fragt nach Humanressourcen, die bislang – und zum Nachteil der Organisation – unzureichend ausgeschöpft worden sind. Dies geschieht gegenwärtig insbesondere im Rahmen des Diversity-Diskurses bzw. im Diversity Management, das sich zu einer zentralen Strategie des Human Ressource Management insbesondere großer und international aufgestellter Unternehmen entwickelt hat. Auffallend ist, dass, wenn es um die Humanressource Geschlecht geht, wie selbstverständlich weibliches Humankapital im Fokus steht. Das in der einschlägigen betriebswirtschaftlichen Literatur den Organisationen zur Nutzung anempfohlene Humankapital erweist sich recht einseitig als ein weibliches (Meuser 2009).

Auf der Basis des Normalarbeitsverhältnisses ist das Verhältnis zwischen Mann und Frau in der Familie durch das Modell des Ernährers und der Hausfrau geprägt. Hierbei handelt es sich zum einen um ein spezifisches Haushaltsarrangement und zum anderen um ein normatives Leitmodell, das z. B. identitätsstiftend wirkt, aber auch politische Gesetzgebungsverfahren beeinflusst (u. a. Warren 2007, S. 318; Liebig et al. 2011). Das Modell des Ernährers der Familie ist in vielen Ländern – wenn auch in unterschiedlicher Intensität und Ausprägung – von Bedeutung. Dennoch lässt sich deutlich erkennen, dass dieses Ideal männlichen Engagements für die Familie zunehmend herausgefordert wird. Hierbei sind zwei Dimensionen des Ernährers betroffen: der Status des Finanzsicherers der Familie und seine Stellung innerhalb der Familie. Die finanzielle und zukunftsplanerische Absicherung der Familie wird durch die bereits beschriebenen Veränderungen im Normalarbeitsverhältnis maßgeblich mit transformiert. Atypische Beschäftigungsformen, Flexibilisierung von Arbeitsverhältnissen und die damit einhergehenden Prozesse von Prekarisierung erschweren die Realisierung eines Ernährer/Hausfrauen-Arrangements, u. a. da eine kontinuierliche und stabile Erwerbstätigkeit oder ein bedarfsgerechtes Haushaltseinkommen durch den Mann nicht mehr gewährleistet ist. Männer (und deren Frauen) können nicht mehr uneingeschränkt davon ausgehen, dass der Arbeitsmarkt ihre Position als Alleinverdiener stützt.

Auch in politischen Debatten gibt es zunehmend Stimmen für die Aufhebung von Privilegien für Hausfrauen/Ernährer-Familien, wie z. B. das Ehegattensplitting. In der EU zeigt sich, dass andere Haushaltsarrangements an Bedeutung gewinnen, wie Doppelverdiener-Haushalte, und dass sich in der EU-Politik eine Neuausrichtung von Leitlinien hin zur „adult worker model family" abzeichnet (Lewis 2004, S. 63). Jenseits dieser arbeitsmarkt(politischen) Entwicklungen lassen sich zudem Veränderungen hinsichtlich von Aufgaben und Positionen des Vaters innerhalb der Familie beobachten. Galt es noch Mitte des 20. Jahrhunderts als gesichert, dass nur die Mutter als primäre Bezugsperson der Kinder in Frage kommt, so zeigen aktuelle Studien, dass ein auf Fürsorge und Betreuung des Kindes gerichtetes Vaterschaftskonzept an Stellenwert gewinnt, während das Bild des Vaters als Ernährer der Familie an Bedeutung als normativer Rahmen von Vaterschaft verliert (u. a. Fthenakis und Minsel 2002; Jurczyk und Lange 2009).

2 Flexibilisierung von Männlichkeiten

Birgit Riegraf (2010, S. 388) zufolge läutet das „Ende des Fordismus […] eine grundlegende Umstrukturierung der gesellschaftlichen Bedingungen ein, unter denen sich die bisherige hegemoniale Männlichkeit entfalten konnte." Der Übergang vom Fordismus zum Postfordismus lässt sich – unterschiedlich für verschiedene Gesellschaften – zeitlich in den 1970er und 1980er Jahren verorten. Mitte der 1980er Jahre, in der Frühphase der Men's Studies, haben Tim Carrigan, Bob Connell und John Lee (1985, S. 599) bereits darauf hingewiesen, dass im Kapitalismus der 1980er Jahre ein Kampf um die Modernisierung hegemonialer Männlichkeit stattfindet. Später hat Connell mit Blick auf die ökonomische Globalisierung den Begriff der „transnational business masculinity" geprägt (Connell und Wood 2005). Diese neue Form hegemonialer Männlichkeit wird als eine individualistische, flexible, kalkulierende und egozentrische Männlichkeit beschrieben, die „eher an Macht durch Marktbeherrschung orientiert [ist] als an bürokratischer Herrschaft" (Wedgewood und Connell 2008, S. 120). Sie weist deutliche Züge des sogenannten unternehmerischen Selbst auf. Dieses zeichnet sich als kulturell hegemoniale Form der Subjektwerdung ab (Bührmann 2005; Bröckling 2007; Miller und Rose 1995). Es stellt dabei die angemessene Form dar, wie man auf die spezifischen Erwartungen und Anforderungen des Marktes reagiert, wie man mit diesen umzugehen hat und wie man diese zu erfüllen versucht, indem sie höchst praktische Regeln dafür bereitstellt, wie sich Menschen als Personen zu begreifen und zu verhalten haben, um am Marktgeschehen partizipieren zu können (Bröckling 2007, S. 132). Das unternehmerische Handeln ist dabei eine unabschließbare Anstrengung, die kein Ausruhen auf dem einmal Erreichten erlaubt: „Entrepreneur zu sein, ist ein prekärer Status, den man nur erlangt und erhält, sofern und solange man der Konkurrenz davon kommt" (Bröckling 2002a, S. 12). Diente das „traditionelle" Normalarbeitsverhältnis noch dem Schutz des Arbeitnehmers vor der eigenen Überforderung, ist diese nun strukturell erwünscht, denn sie erzeugt die notwendige Anspannung, die zur fortlaufenden Selbstoptimierung antreibt (vgl. Bröckling 2002b, S. 182). Die Arbeit an sich selbst, das Projekt „Selbst", umfasst nun auch explizit das ganze Leben. Es werden keine Trennlinien mehr zwischen Privatem und Beruflichen gezogen. Dabei vollzieht sich das Selbst in verschiedenen „Projekten" in je unterschiedlichen Zusammensetzungen, je unterschiedlichen „Projektgruppen" die sich um eine bestimmte Aufgabe herum formieren und sich danach wieder auflösen (vgl. Bröckling 2002b, S. 183). Bröckling beschreibt dies als Radikalisierung der „Patchwork-Identität", die weniger als Flickenteppich, sondern vielmehr als ein Kaleidoskop zu begreifen ist, das bei der nächsten Drehung ein völlig anderes Muster darbietet. Das Darbieten jeweils passender Muster seiner Selbst wird zur einzigen Chance, der Ausmusterung durch den Markt zu entgehen.

Dieses höchst flexible Verhältnis zu sich selbst lässt sich nur schwer mit dem „normativen Idealbildes des Arbeitsmannes als leistungsbereiten Vollzeiterwerbstätigen" (Baur und Lüdtke 2008, S. 81) zusammenbringen, welches in den Grenzen des „traditionellen" Normalarbeitsverhältnis bleibt. Erst die Vermarktlichung der Arbeitskraft, ihre Rekommodifizierung, schafft einen Rahmen, innerhalb dessen sich der Beschäftigte unternehmerisch tätig zeigen kann. Es ist die schöpferische Flexibilität des unternehmerischen Selbst, die attraktiv ist und attraktiv macht: sich lebenslang relevantes Wissen aneignen, sich betriebsintern und -extern beruflich mobil halten, familiär flexibel reagieren und kreativ Neuerungen auf dem „Marktplatz des Lebens" (Miller und Rose 1995, S. 455) voranbringen. Männlichkeit ist in diesem Kontinuum nur ein „Selbst-Projekt" neben zahlreichen anderen. Es muss sich ebenso der Flexibilitätsnorm unterwerfen und sich konsequent in den Dienste des Erfolges stellen, wie jede andere Dimension des Selbst (vgl. Bröckling 2002b, S. 192).

Castells (2001b, S. 428) sieht im Zuge der Feminisierung der Arbeit einen neuen Typus von Beschäftigten entstehen, der den alten Typus des „organization man" ersetzt. Diesen kennzeichnet neben einer Karriereorientierung ein hohes Commitment gegenüber der Organisation und eine kollektivistische Orientierung, befördert durch die Einbindung in eine männlich-homosozial geprägte Arbeitswelt, die nicht selten den Charakter des Männerbündischen hat. Die neuen Formen der betrieblichen Organisation von Arbeit unter Entgrenzungsbedingungen erfordern u. a. ein flexibles Management von Arbeitszeit und Arbeitsort. Uwe Bittlingmayer zufolge gelingt dies nur, wenn man über „Unsicherheitsbewältigungskompetenzen" verfügt. „Nach dem Rückgang von Normalerwerbsbiografien und stabilen Lebenslaufmustern gewinnen subjektive Ressourcen und Kompetenzen an Bedeutung, die die offenen Strukturen durch flexible Handlungsstrategien zu regulieren erlauben und die den individuellen Lebenslauf unter der Hand in eine permanente Karriereplanung verwandeln" (Bittlingmayer 2002, S. 236). Statt auf Karrieresicherheit zu setzen, gilt es, sich unablässig auf immer neue Gegebenheiten einzustellen.

Connells Konzept der „transnational business masculinity" beschreibt gleichsam den Prototyp einer flexiblen Männlichkeit unter Entgrenzungsbedingungen. Dieser ist weiterhin um Erwerbsarbeit zentriert und steht *in dieser Hinsicht* in

Kontinuität zum industriegesellschaftlichen „organization man"; an die Stelle institutionell gesicherter und mit sozialstaatlichen Garantien versehener Unternehmenskarrieren tritt jedoch eine ‚fragile Sicherheit', die durch das Vertrauen in die eigene Fähigkeit vermittelt wird, durch aufmerksames Beobachten der am Markt geforderten Kompetenzen die eigene Beschäftigungsfähigkeit zu sichern. Es ist das Vertrauen in die eigene „agency" (Kelan 2008, S. 1189), das die „transnational business masculinity" prägt. Diese löst sich von alten Loyalitäten gegenüber der Nation, dem Unternehmen, aber auch gegenüber der Familie (Beasley 2008, S. 91; Connell 2014, S. 327f.).

Während für die hegemoniale Männlichkeit unter industriegesellschaftlichen Bedingungen eine in der Institution der Ehe sichtbar zum Ausdruck gebrachte heterosexuelle Orientierung von entscheidender Bedeutung war, scheint sich diese Verknüpfung für die transnational business masculinity aufzulösen. Als zentrale Merkmale dieser Männlichkeit nennt Connell „Toleranz gegenüber Verschiedenheit (diversity) und erhöhte Unsicherheit in der Welt und in der Geschlechterordnung" (2014, S. 42).

Die Toleranz gegenüber Verschiedenheit umfasst den Einschluss bestimmter Formen homosexueller Männlichkeit in hegemoniale Männlichkeit (Connell 2014, S. 328). Mit Katharina Walgenbach (2010, S. 414) lässt sich von einer „selektive[n] Integration von Homosexualität" sprechen. Integriert werden solche Formen von Homosexualität, die sich als „anschlussfähig für neoliberale Diskurse" erweisen. In ähnlicher Weise begreift Christopher Treiblmayr (2010, S. 404) den „Siegeszug des Neoliberalismus" als Voraussetzung für die Anerkennung eines „gay lifestyle". Für den Einschluss *dieses* schwulen Lebensstils in die Sphäre legitimer Männlichkeit spricht seines Erachtens dessen „normalisierende Wirkung" auf homosexuelle Männer, die „gleichsam als ‚Musterschüler des Neoliberalismus' und als ‚prestigeträchtige Konsum-Avantgarde' in die Mitte der Gesellschaft eingeschrieben" erscheinen. Für Andreas Heilmann (2010, S. 356) ist die Flexibilisierung hegemonialer Männlichkeit die Voraussetzung für den Einschluss homosexueller Männlichkeit. Das traditionelle „entweder-oder" werde durch ein „mehr oder weniger" abgelöst. „Als flexible Orientierungsnorm modernisiert sich hegemoniale Männlichkeit im Modus der Normalisierung und entledigt sich damit ihres traditionellen Charakters einer statischen Erfüllungsnorm, die keinerlei Toleranz gegenüber Abweichungen von ihren zentralen Strukturprinzipien – zum Beispiel der Norm der Heterosexualität – duldet" (Heilmann 2010). Im Sinne von Links Konzept des flexiblen Normalismus wäre homosexuelle Männlichkeit eine „Bewegung im Grenzbereich", auf die zwar „der Schatten des Risikos, nicht notwendigerweise aber der des ethisch Unzulässigen fällt" (Link 1997, S. 22). Im Rahmen des Diversity-Diskurses wird homosexuelle

Männlichkeit als eine Humanressource betrachtet und damit kapitalistischen Verwertungsinteressen unterworfen.

Eine andere „Bewegung im Grenzbereich" ist die Integration von Väterlichkeit in Männlichkeitskonzepte. Väterlichkeit, verstanden als Engagement des Vaters in der Kinderbetreuung, hat die Ernährerfunktion des Mannes in der Familie zwar nicht ersetzt, ist aber als ein weiterer Anspruch hinzugetreten (Possinger 2013, S. 125ff.). Ob, inwieweit und in welcher Form Väterlichkeit zu einem Bestandteil anerkannter Männlichkeit geworden ist, muss gegenwärtig als eine empirisch offene Frage betrachtet werden (Meuser 2014; Lengersdorf 2014). Zumindest auf diskursiver Ebene erfolgt eine Flexibilisierung von Männlichkeit auch in der Hinsicht, dass die geschlechtlich markierte Grenze zwischen öffentlicher und privater Sphäre transzendiert wird (Aulenbacher et al. 2013). Forschungen zum väterlichen Engagement in der Familie lassen erkennen, dass die Familie neben dem Beruf zu einer weiteren Arena der Herstellung von Männlichkeit werden könnte (Behnke und Meuser 2013; Brandt und Kvande 1998; Merla 2008).

3 Reflexivierung von Männlichkeiten

Die Flexibilisierung von Männlichkeiten ist begleitet von einer Diskursivierung, in der Männlichkeit den Status des fraglos Gegebenen verliert und reflexiv wird. Auffallend ist die zeitliche Koinzidenz der Diskursivierung von Männlichkeit und der Durchsetzung des globalen Neoliberalismus. Die in dessen Folge einsetzende Erosion tradierter Männlichkeitspositionen hat den Bedarf nach einer diskursiven Verständigung darüber, was Männlichkeit ausmacht, augenscheinlich stark erhöht. War diese Verständigung in ihren Anfängen in den 1980er Jahren noch weitgehend auf den Kreis sogenannter ‚bewegter Männer' begrenzt (Meuser 1998, S. 129ff.), hat sie seit Ende der 1990er Jahre und verstärkt seit Mitte des letzten Jahrzehnts ihren Weg in die Massen- und Leitmedien gefunden. Nicht selten handelt es sich um die Titelstory, womit die Relevanz des Themas betont und hergestellt wird. Die mediale Thematisierung von Männlichkeit wird in wachsendem Maße von einem Krisennarrativ bestimmt (Meuser 2015). In diesem Diskurs erscheinen die Männer als Verlierer nicht nur im Geschlechterkonflikt, sondern als Modernisierungsverlierer schlechthin. Zu Beginn des Jahres 2014 erschien die „Zeit" mit dem Titel „Not am Mann" (Nr. 2/2014). Männer, informiert der Untertitel, „halten mit dem gesellschaftlichen Wandel nicht Schritt". Der Bestseller der Journalistin Hanna Rosin (2013) „Das Ende der Männer und der Aufstieg der Frauen" ist ein weiteres Beispiel. Auch im Genre männlicher Selbstverständigungs- und Ratgeberliteratur ist der Krisentopos die Leitkategorie: „Die Krise, in die der Mann jetzt über die Krise seines Körpers, die Krise seiner Partnerschaft und die Krise in Wirtschaft und Gesellschaft gerät, ist nichts weniger als eine fundamentale Sinnkrise des Mannes von historischem Ausmaß, der kein Mann in dieser Zeit entgehen kann." (Betz 2012, S. 27)

Der Diskurs einer Krise des Mannes bzw. der Männlichkeit verweist auf einen Wandel der gesellschaftlichen Wahrnehmung der Geschlechterverhältnisse, in welcher der Mann seiner vormals privilegierten Positionen enthoben wird und zunehmend in die (diskursive) Defensive gerät. Der Krisendiskurs stellt eine Semantik bereit, in der vielfach diffuse subjektive Veränderungserfahrungen, vor allem solche, die mit Verunsicherungen einhergehen, sprachfähig werden. Der Krisendiskurs lässt sich als ein Versuch begreifen, mit den Herausforderungen umzugehen, die sich für Männer mit dem Wandel der Geschlechterverhältnisse verknüpfen.

In diesem Verständnis lässt sich der gegenwärtige Männlichkeitsdiskurs als integraler Teil der wachsenden Flexibilität von Männlichkeit verstehen. In ihm wird hegemoniale Männlichkeit neu ausgehandelt (Riegraf 2010). Der Krisendiskurs macht sichtbar, was ansonsten eher verdeckt ist – dass Hegemonie nicht etwas Statisches ist, sondern in sozialen Auseinandersetzungen ständig erneuert, verteidigt und modifiziert werden muss. In diesem Sinne konzipiert Connell hegemoniale Männlichkeit nicht als ein starres Gebilde, sondern als eine historisch-gesellschaftlich variable Konfiguration vergeschlechtlichter Praktiken, die mit immer neuen Herausforderungen konfrontiert ist und sich in Auseinandersetzung damit beständig neu formiert.

Der Krisendiskurs macht (hegemoniale) Männlichkeit gleichsam reflexiv. Eine Krise hegemonialer Deutungsmuster gibt es insofern, als eine Unsicherheit über die angemessene Interpretation der Veränderungen männlicher Subjektpositionen besteht. Daraus resultiert die Notwendigkeit einer Diskursivierung von Männlichkeit. In diesem Diskurs erfolgt eine reflexive Verflüssigung vormals fraglos Gegebenen; zugleich stellen Teile dieses Diskurses ein Bemühen um die Rückerlangung männlicher Souveränität dar. Birgit Sauer beschreibt den Krisendiskurs als Teil des hegemonialen Projekts: „als eine Form der permanenten Umarbeitung von Männlichkeit zum Zwecke der Sicherung männlicher Macht" (Sauer 2010, S. 390). Die männliche Herrschaft setzt sich aber, wie Bourdieu dies formuliert hat, „nicht mehr mit der Evidenz des Selbstverständlichen durch" (1997, S. 226); sie muss begründet werden.

Der rezente Männlichkeitsdiskurs betreibt, selbst dann, wenn er eine Rückgewinnung männlicher Souveränität intendiert, eine spezifische Modernisierung von Männlichkeit, einer Männlichkeit, die sich der eigenen Grundlagen nicht mehr gewiss ist und deshalb einer diskursiven Verständigung darüber bedarf. Er macht es

– zumindest den am Diskurs Beteiligten – unmöglich, weiterhin in einem „Zustand des unreflektierten ‚Zuhauseseins' in der sozialen Welt" (Berger et al. 1987, S. 71) zu leben. Insofern wird der Diskurs einer Krise des Mannes, sollte er eine Resouveränisierung erfolgreich betreiben, Männlichkeit nicht im Modus des Doxischen, in dem sie „mit der alltäglichen Ordnung des Ungefragten und Selbstverständlichen" gewohnheitsmäßig verwurzelt ist (Bourdieu 1987, S. 668), restaurieren können. Die wiedererlangte männliche Souveränität hätte den Charakter des Orthodoxen, „die, was immer sie auch tun mag, den ursprünglich unschuldigen Zustand der Doxa nicht zu restaurieren vermag" (Bourdieu 1979, S. 332), da sie „eine Kenntnis und Anerkennung der Möglichkeit von unterschiedlichen oder antagonistischen Überzeugungen mit einschließt" (Bourdieu 1979, S. 325).

Zu den Merkmalen, die moderne Existenzen kennzeichnen, gehört nicht zuletzt der Zwang, sich entscheiden zu müssen. So betrachtet, verbinden sich mit der Reflexivierung von Männlichkeit durchaus unterschiedliche Optionen. Sie reichen von orthodoxen Resouveränisierungsbemühungen bis zu Suchbewegungen, in denen neue, aber gleichwohl habituelle Sicherheit vermittelnde Männlichkeiten zu praktizieren versucht werden. Zumindest die Eröffnung dieser Alternative scheint mit der Flexibilisierung von Männlichkeit verbunden zu sein.

4 Fazit

Die arbeits- und industriesoziologische Diagnose einer Flexibilisierung von Erwerbsverhältnissen bleibt nicht auf den Bereich der Produktionssphäre beschränkt, sondern Flexibilisierung kann zunehmend als ein kategorialer Begriff gefasst werden, der grundlegende Transformationsprozesse spätmoderner Existenzweisen beschreibt. Dabei wurde in unserem Beitrag vor allem die enge Verwobenheit von Flexibilisierungsprozessen fokussiert, die die Struktur von Erwerbsarbeit und Männlichkeitskonstruktionen betreffen. Wir konnten darlegen, dass die Verheißungen einer größeren Autonomie, die mit Flexibilisierungen auch verbunden werden, z. B. durch ein zunehmendes Spektrum legitimer Männlichkeitsformen, durchaus als ambivalent erlebt werden und sich die Ambivalenzen derzeit in einem Krisendiskurs artikulieren. In diesen Auseinandersetzungen zeichnet sich deutlich ab, dass Männlichkeit den Status des fraglos Gegebenen verliert und reflexiv wird.

Demnach ist die wachsende Flexibilität und Reflexivität von Männlichkeiten weniger als eine intentionelle Errungenschaft veränderungswilliger Männer denn als eine unintendierte Konsequenz (arbeits-)gesellschaftlicher Transformationen zu verstehen. Sie ist eine Folge der „Erschöpfung" (Völker 2006) industriegesellschaftlicher Geschlechterverhältnisse und Männlichkeitskonstruktionen. Diese Erschöpfung setzt Suchbewegungen frei, in denen Rekonfigurationen von Männlichkeiten möglich werden, vor allem auch dadurch, dass diese reflexiv werden. Flexibilisierung und Reflexivierung sind freilich kein exklusives Merkmal des Wandels von Männlichkeiten noch von Geschlechterverhältnissen. Sie sind eingelassen in den „flexiblen Normalismus" gegenwärtiger Gesellschaften, der die Unterscheidung von Norm und Abweichung flexibel handhabt.

Befördert wird dies u. a. durch die Forderung nach einer Wertschätzung von Vielfalt. Ein instruktives Beispiel hierfür ist der derzeit populäre Diversity-Diskurs. Dieser kann als die gegenwärtig vorherrschende Form der Flexibilisierung von Ordnungsnormen begriffen werden. In ihm findet eine unter neoliberalen Vorzeichen stattfindende partielle Inklusion von Anderen und Anderem statt, insoweit als das Andere als Humanressource attraktiv ist (Meuser 2012b). Der Diversity-Diskurs flexibilisiert die Unterscheidung von Norm und Abweichung. Was in den Geltungsbereich anerkannter Männlichkeit gehört, wird damit weniger eindeutig, aber nicht beliebig.

Literatur

Acker, J. (2004). Gender, Capitalisms and Globalization. In: *Critical Sociology* 30, S. 17-41.
Aulenbacher, B. (2005). Subjektivierung von Arbeit: ein hegemonialer industriesoziologischer Topos und was die feministische Arbeitsforschung und Gesellschaftsanalyse dazu zu sagen haben. In K. Lohr & H.M. Nickel (Hrsg.), *Subjektivierung von Arbeit. Riskante Chancen* (S. 34-64). Münster: Westfälisches Dampfboot.
Aulenbacher, B., Meuser, M. & Riegraf, B. (2012). Geschlecht, Ethnie, Klasse im Kapitalismus. In: *Berliner Journal für Soziologie* 22, 1, S. 5-27.
Aulenbacher, B., Meuser, M. & Riegraf, B. (2013). Hegemonie und Subversion. Zur Pluralisierung hegemonialer Verhältnisse im Verhältnis von Öffentlichkeiten und Privatheit. In B. Riegraf et al. (Hrsg.), *Geschlechterverhältnisse und neue Öffentlichkeiten. Feministische Perspektiven* (S. 18-36). Münster: Westfälisches Dampfboot.
Baur, N. & Luedtke, J. (2008). Männlichkeit und Erwerbsarbeit bei westdeutschen Männern. In N. Baur & J. Luedtke (Hrsg.), *Die soziale Konstruktion von Männlichkeit. Hegemoniale und marginalisierte Männlichkeiten in Deutschland* (S. 81-103). Opladen, Farmington Hills: Verlag Barbara Budrich.
Beasley, C. (2008). Rethinking Hegemonic Masculinity in a Globalizing World. In: *Men and Masculinities* 11, 86-103.
Behnke, C. & Meuser, M. (2013). „Aktive Vaterschaft". Geschlechterkonflikte und Männlichkeitsbilder in biographischen Paarinterviews. In P. Loos et al. (Hrsg.): *Dokumentarische*

Methode. Grundlagen, Entwicklungen, Anwendungen (S. 75-91). Opladen, Farmington Hills: Verlag Barbara Budrich.
Berger, P.-L., Berger, B. & Kellner, H. (1987). Das Unbehagen in der Modernität. Frankfurt am Main & New York: Campus.
Betz, R. (2012). So wird der Mann ein Mann! Wie Männer wieder Freude am Mann-Sein finden. 4. Aufl. München: Integral.
Bittlingmayer, U. H. (2002). Transformation der Notwendigkeit. Prekarisierte Habitusformen als Kehrseite der ‚Wissensgesellschaft'. In U. Bittlingmayer et al. (Hrsg.). Theorie als Kampf? Zur politischen Soziologie Pierre Bourdieus (S. 225-252). Opladen: Leske + Budrich.
BMFSFJ (2012). Ausgeübte Erwerbstätigkeit von Müttern – Erwerbstätigkeit, Erwerbsumfang und Erwerbsvolumen 2010. Dossier. Berlin: Bundesministerium für Familie, Senioren, Frauen und Jugend.
Bourdieu, P. (1979). Entwurf einer Theorie der Praxis. Frankfurt am Main: Suhrkamp.
Bourdieu, P. (1987). Die feinen Unterschiede. Kritik der gesellschaftlichen Urteilskraft. Frankfurt am Main: Suhrkamp.
Bourdieu, P. (1997). Eine sanfte Gewalt. Pierre Bourdieu im Gespräch mit Irene Dölling und Margareta Steinrücke. In I. Dölling & B. Krais (Hrsg.), Ein alltägliches Spiel. Geschlechterkonstruktion in der sozialen Praxis (S. 218-230). Frankfurt am Main: Suhrkamp.
Bosch, G. (1986). Hat das Normalarbeitsverhältnis eine Zukunft? In: WSI-Mitteilungen 39, 3, S. 163-176.
Bosch, G. (2003). Das Normalarbeitsverhältnis in der Informationsgesellschaft. In Institut Arbeit und Technik (Hrsg.), Jahrbuch 2002/2003 (S. 11-24). Gelsenkirchen.
Brandt, B. & Kvande, E. (1998). Masculinity and Child Care: The Reconstruction of Fathering. In: The Sociological Review 46, S. 293-313.
Bröckling, U. (2002a). Jeder könnte, aber nicht alle können: Konturen des unternehmerischen Selbst. Mittelweg 36: Zeitschrift des Hamburger Instituts für Sozialforschung 11, 4, S. 6-26.
Bröckling, U. (2002b). Das unternehmerische Selbst und seine Geschlechter: Gender-Konstruktionen in Erfolgsratgebern. In: Leviathan: Zeitschrift für Sozialwissenschaft 30, 2, S. 175–194.
Bröckling, U. (2007). Das unternehmerische Selbst. Soziologie einer Subjektivierungsform. Frankfurt am Main: Suhrkamp.
Bührmann, A. D. (2005). Das Auftauchen des unternehmerischen Selbst und seine gegenwärtige Hegemonialität. Einige grundlegende Anmerkungen zur Analyse des (Trans-)Formierungsgeschehens moderner Subjektivierungsweisen. Forum Qualitative Sozialforschung/Forum: Qualitative Social Research http://nbn-resolving.de/urn:nbn:de:0114-fqs0501165.
Carrigan, T., Connell, B. &Lee, J. (1985). Toward a New Sociology of Masculinity. In: Theory and Society 14, S. 551-604.
Castel, R. & K. Dörre (Hrsg.) (2009). Prekarität, Abstieg, Ausgrenzung. Die soziale Frage am Beginn des 21. Jahrhundert. Frankfurt am Main & New York: Campus.
Castells, M. (2001a). Das Informationszeitalter. Bd. I: Die Netzwerkgesellschaft. Opladen: Leske + Budrich.
Castells, M. (2001b). Bausteine einer Theorie der Netzwerkgesellschaft. In: Berliner Journal für Soziologie 11, S. 423-439.
Connell, R.W. (2014). Der gemachte Mann. Konstruktion und Krise von Männlichkeiten. 4. durchgesehene und erweiterte Aufl. Wiesbaden: Springer VS.
Connell, R.W. & Wood, J. (2005). Globalization and Business Masculinities. In: Men and Masculinities 7, S. 347-364.

Dörre, K. (2010). Der flexible Mann – ein Hegemon? In: *Erwägen, Wissen, Ethik* 21, S. 347-350.
Eichhorst, W. & Tobsch, V. (2013). Has Atypical Work Become Typical in Germany? Country Case Studies on Labour Market Segmentation. *SOEP Papers on Multidisciplinary Panel Data Research* 596. Berlin: DIW.
Forster, E. (2010). Postdemokratie, Humankapital und politische Handlungsfähigkeit. In: *Österreichische Zeitschrift für Soziologie* 35, 2, S. 104-120.
Fthenakis, W. E. & Minsel, B. (2002). *Die Rolle des Vaters in der Familie.* Stuttgart: Kohlhammer.
Gottschall, K. & G. Voß (Hrsg.) (2003). *Entgrenzung von Arbeit und Leben: Zum Wandel der Beziehung von Erwerbstätigkeit und Privatsphäre im Alltag.* München et al.: Hampp.
Halford, S. (2006). Collapsing the Boundaries? Fatherhood, Organization and Home-Working. In: *Gender, Work and Organization* 13, S. 383-402.
Heilmann, A. (2010). Hegemoniale Männlichkeit zwischen flexibler Modernisierung und 'systemischer' Krise. In: *Erwägen, Wissen, Ethik* 21, S. 355-358.
Holst, E. & Maier, F. (1998). Normalarbeitsverhältnis und Geschlechterordnung. *Mitteilungen aus der Arbeitsmarkt- und Berufsforschung* 3, S. 506-518.
Hooper, C. (2000). Masculinities in Transition. The Case of Globalization. In M. H. Marchand & A.S. Runyan (Hrsg.): *Gender and Global Restructuring. Sightings, Sites and Resistances* (S. 59-73). London: Routledge.
Jurczyk, K. & A. Lange (Hrsg.) (2009). *Vaterwerden und Vatersein heute. Neue Wege – neue Chancen!* Gütersloh: Bertelsmann Stiftung.
Jurczyk, K. & A. Lange (2014). *Vater, Mutter, Kind? Acht Trends in Familien, die Politik heute kennen sollte.* Gütersloh: Bertelsmann Stiftung.
Kelan, E. (2008). Gender, Risk and Employment Insecurity: The Masculine Breadwinner Subtext. In: *Human Relations* 61, S. 1171-1202.
Kimmel, M. (2003): Globalization and its Mal(e)contents. The Gendered Moral and Political Economy of Terrorism. In: *International Sociology* 18, S. 603-620.
Krüger, H. (2001). Gesellschaftsanalyse: Der Institutionenansatz in der Geschlechterforschung. In G.-A. Knapp & A. Wetterer (Hrsg.): *Soziale Verortung der Geschlechter: Gesellschaftstheorie und feministische Kritik* (S. 63-90). Münster: Westfälisches Dampfboot.
Kurz-Scherf, I. (2005). „Arbeit neu denken, erforschen, gestalten" – ein feministisches Projekt. In I. Kurz-Scherf, L. Lena & S. Janczyk (Hrsg.), *In Arbeit: Zukunft. Die Zukunft der Arbeit und der Arbeitsforschung liegt in ihrem Wandel* (S. 15-35). Münster: Westfälisches Dampfboot.
Lengersdorf, D. (2014). Stabilizing Masculinities. In: *Culture, Society & Masculinities* 6, 2, S. 150-162.
Lengersdorf, D. & Meuser, M. (2010). Wandel von Arbeit – Wandel von Männlichkeiten. In: Österreichische Zeitschrift für Soziologie 35, 2, S. 9-103.
Lenz, I. (2013). Zum Wandel der Geschlechterordnungen im globalisierten flexibilisierten Kapitalismus. Neue Herausforderungen für die Geschlechterforschung. In: *Feministische Studien* 28, 1, S. 124-130.
Lewis, J. (2004). Auf dem Weg zur „Zwei-Erwerbstätigen-Familie". In S. Leitner, I. Ostner & M. Schratzenstaller (Hrsg.), *Wohlfahrtsstaat und Geschlechterverhältnis im Umbruch: Was kommt nach dem Ernährermodell?* (S. 62-84). Wiesbaden: VS-Verlag.
Liebig, S. & Sauer, C. & Schupp, J. (2011). Die wahrgenommene Gerechtigkeit des eigenen Erwerbseinkommens: Geschlechtertypische Muster und die Bedeutung des Haushaltskontextes. In: *Kölner Zeitschrift für Soziologie* 63, S. 33-59.

Link, J. (1997). *Versuch über den Normalismus*. Wiesbaden: Westdeutscher Verlag.
Link, J. (1999). Wenn das Kügelchen fällt und das Auto rollt. Zum Anteil des Normalismus an der Identitätsproblematik in der Moderne. In H. Willems & A. Hahn (Hrsg.), *Identität und Moderne* (S. 164-179). Frankfurt am Main: Suhrkamp.
Marchand, M. H. & A. S. Runyan (Hrsg.) (2000). *Gender and Global Restructuring. Sightings, Sites and Resistances*. London: Routledge.
Merla, L. (2008). Determinants, Costs, and Meanings of Belgian Stay-at-Home Fathers: An International Comparison. In: *Fathering* 6, S. 113-132.
Meuser, M. (1998). *Geschlecht und Männlichkeit: Soziologische Theorie und kulturelle Deutungsmuster*. Opladen: Leske+Budrich.
Meuser, M. (2007). *Herausforderungen: Männlichkeit im Wandel der Geschlechterverhältnisse*. Köln: Rüdiger Köppe.
Meuser, M. (2009). Humankapital Gender. Geschlechterpolitik zwischen Ungleichheitssemantik und ökonomischer Logik. In S. Andresen, M. Koreuber & D. Lüdke (Hrsg.), *Gender und Diversity: Albtraum oder Traumpaar? Interdisziplinärer Dialog zur „Modernisierung" von Geschlechter- und Gleichstellungspolitik* (S. 95-109). Wiesbaden: VS-Verlag.
Meuser, M. (2012a). Vaterschaft im Wandel. Herausforderungen, Optionen, Ambivalenzen. In K. Böllert & C. Peter (Hrsg.), *Mutter + Vater = Eltern? Sozialer Wandel, Elternrollen und soziale Arbeit* (S. 63-80). Wiesbaden: Springer VS.
Meuser, M. (2012b). Diversity Management – Anerkennung von Vielfalt? In L. Pries (Hrsg.), *Zusammenhalt durch Vielfalt? Bindungskräfte der Vergesellschaftung im 21. Jahrhundert* (S. 167-181). Wiesbaden: Springer VS.
Meuser, M. (2014). Care und Männlichkeit in modernen Gesellschaften – Grundlegende Überlegungen illustriert am Beispiel involvierter Vaterschaft. In B. Aulenbacher, B. Riegraf & H. Theobald (Hrsg.), *Sorge: Arbeit, Verhältnisse, Regime. Care: Work, Relations, Regimes. Soziale Welt. Sonderband 20* (S. 159-174). Baden-Baden: Nomos.
Meuser, M. (2015). Hegemoniale Männlichkeit im Niedergang? Anmerkungen zum Diskurs der Krise des Mannes. In C. Mahs, B. Rendtorff & A. Warmuth (Hrsg.), *Betonen – Ignorieren – Gegensteuern? Zum pädagogischen Umgang mit Geschlechtstypiken* (S. 93-105). Weinheim, Basel: Beltz Juventa.
Meuser, M. & Scholz, S. (2012). Herausgeforderte Männlichkeit. Männlichkeitskonstruktionen im Wandel von Erwerbsarbeit und Familie. In M. S. Baader, J. Bilstein & T. Tholen (Hrsg.), *Erziehung, Bildung und Geschlecht. Männlichkeiten im Fokus der Gender-Studies* (S. 23-40). Wiesbaden: Springer VS.
Miller, P. & N. Rose (1995). Production, Identity, and Democracy. In: *Theory and Society* 24, S. 427–467.
Motakef, M. (2015). *Prekarisierung*. Bielefeld: Transcript.
Parsons, T. & Bales, R. F. (1955). *Family, Socialization and Interaction Process*. Glencoe: The Free Press.
Possinger, J. (2013). *Vaterschaft im Spannungsfeld von Erwerbs- und Familienleben. „Neuen Vätern" auf der Spur*. Wiesbaden: Springer VS.
Priddat, B. P. (2004). Von Gender Trouble zu Gender Kooperation. In U. Pasero & B. Priddat (Hrsg.): *Organisationen und Netzwerke. Der Fall Gender* (S. 165-197). Wiesbaden: VS-Verlag.
Riegraf, B. (2010). Hegemoniale Männlichkeit und Krise Eine Auseinandersetzung mit Krisenbegrifflichkeiten. In: *Erwägen, Wissen, Ethik* 21, S. 387-389.
Rosin, H. (2013). *Das Ende der Männer und der Aufstieg der Frauen*. Berlin: Berlin Verlag.

Sauer, B. (2010). Krise des Neoliberalismus – Krise hegemonialer Männlichkeit? In: *Erwägen, Wissen, Ethik* 21, S. 389-392.
Schmeißer, C. et al. (2012). *Atypische Beschäftigung in Europa 1996-2009*. Discussion Paper P 2012-001. Berlin: WZB.
Scholz, S. (2012). *Männlichkeitssoziologie*. Münster: Westfälisches Dampfboot.
Sennett, R. (1998). *Der flexible Mensch. Die neue Kultur des Kapitalismus*. Berlin: Berlin Verlag.
Treiblmayr, C. (2010). Wowereit, Westerwelle und andere Queers – Einige Anmerkungen zum Verhältnis von hegemonialer Männlichkeit und männlichen Homosexualitäten. In: *Erwägen, Wissen, Ethik* 21, S. 403-406.
Völker, S. (2006). Praktiken der Instabilität. Eine empirische Untersuchung zu Prekarisierungsprozessen. In B. Aulenbacher et al. (Hrsg.), *FrauenMännerGeschlechterforschung. State of the Art* (S. 140-154). Münster: Westfälisches Dampfboot.
Völker, S. (2008). Entsicherte Verhältnisse: (Un)Möglichkeiten fürsorglicher Praxis. In: *Berliner Journal für Soziologie*, S. 183-338.
Walgenbach, K. (2010). Demographischer Wandel und Transformationen hegemonialer Männlichkeit. In: *Erwägen, Wissen, Ethik* 21, S. 413-415.
Warren, T. (2007). Conceptualizing breadwinner work. In: *Work, Employment and Society* 21, S. 317-336.
Wedgewood, N. & Connell, R.W. (2008). Männlichkeitsforschung: Männer und Männlichkeiten im internationalen Forschungskontext. In R. Becker & B. Kortendiek (Hrsg.), *Handbuch Frauen und Geschlechterforschung* (S. 116-125). 2. Aufl. Wiesbaden: VS-Verlag.
Wimbauer, C. (2012). *Wenn Arbeit Liebe ersetzt – Doppelkarriere-Paare zwischen Anerkennung und Ungleichheit*. Frankfurt am Main: Campus.
Zerle, C. & Krok, I. (2009). Null Bock auf Familie!? Schwierige Wege junger Männer in die Vaterschaft. In K. Jurczyk & A. Lange (Hrsg.), *Vaterwerden und Vatersein heute. Neue Wege – neue Chancen!* (S. 121-140). Gütersloh: Verlag Bertelsmann Stiftung.

Männlichkeit unter Druck?

Mechthild Bereswill

1 Zum Verhältnis von Marginalisierung und männlicher Herrschaft

Wird aus einer feministischen Perspektive nach dem Wandel gesellschaftlicher Verhältnisse gefragt, ist dies mit der Suche nach angemessenen theoretischen und empirischen Ansätzen verbunden, die Veränderungen und Beharrungen von Geschlechterverhältnissen erfassen. Damit gehen fortlaufende Debatten über die Komplexität und die Relationalität der sozialen Kategorie Geschlecht wie beispielsweise die Kontroversen über Intersektionalität (Knapp und Klinger 2008; Lutz et al. 2010; Knapp 2013; Bereswill et al. 2015) einher. Dabei stellt sich die grundsätzliche Frage, wie multiple Konstruktionen von Differenz und institutionalisierte Ungleichheitsstrukturen ineinander greifen und welche Wirkung Geschlecht dabei entfaltet (Becker-Schmidt 2013). Aus einer herrschaftskritischen Perspektive schließt hier die Frage an, wie gesellschaftliche Ungleichheitsverhältnisse im Wandel und Mechanismen männlicher Herrschaft (Bourdieu 2005) oder, wie Raewyn Connell (1987, 2002) vorschlägt, Konfigurationen hegemonialer Männlichkeit korrespondieren.

Vor diesem Hintergrund wird im Folgenden davon ausgegangen, dass wir es gegenwärtig mit höchst ungleichzeitigen und verdeckten Dynamiken des Wandels und der Persistenz von Ungleichheitsverhältnissen zu tun haben, die durch eingeschliffene Muster hegemonialer Männlichkeit mit in Gang gehalten werden. Diese abstrakten Überlegungen können an zwei Beispielen konkretisiert werden, mit denen zunächst die hartnäckige Persistenz von Geschlechterhierarchien und vereinseitigten Konstruktionen von Geschlechterdifferenz in den Blick rückt: Während in der Sozialen Arbeit mehr als 80% der Studierenden weiblich sind, stellen inhaftierte Mädchen und Frauen im Strafvollzug bundesweit eine verschwindende Minderheit von ca. 3 bis 4 % dar (LAG Mädchenarbeit in NRW 2010). In beiden Fällen der gesellschaftlichen Konstruktion und Bearbeitung sozialer Probleme wirken überdeterminierte Konstruktionen von Geschlechterdifferenz und institutionell verfestigte Strukturen ineinander. So wird Soziale Arbeit als Frauenberuf auf dem Weg zu einer Profession auch gegenwärtig noch mit der angeblichen Nähe zwischen Weiblichkeit und (schlecht vergüteten) sozialen Dienstleistungen assoziiert (Bereswill und Ehlert 2011). Andererseits gelten bestimmte Formen der Devianz als mit Weiblichkeit unvereinbar, Jugendkriminalität wird hartnäckig mit der Kriminalität von jugendlichen und heranwachsenden Männern gleichgesetzt und die homosozial strukturierten Unterbringungsformen des Jugendstrafvollzugs für Mädchen und Jungen unterscheiden sich gravierend (Bereswill 2009).

In beiden Fällen wird das Beharrungsvermögen von Geschlechterungleichheiten unmittelbar greifbar. Zudem handelt es sich um Paradebeispiele dafür, wie im gesellschaftlichen Diskurs daran gearbeitet wird, die angeblichen Unterschiede zwischen den Geschlechtern mit naturalisierenden, beispielsweise neurowissenschaftlichen oder differenztheoretisch begründeten geschlechtsbezogenen Sozialisationsthesen zu erklären und die damit verbundenen Ungleichheiten auf diese Weise zu reproduzieren und zu legitimieren. So sind Weiblichkeit und Fürsorgetätigkeiten auch im 21. Jahrhundert scheinbar hoch kompatibel und auch Männlichkeit und Delinquenz werden immer wieder miteinander zu erklären versucht. Auf die komplexe Wechselwirkung von Konstruktionen der Devianz mit Männlichkeitskonstruktionen wird später wieder zurück zu kommen sein. In diesem Zusammenhang stellt sich auch die Frage, ob und wie die Differenzierung und Hierarchisierung zwischen den Geschlechtern im Kontext der Flexibilisierung und Prekarisierung gesellschaftlicher Verhältnisse mit Mechanismen männlicher Herrschaft korrespondieren. So sprechen die deskriptiven und zugleich plakativen Beispiele auf den ersten Blick dafür, dass es sich um eindeutige Muster einer binären Geschlechterordnung handelt, bei denen Männlichkeit Weiblichkeit unterordnet: Wird die mangelnde gesellschaftliche Anerkennung der Sozialen Arbeit im Kontext von hegemonialer Männlichkeit oder männlicher Herrschaft betrachtet, ist dieses Feld für das Einstreichen einer „patriarchalen Dividende" (Connell) oder für die „ernsten Spiele des Wettbewerbs zwischen Männern" (Bourdieu) nicht sonderlich attraktiv. Und umgekehrt scheinen Mädchen und Frauen solche Wettkämpfe im Kontext von Kriminalitätskonstruktionen, in denen häufig hypermaskuline Versionen marginalisierter Männlichkeit ausgehandelt werden, nur selten auf Augenhöhe zu bestehen.

So plausibel diese männlichkeitstheoretischen Lesarten von Unterordnung auch sind, es sind gerade die eindeutigen Muster, die dazu auffordern, sich mit den paradoxen, unübersichtlichen und ungleichzeitigen Aspekten von gesellschaftlichem Wandel auseinanderzusetzen: Wie und warum verändern sich Geschlechterdifferenzierungen (oder eben auch nicht)? Wie greifen Geschlechterordnungen und andere Dimensionen der sozialen und symbolischen Ordnung einer Gesellschaft ineinander? Wie kommt es, dass bestimmte Tätigkeitsarrangements oder bestimmte Konstruktionen von Devianz überproportional mit Männlichkeit korrespondieren? Wie kann die Spannung zwischen der gleichzeitigen Privilegierung und Deklassierung von Männlichkeit erfasst werden? Die Tiefenstrukturen von modernen Geschlechterordnungen liegen dabei nicht offen, sondern müssen rekonstruiert werden.

„Der Begriff der Ordnung bezieht sich auf Strukturgefüge, deren Stabilität durch Institutionen gefestigt wird. Sie werden durch kulturelle Werte, Normen und Diskurse legitimiert, wobei Kultur als eigenständiger Bereich und komplementäre Entsprechung der Struktur gesehen wird" (Lenz 2014, S. 13). Mit dieser Definition bezieht Ilse Lenz sich ausdrücklich auf Raewyn Connells (1987) Konzeptualisierung von *gender order*. Connell begreift diese Ordnung als „historisch konstruierte Muster der Machtbeziehungen zwischen Männern und Frauen und Definitionen von Weiblichkeit und Männlichkeit" (S. 99, Übersetzung M.B.). Diese gesellschaftstheoretische Verortung bildet einen wichtigen Ausgangspunkt für das Konzept der hegemonialen Männlichkeit, das Connell im Anschluss an Antonio Gramscis Analyse der Klassenverhältnisse in Italien formuliert hat. Männlichkeit, präziser gesagt: die kulturelle Vorherrschaft des Männlichen, wird als doppelt-relationales Phänomen erfasst. Asymmetrische Machtbeziehungen und Ungleichheitsverhältnisse sind nicht nur auf einer heterosozialen Achse verortet, sie greifen auch in der homosozialen Dimension zwischen verschiedenen Versionen von Männlichkeit, deren konkurrierendes und zugleich hierarchisches Zusammenspiel sich zu einer historisch-spezifischen „configuration of gender practise" verdichten (Connell 1995, S. 77).

Hegemoniale Männlichkeit definiert Connell als die für eine bestimmte gesellschaftliche Situation durchsetzungsfähigste, wenn auch nicht einzige Antwort auf das Legitimitätsproblem, das mit Ungleichheiten in der Geschlechterordnung verbunden ist (ebenda). Die hierarchischen Differenzierungen verschiedener, nicht hegemonialer Formen von Männlichkeit unterscheidet sie in komplizenhafte, marginalisierte und untergeordnete (oder unterdrückte), wobei die Trennschärfe insbesondere zwischen untergeordneter und marginalisierter Männlichkeit fehlt (vgl. Meuser 2010, S. 328; Bereswill 2007a, S. 89; Bereswill und Neuber 2010, S. 103).

Connells Konfigurationskonzept lenkt den geschlechtertheoretischen Blick auf dynamische Prozesse der Über- und Unterordnung, deren Strukturierung aber immer auf dominante oder hegemoniale Männlichkeiten zurück verweist. Die gegenwärtige Neukonfiguration von hegemonialer Männlichkeit zeigt sich laut Connell und Wood in der Durchsetzung von global orientierten „Business Masculinities" (2005). Michael Meuser (2010) folgt dieser Perspektive in seinen

Überlegungen zum „Strukturwandel von Erwerbsarbeit und hegemonialer Männlichkeit". Im Gegenzug bestimmt er eine „durch Prekarisierung gekennzeichnete untergeordnete Männlichkeit" und fragt nach deren Anschlussmöglichkeiten an „die neue hegemoniale Männlichkeit" (S. 333). Diese Debatte weist in Richtung offener Fragen zum Wandel von Geschlechterordnungen und damit verbundenen möglichen Neukonfigurationen von Geschlechterverhältnissen. Im Zusammenhang theoretischer Verortungen stellt sich die Frage, ob das Konzept der hegemonialen Männlichkeit im Zuge globaler wie lokaler Umbruchsituationen an Erklärungskraft verliert. Bezogen auf gesellschaftstheoretische Diagnosen von gegenwärtigen Geschlechterordnungen stellt sich auch die Frage nach der Restrukturierung von Geschlechterhierarchien.

Im Folgenden wird die Auseinandersetzung mit hegemonialer Männlichkeit aus der Perspektive einer empirisch begründeten Theoriebildung gesucht. Es wird ein Befund aus eigenen qualitativen Längsschnittstudien aufgegriffen, der das Wechselspiel zwischen dem gesellschaftlichen Bedeutungsverlust des männlichen Erwerbsarbeiters mit Konstruktionen devianter Männlichkeit betrifft. Dieser Untersuchungsfokus richtet die Aufmerksamkeit auf eine Konstellation sozialer Ungleichheit, in der die Verfestigung und Zuspitzung sozialer Ungleichheit überdeutlich mit dem Wandel von Männlichkeit korrespondiert. Der Fokus liegt hierbei, in Anlehnung an Connell, auf dem Verhältnis von hegemonialer, untergeordneter und marginalisierter Männlichkeit: Verschieben sich diese Relationen in der postfordistischen Gesellschaft? Kommt es dabei möglicherweise zu einer grundlegenden Abkopplung von hegemonialer und untergeordneter Männlichkeit und damit auch zu einer Fragmentierung oder Unterhöhlung männlicher Herrschaft? Anders gefragt: Büßt die „patriarchale Dividende" (Connell), die hegemoniale Männlichkeit auch für untergeordnete Positionen in Aussicht stellt, im flexiblen Kapitalismus ihre Kaufkraft ein oder ist der daran geknüpfte Kredit vielleicht schon überzogen? Auf solche grundsätzlichen Fragen nach möglichen Neukonfigurationen von Geschlecht gibt es keine eindeutigen oder abschließenden Antworten. Erkenntnisleitend ist vor diesem Hintergrund ein reflexives Wechselspiel von Empirie und Theorie, das kritische Revisionen und mögliche Neufokussierungen von gesellschaftstheoretischen Erklärungsansätzen erlaubt. Diese Perspektive wird im vorliegenden Text eingenommen.

2 Überdeterminierte und ungleichzeitige Geschlechterordnungen

Im Folgenden wird ein zentrales Ergebnis eigener qualitativer Längsschnittstudien zu den Biographien von jungen Männern mit Hafterfahrungen zusammengefasst und theoretisch aufgeschlossen.[1] In den Lebensläufen dieser jungen Männer verflechten sich Dimensionen sozialer Ungleichheit wie soziale Herkunft, Bildung und Armut mit institutionell verfestigter Diskontinuität im Lebenslauf und biographischen Autonomiekonflikten. Die Tiefenstruktur dieser Dynamik einer kumulativen sozialen Marginalisierung kann ohne den systematischen Einbezug von geschlechtertheoretischen Perspektiven nur unzureichend erfasst werden: Sowohl die Institutionen des Lebenslaufs als auch die kulturellen Leitbilder einer erfolgreichen gesellschaftlichen Teilhabe oder Integration sind durch idealtypische Konstruktionen eines autonomen, handlungsfähigen männlich konnotierten Erwerbsarbeiters in der Ernährerposition geprägt. Dieses überkommene Ideal ist faktisch längst durch die Figur des *adult worker* abgelöst, die Erwerbsarbeit nicht länger an Männlichkeit knüpft, sondern die Leistungsbereitschaft aller Erwachsenen voraussetzt. Das bedeutet aber nicht, dass die „normative Bedeutung von Erwerbsarbeit für die Konstruktion vom Männlichkeit" (Scholz 2009, S. 84; Scholz 2007) ihre Wirkung schon eingebüßt hätte. Vielmehr ist davon auszugehen, dass die Verkoppelung von Männlichkeit mit Erwerbsarbeit als normativer Erwartungshorizont und als Selbstbezug im Prozess der Vergesellschaftung weiter wirkt. Realistischer ist es deshalb – insbesondere mit Blick auf gering qualifizierte junge Männer und Frauen –, von einer widersprüchlichen und ungleichzeitigen Verschränkung fordistischer und postfordistischer Aspekte des Verhältnisses von Arbeit und Geschlecht auszugehen. Damit wird auch die Tragweite von *Business Masculinities* in Frage gestellt, denn die hegemoniale Position des fordistischen Modells des männlichen Erwerbsarbeiters und Ernährers durchkreuzt diese Ent-

---

1 Die biographischen Längsschnittstudien wurden von der Autorin gemeinsam mit Almut Koesling und Anke Neuber am Kriminologischen Forschungsinstitut Niedersachsen durchgeführt. Im Mittelpunkt der ersten Studie „Gefängnis und die Folgen" (1999-2004, gefördert von der VolkswagenStiftung) steht die biographische Verarbeitung eines Freiheitsentzugs im Kontext geschlechtsgebundener Lebensläufe (vgl. Bereswill 2014). In der 2007 abgeschlossenen Folgeuntersuchung mit dem Titel „Labile Übergänge" (gefördert von der Stiftung Deutsche Jugendmarke) haben wir die Bildungs- und Arbeitsbiographien der jungen Männer rekonstruiert und den Zusammenhang zwischen Lernen, Arbeiten und sozialer Integration ausgeleuchtet. Damit hatten wir die einzigartige Gelegenheit, die biographischen Prozesse von dreißig jungen Erwachsenen bis hin zu neun Jahren mit Hilfe von regelmäßigen Interviews zu untersuchen (vgl. Bereswill et al. 2008).

wicklung offensichtlich, sowohl in den Institutionen des Lebenslaufs als auch im Kontext kultureller Leitbilder und Praktiken.

Die Lebenslagen und Lebensentwürfe von heranwachsenden Männern, die der strafrechtlichen Sanktion eines Freiheitsentzugs ausgesetzt werden, verweisen vor diesem Hintergrund auf eine spezifische Konstellation sozialer Randständigkeit, die im Kontext von geschlechtertheoretischen Überlegungen als eine Konfiguration zwischen marginalisierter und untergeordneter Männlichkeit eingeordnet werden kann (Bereswill 2007a; Neuber 2009; Messerschmidt 1993; Connell 1987, 1995, 1999, 2002; Findeisen und Kersten 1999). Diese Einordnung im Grenzbereich einer an hegemoniale Männlichkeit anschließenden und aus ihr ausgeschlossenen Konfiguration spiegelt die Dynamik zwischen der drohenden langfristigen Ausgrenzung aus dem Erwerbsleben und den damit verbundenen institutionalisierten Anerkennungsbeziehungen und einer randständigen, „sekundären Inklusion" (Land und Willisch 2006) in Maßnahmen, Übergangslösungen und prekäre, diskontinuierliche Arbeitsverhältnisse.

Die skizzierte Situation korrespondiert mit weiteren Ausgrenzungsrisiken. Die Lebensläufe einer in der Bildungs- und Übergangsforschung als ‚mehrfach benachteiligt' klassifizierten Gruppe sind gekennzeichnet durch familiäre Erfahrungen der Belastung, Armut und Bildungsbenachteiligung sowie wechselhafte Erfahrungen mit Institutionen der Hilfe und Kontrolle (Bereswill 2015; Bereswill et al. 2008). So sind mehr als zehn Wechsel von Orten und Bezugspersonen im Leben von gerade Zwanzigjährigen beispielsweise keine Ausnahme. Dieses hohe Maß an Diskontinuität gilt auch für die Bildungsbiographien der jungen Männer: ständige Wechsel der Schulen, schulische Auf- und Abstiege, disziplinierende Verweise, Bildungsabbrüche und eine hohe Dichte sozialpädagogischer Interventionen strukturieren die sekundären Sozialisationsprozesse junger Inhaftierter. Mehr als die Hälfte der Untersuchungsteilnehmer der KFN-Studien hat bei Eintritt in das Gefängnis keinen Schulabschluss (vgl. die weiteren Angaben bei Bereswill 2007a, S. 91ff.). Die Mehrheit hat sogenannte Maßnahmenkarrieren in den Warteschleifen der Jugendberufshilfe oder der Arbeitsverwaltung durchlaufen und unterliegt damit dem Paradigma der Benachteiligtenförderung, dessen Ansatzpunkt für soziale Integration Entwicklungsdefizite des Subjekts sind (Figlestahler 2013; Walther 2000, 2002; Solga 2005, 2006, 2009).

Die skizzierte Konstellation ist keineswegs neu und sie hat sich seit den 1970er Jahren (in Westdeutschland) nicht grundsätzlich verändert. Sie hat sich aber erheblich verschärft, was die Ausbildungs- und Chancenlosigkeit von sozial besonders verwundbaren jungen Männern (und jungen Frauen) im Bildungssystem und im Anschluss daran auf dem ersten Arbeitsmarkt angeht (Solga 2009, Kersten 1986). Im Fall der in unseren Studien untersuchten Gruppe junger Männer handelt sich um hoch diskontinuierliche Biographien.[2] Biographische Diskontinuität verweist auf die konflikthaften Dimensionen von strukturell angelegten Zumutungen und Überforderungen in Lebenslaufregimen des Wohlfahrtsstaates und auf kumulierende Dynamiken der sozialen Ausgrenzung. Das Paradigma der Aktivierung und Formeln wie „Fördern und Fordern", verbunden mit der entsprechenden Sanktionierungspraxis der Arbeitsbehörde, verschärfen solche Überforderungsszenarien, die in letzter Konsequenz immer als Defizit des Subjekts ausgelegt werden (vgl. Schels und Zahradnik 2014). Prominente Beispiele dafür sind ein Benachteiligungsparadigma, das bei der fehlenden Reife von Jugendlichen und Heranwachsenden ansetzt und die Klage von Handwerk und Wirtschaft über deren fehlende Ausbildungsreife als Begründung für die gewachsenen Integrationshürden des dualen Systems.[3]

Die strukturellen Barrieren und die damit verbundenen biographischen Konflikte des Subjekts verknüpfen sich im Fall der untersuchten jungen Inhaftierten mit einer sehr spezifischen institutionellen Dynamik im geschlossenen räumlichen Setting des Vollzugs. Männlichkeitserwartungen erfahren hier eine starke Überbetonung und in der wechselseitigen Performanz dominieren Interaktionsmuster von Hypermaskulinität, verbunden mit entsprechend überschüssigen gewaltbetonten Idealen von männlicher Dominanz (Neuber 2009). Dies geht mit der Verweiblichung von Opferpositionen und harschen Abwertungen von weiblich konnotierten Tätigkeiten oder Kontexten einher (Bereswill 2003a, 2003b, 2006).

Während in der Gruppe der Inhaftierten eine gewaltbereite und widerständige Selbstdarstellung den Ton angibt, postulieren die Erziehungs- und Kontrollinstanzen der Institution die Anpassung an eine männliche Normalbiographie als wichtigsten Schritt der sozialen Integration. Einen entsprechend hohen Stellenwert haben schulische und handwerklich-technische Ausbildungsgänge und Arbeit für die Erziehungsziele des Jugendstrafvollzugs. Dabei handelt es sich in mehrfacher Hinsicht um eine paradoxe Konstellation: Lernen und Arbeiten findet unter punitiven Bedingungen statt und ist in die Logik von Sicherheit und Sanktionierung eingebettet (Schweder 2014). Zugleich bildet Tätigkeit einen wichtigen Strukturge-

---

2 Mit biographischer Diskontinuität wird die subjektive Dimension eines Lebenslaufs hervorgehoben, dessen Charakter durch den ständigen Wechsel seiner Strukturgeber geprägt ist. Das bedeutet, Institutionen des Lebenslaufs wie Familie, Schule, Ausbildung und Beruf werden nicht im Nacheinander oder in einem aufeinander abgestimmten Miteinander durchlaufen. Prägend ist vielmehr das Gegeneinander verschiedener Interventionen und Maßnahmen.
3 Im Übergang von Schule, Ausbildung und Beruf zeigen sich deutliche geschlechtsbezogene Kanalisierungen, wenn Mädchen und junge Frauen im Vergleich mit Jungen und jungen Männern immer noch häufiger in Fachschulen statt im dualen System ausgebildet werden.

ber und eigene Leistung federt den Autonomiekonflikt ab, den eine Inhaftierung in Gang setzt. Lernen und Arbeiten strukturieren den monotonen Anstaltsalltag (Bereswill et al. 2008). Insgesamt erfährt die Ausbildung und Arbeit im Jugendstrafvollzug, entgegen kritischer Stimmen, die die ausbeuterischen Dimensionen und den Zwangscharakter dieser Maßnahmen thematisieren, aus der Perspektive von Inhaftierten eine Aufwertung. Zumal die Ausbildungsstätten des Vollzugs für ausbildungslose und gering qualifizierte heranwachsende Männer nicht selten bessere Optionen bieten als diese ihnen außerhalb des Gefängnisses zugänglich gewesen wären.

Die gesamte Konstellation ist am Modell des disziplinierten männlichen Erwerbsarbeiters orientiert, das sowohl bei Inhaftierten wie auch beim ausbildenden Personal nach wie vor hoch im Kurs steht. Hier kann mindestens von einer kontext- oder besser lebenslagenspezifischen hegemonialen Konfiguration von Männlichkeit ausgegangen werden. Der Bedeutungsverlust des Erwerbsarbeiters ist zwar gegenwärtig, dessen hegemoniale Position im Zusammenspiel von Männlichkeits- und Weiblichkeitszuschreibungen ist aber unübersehbar.

Die Tatsache, dass das fordistische Modell der vollzeitlichen und lebenslangen Erwerbsarbeit gesellschaftlich in die Brüche geht gilt nicht nur für junge Männer mit eingeschränkten Chancenstrukturen. Junge Männer, die sich während einer Inhaftierung an diesem Männlichkeitsideal abarbeiten, sind nach ihrer Entlassung aus dem geschlossenen Setting aber mit einem mehrfachen Strukturbruch konfrontiert: Die zumeist prekäre soziale Situation, in die sie eintreten, steht im starken Gegensatz zum eingeschränkten und zugleich durchstrukturierten Alltag in der Institution und das Versprechen, sich durch Arbeit in die Gesellschaft zu integrieren, entpuppt sich als wenig realitätstüchtig. So verliert die strukturierende Bedeutung, die Lernen und Arbeiten für die Bewältigung des Haftalltags haben, nach dem Verlassen des Gefängnisses im doppelten Sinne ihre Wirkung. Zum einen muss der Alltag nun ohne rigide äußere Strukturvorgaben gestaltet werden; zum anderen schließen die zur Verfügung stehenden Bildungsmaßnahmen oder Jobs selten an die Erfahrungen im Vollzug an und verlangen schmerzhafte Abstriche gegenüber den eigenen Wünschen und Vorstellungen.

Es handelt sich um eine ungleichzeitige und paradoxe Dynamik der wechselseitigen Verstärkung von sozialer Kontrolle und sozialer Ungleichheit. Im Kontext von Globalisierungs- und Flexibilisierungsprozessen scheint die überdeterminierte Version von wehrhafter und arbeiterlicher Männlichkeit aus der Zeit gefallen und gar nicht kompatibel mit den Anforderungen des Dienstleistungscredos der postfordistischen Gesellschaft. Zugleich liegt es nahe, die beschriebene Konstellation als genuines Strukturelement sich verändernder (Geschlechter-)Verhältnisse zu untersuchen. Dies gilt auch für das Zusammenspiel von Devianz und Männlichkeit.

„Was aus den Konfigurationen legitimer Männlichkeit heraus fällt, stützt diese zugleich: Konfigurationen marginalisierter oder untergeordneter Männlichkeit, deren mangelnde Anerkennung hart umkämpft wird" (Bereswill 2007b, S. 113).

3 Im toten Winkel des gesellschaftlichen Wandels

Das Beispiel aus der Forschung verdeutlicht wie unter einem Brennglas, wie eine lange verfestigte soziale Ungleichheit sich reorganisiert und weiter zuspitzt. Die Zuspitzung steht im Kontext des Verlusts eines tragenden gesellschaftlichen Männlichkeitskonstrukts, der „Industriearbeitermännlichkeit" (Meuser 2004), aber auch im Zusammenhang weiter fassender Prozesse gesellschaftlicher Prekarisierung. Die kumulative Verknüpfung von Devianz und sozialer Marginalisierung hat dabei eine lange Geschichte und es handelt sich keineswegs um eine vollkommen neue Konfiguration von Männlichkeit. Alte und neue Dynamiken sozialer Ungleichheit schieben sich ineinander und die beschriebene Konstellation kann nur verstanden werden, wenn diese Ungleichzeitigkeit nicht aus dem Blick rückt.

So verschärft sich die bereits verfestigte soziale Marginalisierung einer ganz bestimmten Gruppe von Männern im gesellschaftlichen Umbruch. Es entsteht der Eindruck einer still gestellten Konstellation, die in den toten Winkel einer durch Gleichheitsrhetorik und Leistungsgerechtigkeit geprägten pluralisierten und flexibilisierten Geschlechterordnung geraten ist. Für die Verkörperung einer Männlichkeit, die nicht nur auf die Fortdauer von Geschlechterhierarchien, sondern auch auf ungleiche Klassenlagen aufmerksam macht, scheint nur noch an den Rändern der Gesellschaft oder allenfalls in der Populärkultur ein Platz vorgesehen. Vor diesem Hintergrund werden die gewaltaffinen Selbstdarstellungen von sozial marginalisierten jungen Männern in der Männlichkeitsforschung auch als paradoxer Ausdruck einer letzten zur Verfügung stehenden Männlichkeitsressource analysiert, auf die in Ermangelung anderer Möglichkeiten gesellschaftlicher Anerkennung offensiv zurückgegriffen wird (Kersten 1997; Messerschmidt 1993). Diese Lesart bekräftigt auch Susanne Spindler auf der Basis ihrer Untersuchung zu jungen Migranten mit Hafterfahrungen. Dabei betont sie die widersprüchlichen Seiten von Männlichkeit, unter anderem im Hinblick auf die körperbetonten Männlichkeitsideale junger Migranten. „Ziel der jungen Männer ist es, Ausschluss und Unterordnung zu begegnen, sie erreichen aber das Gegenteil: Der Ausschlussprozess wird in der gewalttätigen Ausstattung von Männlichkeit verstärkt ... In dem Versuch, sich hegemoniale Männlichkeit anzunähern, umkreisen sie diese zwar, können sie aber nicht erreichen" (2007, S. 132).

Diese Analyse von Männlichkeit als eine kompensatorische Ressource bekräftigt die wechselseitige Konstitution von hegemonialer und untergeordneter Männlichkeit. Soziale Ordnung wird demnach in einem ausgeklügelten Zusammenspiel der Über- und Unterordnung stabilisiert. Statt von einer Entkoppelung zwischen hegemonialen und untergeordneten Positionen auszugehen, wird dabei die enge Verkoppelung zwischen einer unerreichbaren und einer abgeschlagenen Konfiguration von Geschlecht betont. Wie Impulse für mögliche Neukonfigurationen von Geschlecht dabei wirken, ist eine Frage, die keinesfalls nur mit Blick auf die privilegierten, Ton angebenden Positionen in der Geschlechterordnung erhellt werden kann. Gerade im Kontext von sich zunehmend flexibilisierenden, aber nicht beigelegten Machtbeziehungen, ist sehr sorgfältig „zu prüfen, inwieweit für Teile der sozialen Gruppe der ‚Männer' (gerade auch in mittleren und unteren Bereichen des sozialen Raums), sich sozial Neues ereignet, das gerade *in Differenz zum System der hegemonialen und dominierenden Männlichkeiten* stattfindet und eher auf die Instabilität der Männlichen Herrschaft insgesamt hinweist" (Völker 2010, S. 410, Hervorh. i. O.). Susanne Völker nimmt hier also die entgegen gesetzte Perspektive ein und geht unter Bezug auf Bourdieu davon aus, dass Leben unter prekarisierten Bedingungen auch zu neuen Formen der sozialen Praxis führt, deren Artikulation bislang kaum möglich ist. So fragt sie weiterhin, ob der gesellschaftliche Umbruch und die damit verbundenen Prekarisierungsprozesse dazu geführt haben, dass „die doxische Erfahrung von Männlichkeit fragmentiert wird" und spricht von einer „(partiellen) Prekarisierung der Männlichen Herrschaft" (ebenda) aufgrund der deutlichen Kluft zwischen Männlichkeit und prekarisiertem Leben.

Demnach hätte das Verhältnis von hegemonialer, untergeordneter und marginalisierter Männlichkeit sich also nicht einfach verschoben, es wäre vielmehr in einer transformativen Auflösung begriffen. Ob es dabei zu einer grundlegenden Entkoppelung zwischen hegemonialer und untergeordneter Männlichkeit und damit auch zu einer Fragmentierung oder Unterhöhlung männlicher Herrschaft kommen könnte, ist eine empirisch offene und theoretisch anspruchsvolle Frage. Sie lässt sich nicht abschließend und auch nicht nur mit Blick auf die Pluralisierung und Flexibilisierung von Lebensverhältnissen im Zentrum oder an der Spitze von Gesellschaft beantworten. Ganz im Gegenteil, die Auseinandersetzung mit randständigen und abgeschlagenen gesellschaftlichen Konstellationen schärft den Blick für die Ungleichzeitigkeiten und die Brüche gesellschaftlichen Wandels und für die damit verbundenen Verletzungsoffenheiten und die Potenziale der Subjekte. Vor diesem Hintergrund ist der Hinweis, dass gegenwärtige Analysen „sozial Neues" (Völker) aufgrund ihres theoretischen *bias* gar nicht sehen können überzeugend. Dieser berechtigte Einwand von Völker läuft aber Gefahr, dieses Neue, noch-nicht-Artikulierte zu stark zu betonen, statt die dialektische Bewegung zwischen alten und neuen Struktureigentümlichkeiten und subjektiven Konflikten aufzuschließen. „Die Verbindung zwischen dem subjektiven Eigensinn sozialen Handelns wird dann loser, als sie im Habitus-Modell gefasst ist, die Komplexität der Vermittlung von Struktur und Handeln gewinnt aber zugleich an Tiefenschärfe und Geschlecht kann als dialektische Einheit von Gesellschaftlichem im Subjektiven entschlüsselt werden" (Bereswill 2014, S. 197).

4 Undurchsichtige Verhältnisse

Wird vor dem Hintergrund der vorangegangenen Überlegungen erneut gefragt, ob die „patriarchale Dividende" (Connell), die hegemoniale Männlichkeit auch für untergeordnete Positionen in Aussicht stellt, im flexiblen Kapitalismus ihre Kaufkraft nicht längst eingebüßt hat, fällt die Antwort ambivalent aus. Denn das institutionell abgestützte und intersubjektiv ausbuchstabierte zwanghafte Klammern an längst erodierenden und zugleich überdeterminierten Konfigurationen von Geschlecht, das an einem empirischen Befund exemplifiziert wurde, lässt durchaus konkurrierende Lesarten zu.

So kann die in diesem Forschungsbefund deutlich zu Tage tretende Spannung zwischen der Privilegierung und Deklassierung von Männlichkeit ganz plausibel als erfolglose und umso heftigere Verteidigung männlicher Suprematie gegenüber flexiblen und pluralisierten Geschlechterordnungen gelesen werden. Die überschüssige Hypermaskulinität, die junge Männer sich – nicht nur im Gefängnis –zu eigen machen, wäre dann der Beleg für den Zusammenhang zwischen sozialer Deklassierung und strukturkonservativen Männlichkeitsidealen, die mit der rigiden Unterordnung von Weiblichkeit einhergehen. Die Dividende, die dabei zu erwarten ist, ist deutlich zu erkennen, wenngleich sie recht überschaubar ausfällt – eine milieuspezifische kulturelle Privilegierung von Männlichkeit. Die soziale Marginalisierung bestimmter Gruppen von Männern wäre demnach Ausdruck einer sich selbst reproduzierenden klassenspezifischen und mit Ethnisierungsprozessen verbundenen männlichen Herrschaft. Dies kann anhand der institutionalisierten Mechanismen des Ausschlusses aus Bildungsprozessen und an den kulturellen Praktiken einer hypermaskulinen Selbstmarginalisierung gezeigt werden.

Im Gegensatz zu dieser nahe liegenden theoretischen Einordnung lohnt es sich, nach der verdeckten und undurchsichtigen Bedeutung von überschüssigen Männlichkeitskonstruktionen zu fragen. Was bleibt aus solchen einseitigen und überdeterminierten Konstellationen ausgeklammert? Was wird de-thematisiert? Diese Frage lenkt den Blick sowohl auf die Institutionen sozialer Kontrolle und des

Bildungssystems, in denen, insbesondere für gering Qualifizierte mit großer Hartnäckigkeit an geschlechtsgebundenen Kanalisierungen und Erwartungshorizonten festgehalten wird, als auch auf die interaktiven und subjektiven Dimensionen der Vergesellschaftung.

Wird die institutionelle Seite in den Blick gerückt, ist für das Zusammenspiel von Strafvollzug und Bildungssystem festzustellen, dass deren Unterbringungs- und Angebotsstrukturen durch Geschlechtertrennung (in der Vollzugspraxis) oder durch immer noch weiblich und männlich konnotierte Bildungswege gekennzeichnet und weit entfernt von pluralisierten und flexiblen Geschlechterordnungen sind. Zugleich wird dieser Aspekt der sozialen Ordnung in den Institutionen nicht reflektiert und die Auseinandersetzung mit den Männlichkeits*konflikten*, die aus der weiter oben analysierten Paradoxie resultieren, bleibt aus dem institutionellen Setting ebenso ausgeklammert wie aus den populären Diskursen, in denen Jungen und junge Männer entweder pauschal als Opfer von Wandel im Geschlechterverhältnis stilisiert oder als bedrohliche Repräsentanten einer unbezähmbaren Männlichkeit abgewertet werden. Die Bedeutung von Geschlecht für gesellschaftliche Konflikte wird also entweder ausgeblendet oder hypostasiert. Hier zeigt sich eine bemerkenswerte Strukturparallele zu den Selbstentwürfen der marginalisierten jungen Männer, die ihre Verletzungsoffenheit mit Hilfe überschüssiger Inszenierungen zu verdecken suchen (Bereswill 2006).

Die wohl bekannte Konstellation sollte nicht dazu verleiten, sie wissenschaftlich zu affirmieren und die Erscheinung von überschüssigen Männlichkeitsartikulationen als deren Erklärung zu nehmen. Gefordert ist vielmehr ein forschender Blick, der theoretisch sensibel und für empirische Phänomene offen genug ist, um eine ungleichzeitige und verwickelte Konfiguration sozialer Ungleichheit weiter zu entziffern. Der gesellschaftstheoretische Beitrag, den ein solcher Zugang zu geschlechtertheoretischen Fragestellungen leistet, liegt in seinem tentativen Zugang zu Struktureigentümlichkeiten, die im toten Winkel der großen Zeitdiagnosen übersehen zu werden drohen.

Literatur

Becker-Schmidt, R. (2013). Konstruktion und Struktur. Zentrale Kategorien in der Analyse des Zusammenhangs von Geschlecht, Kultur und Gesellschaft. In J. Graf, K. Ideler & S. Klinger (Hrsg.), *Geschlecht zwischen Struktur und Subjekt. Theorie, Praxis, Perspektiven* (S. 19-42). Opladen et al.: Barbara Budrich.
Bereswill, M. (2003a). Gewalt als männliche Ressource? Theoretische und empirische Differenzierungen am Beispiel junger Männer mit Hafterfahrungen. In S. Lamnek & M. Boatcă (Hrsg.), *Geschlecht Gewalt Gesellschaft* (S. 123-173). Opladen: Leske + Budrich.
Bereswill, M. (2003b). Gewalthandeln, Männlichkeitsentwürfe und biographische Subjektivität am Beispiel inhaftierter junger Männer. In F. Koher & K. Pühl (Hrsg.), *Gewalt und Geschlecht. Konstruktionen, Positionen, Praxen* (S. 189-212). Opladen: Leske + Budrich.
Bereswill, M. (2006). Zur Beziehung zwischen Männlichkeit und Gewalt: Empirische Einsichten und theoretische Reflexionen am Beispiel von Gewalt zwischen Männern in der geschlossenen Institution Gefängnis. In: *Feministische Studien* 2, S. 242-255.
Bereswill, M. (2007). Sich auf eine Seite schlagen: Die Abwehr von Verletzungsoffenheit als gewaltsame Stabilisierung von Männlichkeit. In M. Bereswill et al. (Hrsg.), *Dimensionen der Kategorie Geschlecht: Der Fall Männlichkeit* (S. 101-118). Münster: Westfälisches Dampfboot.
Bereswill, M. (2007a). Undurchsichtige Verhältnisse: Marginalisierung und Geschlecht im Kontext der Männlichkeitsforschung. In C. Klinger et al. (Hrsg.), *Achsen der Ungleichheit – Achsen der Differenz: Verhältnisbestimmungen von Klasse, Geschlecht, Rasse/Ethnizität* (S. 84-99). Frankfurt am Main & New York: Campus.
Bereswill, M. (2009). Jugend: Pro- und Dissozialität. Welche Rolle spielt die Geschlechteridentität für das Gelingen von Präventionspolitik? Expertise verfasst im Auftrag des Landtages Nordrhein-Westfalen. Enquetekommission zur Erarbeitung von Vorschlägen für eine effektive Präventionspolitik in Nordrhein-Westfalen (Enquetekommission III).
Bereswill, M. (2014). Geschlecht als Konfliktkategorie. In C. Behnke et al. (Hrsg.), *Wissen – Methode – Geschlecht: Erfassen des Fraglos Gegebenen* (S. 189-199). Wiesbaden: Springer VS.
Bereswill, M. (2015). Zwischen autoritärer Zumutung und Entwicklungsversprechen: der Freiheitsentzug als tief greifende biographische Konflikterfahrung. In M. Schweder (Hrsg.), *Handbuch Jugendstrafvollzug* (S. 339 – 353). Weinheim & Basel: Beltz Juventa.
Bereswill, M., Degenring, F., & Stange, S. (Hrsg.) (2015). *Intersektionalität und Forschungspraxis – Wechselseitige Herausforderungen.* Münster: Westfälisches Dampfboot.
Bereswill, M. & Ehlert, G. (2011). Frauenberuf oder *(male) profession*? Zum Verhältnis von Profession und Geschlecht in der Sozialen Arbeit. In B. Bütow & C. Munchs (Hrsg.), *Soziale Probleme, Soziale Arbeit und Geschlecht* (S. 147-163). Münster: Westfälisches Dampfboot.
Bereswill, M., Koesling, A. & Neuber, A. (2008). *Umwege in Arbeit: Die Bedeutung von Tätigkeit in den Biographien junger Männer mit Hafterfahrung. Interdisziplinäre Beiträge zur kriminologischen Forschung.* Bd. 34. Baden-Baden: Nomos.
Bereswill, M. & Neuber, A. (2010). Marginalisierte Männlichkeit, Prekarisierung und die Ordnung der Geschlechter. In H. Lutz et al. (Hrsg.), *Fokus Intersektionalität: Bewegungen und Verortungen eines vielschichtigen Konzeptes* (S. 85-104). Wiesbaden: VS.
Bourdieu, P. (2005). *Die männliche Herrschaft.* Frankfurt am Main & New York: Campus.
Connell, R. W. (1987). *Gender and Power: Society, the Person and Sexual Politics.* Cambridge: Polity Press.

Connell, R. W: (1995). *Masculinities*. Berkeley, Los Angeles: University of California Press.
Connell, R. W. (1999). *Der gemachte Mann: Konstruktion und Krise von Männlichkeiten*. Opladen: Leske + Budrich.
Connell, R. W. (2002). *Gender*. Cambridge: Polity Press.
Connell, R. W. & Wood, J. (2005). Globalisation and Business Masculinities. In: *Men and Masculinities* 7, 4, S. 347-364.
Figlestahler, C. (2013). Institutionelle Interventionen und Ausgrenzungsrisiken im Übergang in die Erwerbsgesellschaft. In S. Ahmed et al. (Hrsg.), *Bildung und Bewältigung im Zeichen von sozialer Ungleichheit: Theoretische und empirische Beiträge zur qualitativen Bildungs- und Übergangsforschung*. Weinheim & Basel: Beltz Juventa.
Findeisen, H.V. & J. Kersten (1999). *Der Kick und die Ehre: Vom Sinn jugendlicher Gewalt*. München: Antje Kunstmann.
Kersten, J. (1986). Gut und (Ge)Schlecht: Zur institutionellen Verfestigung abweichenden Verhaltens bei Jungen und Mädchen. In: *Kriminologisches Journal* 13, 4, S. 241-257.
Kersten, J. (1997). Risiken und Nebenwirkungen: Gewaltorientierung und die Bewerkstelligung von ‚Männlichkeit' und ‚Weiblichkeit' bei Jugendlichen der underclass. In: *Kriminologisches Journal, Beiheft* 6, S. 103-114.
Knapp, G.-A. & C. Klinger (Hrsg.) (2008). *ÜberKreuzungen. Fremdheit, Ungleichheit, Differenz*. Münster: Westfälisches Dampfboot.
Knapp, G.-A. (2013). Zur Bestimmung und Abgrenzung von ‚Intersektionalität'. Überlegungen zu Interferenzen von ‚Geschlecht', ‚Klasse' und anderen Kategorien sozialer Teilung. In: *Erwägen – Wissen – Ethik*, 24, 3, S. 341-354.
LAG Mädchenarbeit in NRW (Hrsg.) (2010). Hinter Schloss und ohne Siegel – Mädchen und Strafvollzug. In: *Betrifft Mädchen Heft 2*.
Land, R. & A. Willisch (2006). Die Probleme mit der Integration. Das Konzept des „sekundären Integrationsmodus". In H. Bude & A. Willisch (Hrsg.), *Das Problem der Exklusion: Ausgegrenzte, Entbehrliche, Überflüssige*. Hamburg: Hamburger Edition.
Lenz, I. (2014). Geschlechter in Bewegung? In B. Rendtorff et al. (Hrsg.), *40 Jahre Feministische Debatten: Resümee und Ausblick* (S. 12-30). Weinheim & Basel: Beltz Juventa.
Lutz, H. & M.T. Herrera Vivar & L. Supik (Hrsg.) (2010). *Fokus Intersektionalität. Bewegungen und Verortungen eines vielschichtigen Konzepts*. Wiesbaden: VS-Verlag.
Messerschmidt, J. W. (1993). *Masculinities and Crime. Critique and Reconzeptualization of Theory*. Boston.
Meuser, M. (2004). Nicht als alter Wein in neuen Schläuchen? Männlichkeitskonstruktionen im Informationszeitalter. In H. Kahlert & C. Kajatin (Hrsg.), *Arbeit und Vernetzung im Informationszeitalter: Wie neue Technologien die Geschlechterverhältnisse verändern* (S. 73-93). Frankfurt am Main & New York.: Campus.
Meuser, M. (2010). Geschlecht, Macht, Männlichkeit – Strukturwandel von Erwerbsarbeit und hegemoniale Männlichkeit (Hauptartikel von Michael Meuser). In F. Benseler et al. (Hrsg.), *Erwägen Wissen Ethik*, 21, 3, S. 325–336.
Neuber, A. (2009). *Die Demonstration kein Opfer zu sein. Biographische Fallstudien zu Gewalt und Männlichkeitskonflikten. Interdisziplinäre Beiträge zur kriminologischen Forschung*, Bd. 35. Baden-Baden: Nomos.
Schels, B. & F. Zahradnik (2014). Junge Erwachsene und Hartz IV – arbeitslos, geringqualifiziert und schlecht motiviert? In A. Groenemeyer & D. Hoffmann (Hrsg.), *Jugend als soziales Problem – soziale Probleme der Jugend? Diagnosen, Diskurse und Herausforderungen* (S. 118-139). Weinheim & Basel: Beltz Juventa.

Scholz, S. (2007). Der soziale Wandel von Erwerbsarbeit. Empirische Befunde und offene Fragen. In M. Bereswill et al. (Hrsg.), *Dimensionen der Kategorie Geschlecht: Der Fall Männlichkeit* (S. 51-67). Münster: Westfälisches Dampfboot.
Scholz, S. (2009). Männer und Männlichkeiten im Spannungsfeld zwischen Erwerbs- und Familienarbeit. In: Aulenbacher, B. & A. Wetterer (Hrsg.), *Arbeit. Perspektiven und Diagnosen der Geschlechtserforschung* (S. 82-99). Münster: Westfälisches Dampfboot.
Schweder, M. (2014). Lehrer sein, das ist schwer – Hinter Gittern noch viel mehr?! In: *Die berufsbildende Schule* (BbSch) 66, 3, S. 103-107.
Solga, H. (2005). *Ohne Abschluss in die Bildungsgesellschaft: Die Erwerbschancen gering qualifizierter Personen aus ökonomischer und soziologischer Perspektive.* Opladen: Barbara Budrich.
Solga, H. (2006). Ausbildungslose und die Radikalisierung ihrer sozialen Ausgrenzung. In H. Bude & A. Willich (Hrsg.), *Das Problem der Exklusion: Ausgegrenzte, Entbehrliche, Überflüssige* (S. 121-146). Hamburg: Hamburger Edition.
Solga, H. (2009). Bildungsarmut und Ausbildungslosigkeit in der Bildungs- und Wissensgesellschaft. In R. Becker (Hrsg.), *Lehrbuch der Bildungssoziologie* (S. 395-432). Wiesbaden: VS.
Spindler, S. (2007). Im Netz hegemonialer Männlichkeit: Männlichkeitskonstruktionen junger Migranten. In M. Bereswill et al. (Hrsg.), *Dimensionen der Kategorie Geschlecht: Der Fall Männlichkeit* (S. 119-135). Münster: Westfälisches Dampfboot.
Völker, S. (2010). Männlichkeiten und ‚Arbeit' – Prekarisierung als Herrschaft und Prekarisierung der Herrschaft. In F. Benseler et al. (Hrsg.), *Erwägen Wissen Ethik* 21, 3, S. 408-411.
Walther, A. (2000). *Spielräume im Übergang in die Arbeit: Junge Erwachsene im Wandel der Arbeitsgesellschaft in Deutschland, Italien und Großbritannien.* Weinheim & München: Juventa.
Walther, A. (2002). „Benachteiligte Jugendliche": Widersprüche eines sozialpolitischen Deutungsmusters. Anmerkungen aus einer europäisch-vergleichenden Perspektive. In: *Soziale Welt* 53, 1, S. 87-106.

Autonomie und Verwundbarkeit
Das Social Flesh der Gegenwart

Paula-Irene Villa

Die widersprüchliche Ungleichzeitigkeit sozialer Dynamiken ist eine Signatur der gegenwärtigen Veränderungen. Das haben gesellschafstheoretische Diagnosen, die geschlechterwissenschaftlich informiet sind, wie auch umgekehrt, Theorien der Geschlechterverhältnisse, die gesellschaftstheoretisch argumentieren, seit jeher betont. Auch für die Gegenwart wird allerorten konstatiert, dass wir es zu tun haben mit einer „paradoxe(n) Gleichzeitigkeit von Wandel und Persistenz, von Chancen und Zwängen, von Ermächtigungen und Verunsicherungen", wie Andrea Maihofer (2007, S. 283) exemplarisch formuliert. Diese spezifisch paradoxale Struktur einer Gleichzeitigkeit wird vielfach, so auch bei Maihofer, darin gesehen, dass bestimmte Praxen, Normen oder Institutionen emanzipatorisch und freiheitsgenerierend sind, während andere – zugleich – herrschaftsförmig und repressiv wirken. Dabei sind diese, miteinander konfligierenden Dynamiken gesellschaftlich nicht einfach nebeneinander gestellt, sondern hierarchisch geordnet. Das heißt zum Beispiel, dass bestimmte normative Entwürfe – wie etwa die heterosexuelle Kleinfamilie oder spezifische Männlichkeiten/Weiblichkeiten – eine hegemoniale Sichtbarkeit und Deutungsmächtigkeit erlangen, während die sich davon unterscheidenden Praxen konkreter Menschen oder andere normative Entwürfe (etwa von Familien oder von Geschlechtlichkeit) weitaus prekärer sind in ihrer juristischen, ökonomischen oder kulturellen Dimension.[1]

Die Analysen zur Spannung zwischen Gleichstellung, Modernisierung und Individualisierung zeigen diese Ungleichzeitigkeiten ebenso wie die empirischen Einsichten aus dem Feld der ‚aktivierenden' Arbeitsmarkt- und Familienpolitik und fassen sie oft mit dem Begriff der Paradoxie. So konstatierte Angelika Wetterer die Tücken der „rhetorischen Modernisierung" (Wetterer 2002 und nachfolgend

---

1 R. Becker-Schmidt hat mit dem Begriff des ‚Geschlechterverhältnis' diese Hierarchisierung gesellschaftstheoretisch entwickelt. Vgl. Becker-Schmidt 1998.

mehrfach), die darin liegen, dass einerseits – etwa in öffentlich gut hörbaren Diskursen, in den Selbstbeschreibungen der formal gebildeten Milieus und in den Programmatiken vieler Organisationen – die Gleichstellung der Geschlechter als bereits verwirklicht bzw. als zu verwirklichende Aufgabe betont werde, während zugleich die Praxen in diesen Organisationen oder in den privaten Lebensformen dem nachweislich zuwider laufen. Beide Dynamiken laufen in der Gleichzeitigkeit von sozialer Praxis als Deutungs- und präreflexivem Handlungszusammenhang zusammen, jedoch wie gesagt, nicht harmonisch oder gleichgestellt nebeneinander, sondern im Sinne gesellschaftlicher Hegemonien hierarchisiert. Empirisch zeigen dies z. B. die Studien von Cornelia Koppetsch (2001) oder Claude Kaufmann (2005): Es kann nicht wahr sein, was nicht sein darf. Das heißt, wenn einer Praxis (z. B. Beziehung) oder einer Organisation (z. B. Universität) Gleichheit unterstellt wird, wird die eigene ungleichheitsgenerierende oder doch zumindest –perpetuierende Praxis systematisch übersehen. Die Paradoxie liegt dann darin, dass eine eigentlich oder ehemals emanzipatorische Dynamik in ihren Effekten gegenläufig oder – wie man alltagssprachlich sagen würde – kontraproduktiv sein kann. Diese Diagnose hat sich nunmehr zum Allgemeinplatz der Geschlechtersoziologie entwickelt, wenn auch auf theoretisch ausgefeiltem Niveau und empirisch sehr gut untermauert.

Meine Überlegungen setzen an dieser Diagnose an, aber ich möchte sie vertiefen und zuspitzen, indem ich zum Einen den (auch nicht ganz neuen) Begriff der *Ambivalenz* einbringe und unter dieser Perspektive die immanente Ambiguität der gegenwärtigen Veränderungen betrachte. Damit umgehe ich durchaus die theoretische Herausforderung des Paradoxiebegriffs, der nach Maihofer eigentlich doch vielfach das meint, was etwa Marx oder Horkheimer/Adorno mit ‚Dialektik' zu fassen suchen, nämlich das Umschlagen einer „historischen Bewegung" in ihr „Gegenteil" (Maihofer 2007). Es ist indes nicht nur eine eventuelle Skepsis gegenüber derart großen Begriffen, weshalb mir Ambivalenz geeigneter scheint, über die Gegenwart und ihre Komplexität nachzudenken. Denn wenn man am Begriff der Ambivalenz entlang denkt, könnte sich zum Einen erweisen: Womöglich gibt es diese „ein(e) und dieselbe historische Bewegung" – wie Maihofer Marx paraphrasierend formuliert – die dann in ihr (negatives) Gegenteil umschlägt, so nicht. Zum Anderen ziehe ich die geschlechterwissenschaftliche, z. T. dezidiert feministische Körpersoziologie hinzu, um die Ambivalenz zwischen Autonomie und individualisierten Machtdiskursen im Kontext der gegenwärtigen Subjektivierung von dem, was früher Herrschaft hieß, exemplarisch zu diskutieren.

Ich beginne, indem ich die Bedeutung von Autonomie und Körpern für die Frauenbewegung in der Moderne beleuchte und gehe dann auf die Ambivalenz von Selbstbestimmungsdiskursen in heutigen body politics ein.

1 Autonomie und der Körper – ein feministischer Konflikt

Spätestens mit der ersten Frauenbewegung betritt der (neumodisch gesprochen biopolitische) Zusammenhang von Freiheit, Autonomie, Emanzipation einerseits und Körper andererseits die öffentliche Bühne. Doch schon zuvor wird die Verklammerung von somatischer Praxis und sozialer Verortung problematisiert. Sojourner Truth, in die Freiheit geflohene ehemalige Sklavin, Abolitionistin und Frauenrechtlerin sowie zeitweise Predigerin, insistiert 1851 in ihrer berühmten Rede auf ihren körperleiblichen Erfahrungen: Sie formuliert in einer politischen Versammlung zum Frauenwahlrecht die rhetorische Frage: ‚Ain't I a woman?', die sie den anwesenden weißen Männern und Frauen der Oberschicht davon ausgehend regelrecht entgegenschleudert, dass sie ausgepeitscht wurde, dass sie (mindestens wie ein Mann) gearbeitet habe, dass sie so viel essen und Schmerz ertragen könne wie ein Mann und dass ihr nie über eine Pfütze oder in eine Kutsche hinein geholfen wurde. Und wiederum somatisch schreibt sie sich ein in die Mutter-Position.

"Wall, chilern, whar dar is so much racket dar must be somethin' out o' kilter. I tink dat 'twixt de niggers of de Souf and de womin at de Norf, all talkin' 'bout rights, de white men will be in a fix pretty soon. But what's all dis here talkin' 'bout?" [...] "Dat man ober dar say dat womin needs to be helped into carriages, and lifted ober ditches, and to hab de best place everywhar. Nobody eber helps me into carriages, or ober mud-puddles, or gibs me any best place!" And raising herself to her full height, and her voice to a pitch like rolling thunder, she asked. ‚And ain't I a woman?' Look at me! Look at my arm! (and she bared her right arm to the shoulder, showing her tremendous muscular power). I have ploughed, and planted, and gathered into barns, and no man could head me! And ain't I a woman? I could work as much and eat as much as a man – when I could get it – and bear de lash as well! And ain't I a woman? I have borne thirteen chilern, and seen 'em mos' all sold off to slavery, and when I cried out with my mother's grief, none but Jesus heard me! And ain't I a woman?" (Truth 1851 in der Überlieferung von Gage 1863 nach http://en.wikipedia.org/wiki/Ain%27t_I_a_Woman%3F)[2]

Auf der anderen Seite des Atlantiks wurde für einige Aktivistinnen und Autorinnen der ersten Frauenbewegung im deutschsprachigen Raum der Zusammenhang von somatischen Seinsweisen einerseits und geschlechtlicher Position inklusive ihrer gesellschaftlichen Bedingungen andererseits ebenfalls zentral. Hedwig Dohm

---

2 Ich zitiere hier bewusst nach der englischsprachigen Wikipedia, die eine Übersicht der Überlieferungs- und Rezeptionsgeschichte der Rede von S. Truth vermittelt. Weitere Quellen sind hooks 1981, Painter 1997 und die Archiv-Seite des Sojourner-Truth-Institutes http://www.sojournertruth.org/Default.htm.

beispielsweise dekonstruierte brillant die Naturalisierung und Ontologisierung der Geschlechterdifferenz zugunsten ihrer praxeologischen Habitualisierung (mit Bourdieu gesprochen):

> „Oft habe ich gesehen, wie ein Arzt mit wenigen geschickten Griffen einer jungen, ungeschickten Mutter zeigte, wie sie ihr Kindchen zu wickeln habe. Wie, Herr von Nathusius? Die Hände, welche die feinsten optischen Instrumente herzustellen im Stande sind, Hände, die Mosaik zusammenfügen und Amputationen verrichten, zu denen die vollendetste Geschicklichkeit gehört, ihnen sollte die Fähigkeit versagt sein, ein Kindchen zu wickeln, zu tragen, zu wiegen? Ich kann Ihnen versichern, dass nur ein Minimum von Geschicklichkeit dazu gehört, und dass Sie selber, wenn Sie nur einige Wochen hindurch täglich einige Kinder wickeln müssten, nach Ablauf dieser Zeit ein Virtuose in dieser Kunst sein würden." (Dohm 1872, o. S.)

Für Dohm, die hier wichtige Argumente praxeologischer Perspektiven in der Geschlechterforschung vorweg nimmt, ist Übung und Wille weitaus relevanter als eine natürliche Essenz des Weiblichen, um das zu vollziehen, was angeblich des Geschlechtes Kern sei. Dohm beginnt so, den Körper von seinem angeblich unentrinnbaren naturalen Schicksal zu emanzipieren. Die ‚Lebensreformerinnen' wiederum, die z. T. (etwa Anita Augspurg) eine Schnittmenge zur bürgerlichen Frauenbewegung bildeten, forderten und praktizierten eine Befreiung ihrer selbst qua *Körper*befreiung (u. a. Ackermann 2013; Barlösius 1997; Klose-Lewerentz 2013; Möhring 2004; Trachsel 2003): Schlichte, günstige und praktische Reformkleidung statt Korsett und pflegeintensiver Bordüren, kurze Haare statt kunstvolle Drapierung von langen Zöpfen, Vegetarismus statt aufwändiger und unerschwinglicher Fleischmenüs. Radfahren in der Öffentlichkeit statt sittsamem Sitzen in der bürgerlichen Stube, mit funktionaler Badekleidung in die Fluten statt mit dem Sonnenschirm zurückgezogen auf der Veranda.

Einige gingen insbesondere im anarcho-syndikalistischen Kontext, etliche Jahre später weiter. In der FAUD der Weimarer Republik etwa, der Freien Arbeiter Union Deutschlands waren Geschlechter- sowie sexual- und körperpolitische Fragen kein Nebenwiderspruch oder private Marginalie, wie Dieter Nelles (2000) festhält. Der Syndikalistische Frauenbund propagierte in den 1920er Jahren z. B. den ‚Gebärstreik' als Ausdruck der Forderung nach selbstbestimmter Sexualität und Reproduktion. Insgesamt aber wurde auch in diesen radikalen Konstellationen die bürgerliche Romantisierung und Ontologisierung von Weiblichkeit als Mütterlichkeit nicht wesentlich in Frage gestellt. Die unter der Franco-Diktatur unter dem Namen ‚Mujeres Libres' entstandene anarchofeministische Gruppierung setzte sich für die sogenannte ‚freie Liebe' jenseits bürgerlicher Formen ein, und kämpfte im Bürgerkrieg engagiert an vielfachen Fronten gegen das faschistische Franco-Regime (vgl. Ackelsberg 2000, 2005). Sie stritten *gegen Diós, Patrón y Marido* – gegen Gott, Herrn und Ehemann. Dies wurde in einzelnen Schriften dezidiert auch als Aufforderung verstanden, den eigenen Körper in die eigenen Hände zu nehmen, als materialistischster Ausdruck der eigenen Individualität und Freiheit. Zugleich beziehen sich auch die durchaus radikalen Anarchofeministinnen auf „la ley de su propia naturaleza", das Gesetz der eigenen *Natur*: Die eigenen Empfindungen und das eigene Denken sollten frei von männlicher Kontaminierung eine befreite Zukunft errichten, in separatistisch kollektiv entwickelter Autonomie.

> „… encauzar la acción social de la mujer, dándole una visión nueva de las cosas, evitando que *su sensibilidad y su cerebro* se contaminen de los errores masculinos. […] no nos interesa rememorar el pasado, sino forjar el presente y afrontar el porvenir, con la certidumbre de que en la mujer tiene la Humanidad su reserva suprema, un valor inédito capaz de variar, *por la ley de su propia naturaleza*, todo el panorama del mundo. … que miles de mujeres reconocerán aquí *su propia voz* (…)." (Revista Mujeres Libres 1936; Hervorh. P.-I.V.)[3]

Womöglich haben wir es auch hier, wie ganz sicher bei den deutschen Lebensreformerinnen, mit der eingangs von Maihofer für die Gegenwart diagnostizierten Gleichzeitigkeit von Wandel und Persistenz, von Neuem und Altem zu tun: Die vielleicht paradoxe Beschwörung einer bereits um 1900 traditionellen und als wesenhaft ahistorisch konstruierten natürlichen Weiblichkeit als geschlechtlich Eigentlichem im Dienste des radikalen Wandels. Ahistorische Essenz im Dienste der Emanzipation.[4] Die hier nur angedeuteten Standpunkte, Aktionen und Haltungen, diese körperlichen Praxen und Aktionsformen – Anita Augspurg trug um 1900 kurze Haare, die Mujeres Libres griffen im Bürgerkrieg zu den Waffen und verweigerten sich z. T. den vorherrschenden Sexual- und Liebeskonventionen,

---

3 „… (wir sollten, P.-I.V.) die soziale Praxis der Frau lenken, indem wir ihr eine neue Sicht der Dinge geben, und dabei vermeiden, dass ihre Empfindsamkeit und ihr Geist sich an den männlichen Fehlern vergiften. […] Uns interessiert nicht das Gedenken der Vergangenheit, sondern das Schmieden der Gegenwart und uns der Zukunft zu stellen – mit der Gewissheit, dass die Menschheit in der Frau ihren allerhöchsten Sitz hat; ein völlig neuer Wert, der Kraft des Gesetzes seiner eigenen Natur die Fähigkeit hat, die gesamte Welt zu verändern. Auf dass Tausende Frauen hierin ihre eigene Stimme erkennen." Zur ausführlichen Auseinandersetzung mit den anarchofeministischen Traditionen in Spanien vgl. Ackelsberg 2005.

4 Bekanntermaßen war die Idee der „geistigen Mütterlichkeit" Kernstück der bürgerlichen Frauenbewegung um 1900. Vgl. kritisch Nave-Herz 1997, S. 14ff. Die u. U. paradoxal anmutende Verknüpfung von ‚wesenhafter' Weiblichkeit als Mütterlichkeit und politischem Aktivismus ist weltweit vielfach gegeben und z. T. kritisch erforscht. So z. B. für Argentinien: Nari 2004.

Sojourner Truth redete als schwarze ehemalige Sklavin öffentlich und verwies auf ihre Narben –, auch die ‚frühen' feministischen body politics also, sind einerseits radikal und nachhaltig produktiv im Sinne gesellschaftlicher Reflexivierungen. Zugleich führen viele von ihnen andererseits tradierte, nicht selten rassistische oder völkische (Lebensreform z. T.), auch elitär-bürgerliche und, vor allem, ontologische Begründungen bzw. Ideologien fort, und dies nicht selten in explizit affirmativer Weise.

Was bei Sojourner Truth unmissverständlich zusammengeklammert wird – die somatische Existenzweise, die sich bricht an den politisch wirksamen Kategorien – ist in der historischen Folge ebenso produktiv wie umkämpft und konfliktreich. Die zweite Frauenbewegung ist voll solcher Auseinandersetzungen und Konflikte: Die Autonomie, das Recht auf ein ‚Stück eigenes Leben' wie Beck-Gernsheim 1983 optimistisch in einem soziologischen Text titelte,[5] war in den vielfachen Strömungen der 1970er Jahre eng gekoppelt an das Recht auf den eigenen Körper. Der Körper war der Ort und Modus der Autonomie und dies ist er bis heute geblieben. Womöglich hat sich dieser Zusammenhang im Zuge gouvernementaler biopolitischer Regimes noch intensiviert?[6]

Denn anders als im 19. sowie im frühen 20. Jahrhundert haben die feminist body politics der zweiten Frauenbewegung dezidiert, jedenfalls überwiegend, die ‚Natur' der Geschlechterdifferenz zumindest herausgefordert. Dabei waren Positionen, die diese Natur explizit hinterfragt, kritisiert und für ideologisch erklärt haben, die sicht- und hörbare Mehrheit.[7] Aus der Einsicht heraus, dass historisch die Natur der Frau systematisch für deren gleichzeitige Romantisierung und Abwertung, insbesondere aber für deren Exklusion aus allen öffentlichen Bereichen und von relevanten Ressourcen herhalten musste, und basierend auf den mikropolitischen Praxen der ‚Selbsterfahrungsgruppen', zudem getragen von der Haltung der ‚außerparlamentarischen Opposition', machten sich Frauen in den vielen Projekten und Gruppen der Frauenbewegung auf, sich selbst und ihre Natur zu entdecken, oder zu entwickeln. Denn die Eigentlichkeit der Frauen wurde in der zweiten Frauenbewegung nicht zwingend (mehr) gedacht als naturales Schicksal. Im Gegenteil, die ‚Biologie ist Schicksal'-Argumentation wurde als Ideologie und als historisch-empirische Konstruktion im Dienste androzentrischer/patriarchaler Herrschaft verstanden. Vor diesem Hintergrund praktizierten Frauen in den einschlägigen Gesundheitszentren, den Gruppen, Kursen und Projekten der –

---

5   Kritisch hierzu Villa 2014.
6   Zur Biopolitik der Gouvernementalität vgl. Foucault 2006; Lemke 2008; Rose 2006.
7   Gut nachvollziehbar in aller Kürze bei Duden 2008 und in materialgesättigter Ausführlichkeit bei Lenz 2008 sowie in systematisch-begrifflicher Perspektive Mikkola 2011.

autonomen – feministischen Bewegung der 1970er und 1980er vornehmlich das, was Immanuel Kant unter Aufklärung verstanden und eingefordert hatte: Sich zu lösen von den autoritativen Vor-Urteilen der Experten und statt dessen, den eigenen Verstand auf der Basis der eigenen empirischen Anschauungen zu nutzen (Kant 1784). Genau in diesem Sinne sind denn auch die – heute womöglich naiv anmutenden – somatischen Praxen der feministischen Bewegungen zu verstehen: als Reflexivierungspraxen mit nachhaltigen Wirkungen.

An dieser De-Ontologisierung der Natur des Geschlechtskörpers wirkten dann bald die Frauenforschung ab den 1970ern, später – etwa ab den 1990ern – die Gender- (und queer sowie postcolonial und disability) Studies intensiv mit. Dies geschah etwa durch die geschichtswissenschaftlichen Arbeiten zur Sozialgeschichte der angeblich unveränderlich-natürlichen ‚Geschlechtscharaktere' (Hausen 1976) oder zur Hausarbeit und zur Mütterlichkeit (Bock und Duden 1977) – um nur zwei kanonische Beispiele zu nennen. Aber auch die sozialkonstruktivistische Forschung im Horizont der mikrosoziologischen Praxisansätze von Goffman, Garfinkel und anderen, die bald auch im deutschsprachigen Raum rezipiert wurden, wirkte sich so aus (vgl. Hagemann-White 1984; Gildemeister und Wetterer 1992). Und nicht zuletzt hatten die aus vielen Disziplinen wie Ethnologie, Kultur- und Literaturwissenschaften stammenden Einsichten die Variabilität und Komplexität somatisch-sozialer Zusammenhänge im Bereich des Geschlechtlichen aufgezeigt.[8]

Befördert wurde diese Ent-Naturalisierung bzw. diese Prekarisierung des Zusammenhangs zwischen Natur, Körper, Geschlecht und Person durch Technologien, die seit den 1960er Jahren zunehmend verfügbar und normalisiert wurden: Allen voran und in der Wirkung kaum zu überschätzen stand die Pille. Aber auch weitere Reproduktionstechnologien wie die in-vitro Fertilisation erlaubten eine historisch neue Dimension der Selbst-Kontrolle qua Körperkontrolle.

„Das politische Ziel der Selbstbestimmung der Frau, oft auch als Selbstbestimmung (sic!), als Autonomie oder Kontrolle über den eigenen Körper bezeichnet, wurde bewusst oder unbewusst abgeleitet aus dem Grundrecht auf Verfügung über die eigene Person, auf körperliche Unversehrtheit und Integrität" (Mies 1989 in Lenz 2008, S. 666).

Interessanterweise sieht Maria Mies im Fortgang ihres Textes das Ende dieser Forderung gekommen, das Ende nämlich einer letztlich frauen- und menschenfeindlichen Utopie. So stand sie auch solchen akademischen Perspektiven skeptisch gegenüber (und war bzw. ist damit ganz sicher nicht allen), die die Prekarisierung des natürlichen (Geschlechts)Körpers konsequent weiterführen und analysieren:

---

8 Erinnert sei hier lediglich an die Arbeiten von Mary Douglas (1966), Gayle Rubin (1975) und Sherry Ortner, Harriet Whitehead (1981).

Science and Technology Studies (STS) und das derzeit emergierende Feld des ‚new materialism' (u. a. Barad 2012). Donna Haraway etwa radikalisierte und theoretisierte die Problematisierung der Natur/Kultur sowie Mensch/Maschine Unterscheidung und formulierte emanzipatorische Narrative im Sinne einer „Neuerfindung der Natur" auf der selbstbestimmten Grundlage der Mensch-Maschinen-Tier-Cyborgisierung (Haraway 1995).

Diese Stichworte und Autor_innen sollen zunächst genügen um den Hinweis nachdrücklich zu formulieren, dass die feminist body politics von Anfang an – spätestens aber seit den intensiven Auseinandersetzungen der 1980er in den USA, aber auch in Deutschland, um ‚women of color', um lesbische Frauen, um dykes und femmes, um Pornographie und S/M, um Müttermanifest und Abtreibungsdebatte – außerordentlich umstritten waren.[9] Und sie haben, bei allen unterschiedlichen Stoßrichtungen, mindestens zweierlei prekarisiert: Den Körper als Ontologie des Geschlechts und die Vorstellung einer einzigen richtigen emanzipatorischen Strategie.[10] Anders also als vielfache frühere Verklammerungen von Selbst- qua Körperbefreiung verunsicherten die Praxen und Artikulationen des second wave die Naturhaftigkeit der Geschlechterdifferenz, insbesondere in ihrer somatischen Dimension. Gleichzeitig haben die feminist body politics des second wave etwas zunächst gestärkt, nämlich *Autonomie* als Fluchtpunkt gesellschaftlicher wie individueller Kritik. Dies muss keineswegs die liberal-bürgerliche Autonomie des monadisch-solipsistischen Subjekts sein – kann es aber. Als eine solche (idealistisch-individualistische) Position ließe sich etwa die von Seyla Benhabib verstehen, die sie in den frühen 1990ern gegen J. Butler formulierte (Benhabib 1993). Doch auch wenn sich vielfältige Lesarten von Autonomie als politisches Leitmotiv feministischer Strategien in praxeologischer wie konzeptueller Hinsicht formulieren ließen, so bleibt doch unbestreitbar, dass die Betonung des *Selbst* in den feministischen Praxen wie Selbsterfahrungsgruppen, Selbsterkenntnis, Selbstermächtigung, Selbstbefreiung usw. eine mindestens ambivalente Inthronisierung der Unabhängigkeit und – in somatischer Hinsicht – Unverletzbarkeit bewirkten. Es gab auch andere Stimmen, etwa die psychoanalytischen Arbeiten von Jessica Benjamin (1990), die auf die ‚Verstrickungen' und Abhängigkeiten aufmerksam machte, die unhintergehbar zur menschlichen Existenz gehören. Aber mir scheint, dass die Betonung der Autonomie und der damit nicht nur einhergehenden, sondern diese eigentlich begründenden Annahme einer idealisierten körperlichen Unversehrtheit parado-

---

9   Exemplarisch nachvollziehbar sind die kontroversen Debatten für das Thema kosmetische Chirurgie bei Jones/Heyes 2009 und für Sexualität bei Duggan und Hunter 1995.
10 Zur De-Ontologisierung des Geschlechtskörpers, u. a. durch feministische Praxen und Theorien vgl. Villa 2013.

xerweise zur Prekarisierung des ehemals ‚Ewig-Weiblichen' gehören. Jedenfalls in der politisch hegemonialen und nachhaltigen wirksamen Form.

Die andauernde – konfliktreiche – Auseinandersetzung um die Verklammerung von Freiheit/Emanzipation und Körper ist auch in der Forschungs- und Debattenkonstellation rund um Intersektionalität präsent (vgl. auch Villa 2011). Das ‚social flesh' (Beasly/Bacchi 2000) ist weiterhin, womöglich zunehmend, ein Feld komplexer Aktivismen und komplizierter Theoretisierungen. Alle drei Dimensionen der body politics – Praxen, Politik und Forschung – sind aufeinander verwiesen, da sie einander herausfordern und zugleich nähren. Die populärkulturellen Artikulationen etwa von ‚fat activism' oder anti-lookism sind ebenso wenig kosmetisches Surrogat für eigentliche Politik wie abstrakte Theoretisierungen z. B. des Lebendigen als Eigensinn zwischen Leiblichkeit und Herrschaft (z. B. List 2009) vom Politischen losgelöste Elfenbeinturmspielereien sind. Body politics sind keine Identitätspolitiken in einem naiven Sinne, wie die Geschlechterforschung immer wieder mit leicht despektierlichen Unterton meint. Sich mit ihnen auseinander zu setzen, bedeutet auch nicht, auf Gesellschaftsanalyse zu verzichten oder einer frivolen Ästhetisierung des Sozialen zu erliegen. Im Gegenteil: Body politcs bieten eine Möglichkeit, sich der Komplexität und der existenziellen Dimension der geschlechtlichen Existenzweise in ihrer ganzen Fülle zu nähern.

2   ‚Raus aus der Komfortzone' – Prekarität und Verwundbarkeit

Die seit Jahren zunehmend sichtbar und normal werdenden ‚medizinischen' Technologien, die aus der Medizin auswandern wie z. B. die der kosmetischen Chirurgie, sind eine von vielen Formen der biopolitischen Modellierung des „unternehmerischen Selbst" (Bröckling 2007). In der gegenwärtigen „makeover culture" (Jones 2008, S. 1) gehört die weithin sichtbare Bearbeitung des Körpers im Sinne einer normaffinen Mimikry zu den Charakteristika des/der Staatsbürger_in. Weniger wichtig als das Ergebnis, das gemäß des modernen Naturalisierungsimperativs die eigene Arbeit an der Herstellung des ‚Körpers von Gewicht' (Judith Butler 1995) verschleiern sollte, soll also nunmehr die mühsame und schmerzhafte Körpergestaltung vorgeführt werden.[11] ‚Raus aus der Komfortzone' scheint das Credo zu sein, das die gouvernementale Selbstregierung der Menschen in jeglicher Hinsicht anleitet – auch die des Körpers. Somatische und verallgemeinerte gesellschaftliche Imperative wie die

---

11   Hierzu auch die Beiträge in Villa 2008.

permanente Beweglichkeit (Mobilität), Gelenkigkeit (Flexibilität) und Wachheit/Fitness fallen dabei zusammen. Es ist alles andere als Zufall, so meine ich, dass etwa Yoga in seinen marktförmig verwestlichten Formen oder cross-fit die boomenden Bewegungsformen der Gegenwart sind. Beide sind paradigmatische Körperkulturen, die dem unternehmerischen Selbst bestens entsprechen: Selbstdiszipliniert, ‚ganzheitlich' entgrenzt jenseits disziplinär-fordistischer Differenzen zwischen Arbeit/Freizeit, Entspannung/Anspannung oder Sport/Alltag asketisch agierend und am permanenten Feedback gemäß der individuellen Perfektionsnorm orientiert.

Das ‚social flesh' muss weder bei diesen Bewegungskulturen noch bei anderen Körpergestaltungen der Gegenwart erst von kritischen oder kontraintuitiven Theorie-Stimmen als ein solches bezeichnet werden. Es wird vielmehr von den Expert_innen und Praktiker_innen genau so verstanden. Das lässt sich im Fall der kosmetischen Chirurgie etwa für Chirurginnen, Ärzten, und vor allem für die Klientinnen – und zunehmend auch Klienten – feststellen. In der Gegenwart mit all ihren Ungleichzeitigkeiten ist es lebensweltlich – insbesondere jenseits bildungsbürgerlicher Eliten – zunehmend selbstverständlich, dass der Körper eine Ressource ist, die zu gestalten ist. Der Körper ist immer weniger ein Schicksal, dem man ausgeliefert ist – er wird vielmehr als ‚Bioaktie' gepflegt, gehegt, optimiert und getunt. Der Körper ist zugleich die Visitenkarte, die den Wert der Bioaktie und damit seine_r Besitzer_in angibt. Ob das QS, das Quantified Selbst, ob Pränataldiagnostik, Brustverkleinerung oder Babyschwimmen – das unternehmerische Selbst optimiert sich anhand der Körperarbeit.[12] Den Normen des „neoliberalen Regimes über die Bäuche" (Kreisky 2008) unterworfen, verdinglichen die Menschen der Gegenwart sich selber entlang ihrer zur Ressource verkommenen Körper, denen jegliches Gespür für die Lebendigkeit (List 2009) abhandengekommen ist.

So weit, so einseitig. Während nämlich diese – insbesondere in akademisch formal gebildeten Kreisen im deutschsprachigen Raum – gern vorgenommene Diagnose ohne Zweifel einen Teil der Wahrheit beschreibt, so führt ein genauerer Blick entlang der empirischen Ambivalenzen, Kämpfe und Prekaritäten zu Irritationen einer eindeutigen Lesart – und damit zu Ambivalenzen. Zunächst irritiert womöglich die ausdrückliche, geradezu ausschließliche Bezugnahme auf die individuelle Autonomie. Kein Beauty- oder Casting-Format, keine kosmetische Operation

---

12 ‚QS' ist eine Subkultur, die sich digital und analog via Gadgets und Apps vernetzt (‚lifelogging'), wobei via Gadgets/Apps möglichst viele (Vital-)Werte eines Menschen beobachtet, gemessen und ausgewertet werden: Kalorienzufuhr und -verbrauch, Puls, Blutdruck, Schrittzahl, Schlaf- und Traumphasen usw. Gegebenenfalls kommunizieren die QS'ler_innen miteinander, stacheln sich etwa zu mehr Sport, Mäßigung beim Essen oder effektiverem Schlaf an. Zu finden im Netz hier: http://was-ist-quantified-self.de. Soziologisch dazu: Selke 2014 und Villa 2012.

und kein Fitness oder digitales Selbstbeobachtungsprogramm funktioniert ohne den andauernden Appell auf das selbstbestimmte Wollen der Personen. Dies ist in den einschlägigen Studien nunmehr hinlänglich rekonstruiert und diskutiert worden.[13] Die Semantik der individuellen, selbstbestimmten, handlungs- und entscheidungsmächtigen Person als letzte und unhinterfragbare Instanz ist in diesen praxeologischen Konstellationen hegemonial. Personale Autonomie, historisch als emanzipatorisches Befreiungsversprechen (kollektiv) formuliert, ist derzeit das hegemoniale Subjektimperativ, ja die fast alternativlose Form der Inklusion. Dies ist in der ‚wunscherfüllenden Medizin' (zu der auch die kosmetische Chirurgie, sofern sie jenseits medizinischer Indikation vollzogen wird, gehört) nicht anders als bei der sogenannten Sterbehilfe (zu Letzterem vgl. Graefe 2008). Schönheitschirurg_innen bewerben ihr Tun z. B. derart:

> „Seine Fertigkeiten qualifizieren den Plastischen Chirurgen für die Ästhetische Chirurgie. Für Eingriffe, die dem Wunsch des Patienten entspringen, sein Äußeres selbstbestimmt zu verbessern. Auch dies gehört zum Spektrum zeitgemäßer Medizin."
> (http://www.prof-kistler.de)

Es ist – so die vorläufigen Ergebnisse in einem laufenden Projekt – geradezu paradigmatisch, dass die Plausibilisierung der kosmetischen Chirurgie über die gleichzeitige, womöglich paradoxe Verklammerung von einerseits pauschalen Defizit- und Störungsunterstellungen (‚Sie fühlen sich schon lange sehr unwohl mit ihrer Nase/Brust/Bauch/Schamlippen/Oberschenkel/Haare …', ‚Viele Frauen schämen sich und ziehen sich zurück…', ‚Die meisten Menschen leiden unter…', ‚sehr häufig liegt eine Störung … vor' usw.) und andererseits überdeutlichen Appellen an die uneingeschränkte Selbstbestimmung der Klient_innen funktioniert.[14] Mehr noch, die Plausibilisierung der ‚Schönheitschirurgie' verläuft, darin analog zu vielen anderen ehemals rein medizinischen und nunmehr ‚entgrenzten' somatischen (Optimierungs-)Technologien, über die Responsabilisierung ‚mündiger', d. h. insbesondere entscheidungsfähiger und -williger Kundenklient_innen, die

---

13 Vgl. u. a. für den Bereich Sport und Bewegung einige Beiträge in Alkemeyer/Budde/Freist 2013; für das Schönheitshandeln: Degele 2004; zu Casting-Formaten im TV: Thomas 2004; für die kosmetische Chirurgie in Medien und Alltag: Villa 2008.
14 Im von der DFG 2013-2015 geförderten Projekt ‚Das optimierte Geschlecht' sind forschend insbesondere Steffen Loick Molina und Julia Wustmann tätig. Ihnen beiden sei für die lehrreiche und anregende Zusammenarbeit gedankt. Die hier vorgestellten Teilergebnisse gehen wesentlich auf die Forschung von Steffen Loick Molina zurück. Auch Anna-Katharina Meßmer ist dem Projekt mit ihrer Forschung verbunden, auch ihr ist hier sehr gedankt für die produktive Kooperation.

selber am Besten wissen (sollten!!), was sie an sich verändern bzw. – besser noch – verbessern wollen.[15]

Das alles mag manche nun als ideologische Verblendung abtun, mancher als ökonomisch informierte Werbestrategie des ‚medizinischen Systems' – dem dann massenhaft Frauen, und zunehmend auch Männer, zum Opfer fallen. Doch so ist es empirisch nicht. Und auch im Sinne einer Auseinandersetzung mit der Ungleichzeitigkeit gesellschaftlicher, darin auch geschlechtlicher Verhältnisse wäre diese allzu einfache – darin auch allzu bequeme – Analyse nicht plausibel.

Es irritiert diese Diagnose nämlich zunächst, dass das Leiden und die Ernsthaftigkeit derjenigen unbedingt ernst zu nehmen sind, die sich – aus welchen Gründen zunächst auch immer – abseits der Fernsehkameras ‚unters Messer legen'. So zeigen die (wenigen soliden soziologischen) Studien, die es mit Patientinnen bzw. Klientinnen der ästhetischen Chirurgie gibt (z. B. Borkenhagen 2014; Davis 1995, 2003), welches *reale* Leid hinter den nachvollziehbar komplexen, wohlüberlegten Entscheidungen von Personen steht. Frauen, die sich für einen schönheitschirurgischen Eingriff entscheiden, sind alles andere als dumm, naiv, fremdbestimmt. Sie haben oftmals lange, zum Teil sehr lange Leidenserfahrungen, setzen sich intensiv und durchaus kritisch mit der Option ‚OP' auseinander und gehen diesen Weg zum Teil gegen den Widerstand ihrer Familien und Freundinnen. Sie bezeichnen sich als selbstbestimmt. Und sie nutzen die Option Chirurgie strategisch als eine von mehreren Alternativen, um sich (endlich) in ihren Körpern wohl zu fühlen, ja um überhaupt ein normales Leben leben zu können. Frei von den verletzenden Blicken der anderen und frei von den handfesten Exklusionen, die sich aus einem ‚falschen' Körper ergeben. Es gibt zudem und jenseits des Leidens am eigenen Körper zunehmende Thematisierungen des angeblichen Widerspruchs zwischen feministischer Haltung einerseits und der kosmetischen Gestaltung des Körpers andererseits. In Blogs oder Zeitungsartikeln sprechen in den letzten Jahren viele selbsterklärte Feminist_innen über ihre eigenen Operationen/Eingriffe bzw. über ihre Kritik an der Abwertung derjenigen, die das tun.[16] Es erstaunt nicht, dass die ‚Pro-OP' Autor_innen ihren Standpunkt mit dem nachdrücklichen Hinweis auf ihre Selbstbestimmung begründen.[17]

---

15 Zur Logik der Entgrenzung vgl. Wehling/Viehöver 2011. Zur Verwandlung der Patient_innen in Klient_innen vgl. Samerski 2013.

16 Z. B. hier: http://www.theguardian.com/commentisfree/2014/feb/03/feminist-cosmetic-surgery-low-body-confidence; http://skirt.com/essays/do-feminism-and-cosmetic-surgery-mix sowie http://www.alternet.org/story/63683/has_artificial_beauty_become_the_new_feminism.

17 Akademisch wird diese Debatte längst geführt. Vgl. Jones/Heyes 2009.

Auf somatisch gewendete Selbstbestimmung berufen sich nicht zuletzt auch kritische, z. B. queerfeministische Personen. Auch dies irritiert die zuvor skizzierte gesellschaftstheoretisch informierte Diagnose des unternehmerischen Selbst im post-disziplinären, neoliberalen biopolitischen Regime. Der Blick auf die dezidiert emanzipatorisch gewendeten, ‚kritischen' Praxen, die sich derselben Technologien in befreiender Absicht bedienen, sind erhellend. Die Geschichte sowie die in der Gegenwart andauernden, derzeit eher intensivierten Kämpfe um den Zugang zu *selbstbestimmter* medizinischer Versorgung sind nicht nur wesentlicher Teil feministischer gesundheits- und reproduktionsbezogener Forderungen im Sinne von ‚Our Bodies, Our Selves' (vgl. dazu Davis 2007), sondern auch derjenigen im Kontext von Transgender, Transsexualität, Transidentität. Wie ein Blick in aktivistische Konstellationen ebenso zeigt wie die einschlägige Forschungsliteratur, ist der Kampf um Selbstbestimmung qua und für den Körper für diejenigen Menschen absolut entscheidend, die als unmündig und verworfen gelten – etwa als ‚Freaks'.[18] Die Entscheidung des deutschen Bundesverfassungsgerichts (BVG) von Januar 2011 z. b. hat genau hierauf reagiert, indem es die im TSG (Transexuellengesetz) nach wie vor verankerte Zwangsoperation zur ‚Vereindeutigung' des Genitals als Voraussetzung für eine Namens- bzw. Geschlechtsstandsänderung für nicht verfassungskonform befand. Die entsprechende Argumentation des BVG rekurrierte auf die körperliche Selbstbestimmung als wesentlicher Kern der Menschenwürde.[19] Ebenso wie die Abschaffung von somatischen Zwangsmaßnahmen ist gleichermaßen der diskriminierungs- und stigmafreie Zugang zu medizinischer Unterstützung bzw. somatisch relevanten Behandlungen eine zentrale Forderung im Kontext von LSBTTI* Aktivismus.[20]

Ebenfalls in diesem Sinne, nämlich einer Sensibilisierung für ‚normopathologische' (Sigusch 2013) Zwangskonstruktionen von ‚Normalen' versus ‚Anormalen' (oder uneigentlichen, falschen, unechten, nicht-ganz-menschlichen usw.) Menschen qua ihrer Körper ist auch ein Blick auf weitere somatische Anpassungsstrategien unerlässlich: Ein Blick über den weißen, heterosexuellen/heteronormativen, bildungsbürgerlichen Tellerrand Westeuropas zeigt: Biopolitik, d. h. die Verflechtung von bios, zoé, Soma und Fleisch mit Sozialität, Herrschaft und Praxis, ist immer auch Überlebensstrategie, ist ‚passing' als existenzielle Notwendigkeit. So erstaunt es nicht, dass beispielsweise Männer ihre Männlichkeit im Sinne sozialer Intel-

---

18 Aus der Fülle vgl. z. B. Meyerowitz 2004 und Rudacille 2005.
19 Das Urteil ist nachzulesen unter: https://www.bundesverfassungsgericht.de/entscheidungen/rs20110111_1bvr329507.html.
20 LSBTTI* steht für Lesbisch, Schwul, Bisexuelle, Transsexuelle, Transgender und Intersexuelle sowie möglicherweise weitere Formen sexueller/geschlechtlicher Identifizierung.

ligibilität bzw. Inklusion auch chirurgisch zu gestalten versuchen. Sie tun dies abseits dramatischer Effekthascherei, geleitet von dem allzu menschlichen Ziel, ein ‚normales' Leben führen zu können. Basierend auf zahlreichen Interviews mit männlichen Klient_en der kosmetischen Chirurgie kommt Michael Atkinson (2006) zu dem Schluss:

> "Cosmetic Surgery is not sought out egomanically, nor intended to draw social gaze to surgically enhanced flesh. To the contrary, the intervention is intended to achieve the opposite, to allow the individual to pass into an unrecognizable crowd of ‚normals'". (Atkinson 2006, S. 251)

Geschichte und Gegenwart der kosmetischen Chirurgie zeigen in einem grundsätzlichen Sinne, wie sehr es dabei auch immer um das Überleben geht. Ein Überleben, das dann möglich wird, wenn Menschen eine hegemoniale Norm verkörpern bzw. nicht als allzu different von dieser erkennbar sind.[21] Die kosmetische Chirurgie gibt es als medizinische Technik seit etwa dem 15 Jahrhundert. Sie entwickelte sich im Kontext der sogenannten Syphilis-Nase, d. h. um insbesondere Männer vom Stigma einer (Geschlechts-)Krankheit zu befreien. Nach dem Ersten Weltkrieg wurde diese Technik besonders relevant und elaboriert, als es nämlich darum ging, kriegsversehrten Soldaten ein ‚normales' Leben zu ermöglichen, etwa nach Augenverlusten, Hautverbrennungen, Amputationen.[22] Zwar wurden entsprechende Eingriffe an Schauspielern und Schauspielerinnen bereits in den 1920er und 1930er Jahren immer populärer. Weltweit jedoch war viel wichtiger, dass sich z. B. europäische und nordamerikanische Juden in der Hoffnung auf weniger Stigmatisierung bzw. auf Inklusion die (angebliche) ‚Hakennase' korrigieren ließen, oder asiatische Menschen die (sogenannten) ‚Schlitzaugen', oder die Afroamerikaner_innen sich Lippen, Nase oder den Po auf (vorgebliche) ‚kaukasische' ‚Normalmaße' bringen ließen. In solcherart rassifizierten Konstellationen – wie sie weltweit überall hier und heute weiterhin herrschen – hatte und hat kosmetische Chirurgie nichts mit frivolem Tand oder überwindbarer Verblendung zu tun. Vielmehr ist sie eine legitime Strategie, durch körperliche ‚Normalisierung' gesellschaftliche Anerkennung zu erlangen. Das kann überlebenswichtig sein. Es steht also denjenigen, die das Privileg genießen, die koloniale, nunmehr globalisierte Norm zu verkörpern gut an, hier durchaus demütig zu sein und offen für das Leiden anderer zu bleiben, die diesen Normen nicht ohne Weiteres entsprechen.

---

21 Hierfür und für die nachfolgenden Ausführungen vgl. Gilman 2000.
22 Zu den Prothesenkörpern im Kontext des I. Weltkriegs insbesondere als Normalisierung von Männlichkeit: Kienitz 2008 (und weitere Texte der Autorin).

Gesellschaftliche Verwundbarkeit resultiert nicht nur aus der von Judith Butler jüngst (2007) wieder – zu Recht – betonten Grundbedingung menschlicher Existenz, insofern wir alle einander ausgeliefert sind. Verwundbarkeit verschärft sich zudem für die allermeisten Menschen dieser Welt durch die intersektional verflochtenen Linien rassischer, sexueller, politischer und klassenförmiger Subjektivierungsnormen, die ihrerseits mit somatischen Zumutungen und Erwartungen einhergehen. Dies mag manchen trivial erscheinen, so z. B. wenn in Blogs die Frage diskutiert wird, welche (Haut-)Farbe eigentlich mit den stylishen ‚nude'-Tönen gemeint sind. Aber genau diese subtilen Be-Deutungen sind rassistisch – und sie werden als sogenannte ‚Mikro-Rassismen' oder als ‚Alltagsrassismus' (endlich) auch in Deutschland diskutiert.[23] Und nur der- oder diejenigen können die existenzielle Relevanz von Pigmentnuancen – in Kosmetikflakons wie auf der Haut – ausblenden, deren Haut hegemonial getönt ist.

Festzuhalten bleibt: Das *social flesh* der Gegenwart ist nicht nur sowieso sozial im Sinne von gesellschaftlich konstituiert, es wird (zunehmend bewusst) sozial *gemacht*. Dass es bei der gestaltenden Körperarbeit um Anerkennung, Inklusion, Teilhabe, Sichtbarkeit und Normalität geht ist ebenso richtig wie die Lesart, dass es auch um Unterwerfung und um den Versuch der Überwindung der Verwundbarkeit geht. Diese womöglich paradoxe Gleichzeitigkeit – Selbstermächtigung und Selbstverwirklichung gepaart mit Unterwerfung – ist m. E. weder aufzulösen noch zu hintergehen.

3   Schluss – Postsouveräne Embodiments?

Was in allen sichtbaren Formen der gegenwärtigen body practices überwiegt bzw. was diese bei aller Heterogenität teilen, ist der Bezug auf die individuelle Autonomie. Es gibt eine gesellschaftliche Tabuisierung der argumentativen Bezugnahme auf *Andere*, erst recht auf ‚Strukturen' oder ‚Verhältnisse'. Die individuelle Autonomie ist der Fetisch unserer Gegenwart, die *Angewiesenheit* ist das Verworfene, die Unmöglichkeit. Das ist geschlechtersoziologisch im Übrigen aus der wiederum ebenfalls hoch ambivalenten ‚Tilgung' der Rechtsfigur der unterhaltswürdigen Hausfrau im deutschen Familienrecht und der wiederum m. E. hoch ambivalenten, weil ökonomischen Imperativen gehorchenden Professionalisierung der Fürsorge gegenüber allen Personen, die nicht potenziell erwerbstätig sind, wie Kinder, Kranke,

---

23   Vgl. #Alltagsrassismus und #Schauhin auf Twitter.

Alte. Salopp gesprochen: Maximale Autonomie ist das einzig gültige Ticket, das derzeit Anerkennung und Teilhabe gewährt. Wie bereits erwähnt: Es wäre ein Leichtes, gesellschaftstheoretisch belesen und mit erhobenem kritischem Zeigefinger, auf die ‚surgery dopes', auf all' die Jogger und Hobby-Marathonläuferinnen, die Modejunkies und sich selbst vermessenden Fitnessjünger herabzuschauen und ihnen in gewohnt paternalistischem (oder maternalistischem) Aufklärungsgestus Verblendung zu unterstellen. Allerdings ist dies angesichts der historischen wie zeitgenössischen Dynamiken, die allen biopolitischen body politics verschiedener Couleur innewohnt, wenig sinnvoll und ethisch wie empirisch schlicht falsch. Ich habe zu zeigen versucht, dass diesen Körperpolitiken vielmehr eine innere Ambivalenz und normative Prekarität innewohnt, die sich nicht zugunsten einer klaren Grenzziehung zwischen ‚eigentlich richtig' und ‚pervertiert' oder ‚ins Gegenteil verkehrt' vereindeutigen lässt. Dies dürfte für den Zusammenhang zwischen Selbstbestimmung, Körper und Sozialität umso mehr zutreffen: Wie anders ließe sich Handlungsmächtigkeit begründen, wenn nicht auch entlang der Autonomie als wertvolle Errungenschaft z. B. feministischer Kämpfe, nicht zuletzt auch im Rahmen von Körper- und Reproduktionsrechten?

Mir scheint es notwendig, von den Auseinandersetzungen und Ambivalenzen her zu denken und zu analysieren, die andere als Paradoxie oder gar Dialektik bezeichnen. Meine Ausführungen sollten zeigen: Die eine historische Bewegung im Kontext der feminist body politics gab es nicht, gibt es heute nicht. Deshalb gilt es, die Gegenwart auch von den *Kämpfen* der Vergangenheit her zu analysieren. Ich denke nicht, dass man dies gegen den von Andrea Maihofer, aber auch von Gudrun-Axeli Knapp (2013) formulierten Vorschlag ausspielen muss, eine (!) Gesellschaftstheorie zu entwickeln, die die Ungleichzeitigkeiten und Prekaritäten der Gegenwart vom vermeintlich festen Fundament eines systematischen Standpunktes aus angemessen begreifen kann. Doch die Geringschätzung der Prekaritäten, Ungleichzeitigkeiten, und Uneindeutigkeiten ist noch jeder Gesellschaftstheorie auf die Füße gefallen.

Literatur

Ackelsberg, M. (2000). *Mujeres Libres. El anarquismo y la lucha por la emancipación de las mujeres*. Barcelona: Virus.
Ackelsberg, M. (2005). *Free women of Spain: anarchism and the struggle for the emancipation of women*. Oakland, Cal.: AK Press.
Ackermann, A. (2013). Kleidung, Sexualität und politische Partizipation in der Lebensreformbewegung. In M. Cluet & C. Repussard (Hrsg.), ‚*Lebensreform'. Die soziale Dynamik einer politischen Ohnmacht* (S. 161-182). Tübingen: Narr Francke.
Alkemeyer, T. et al. (Hrsg.) (2013). *Selbst-Bildungen. Soziale und kulturelle Praktiken der Subjektivierung*. Bielefeld: transcript.
Atkinson, M. (2006). Masks of Masculinity: (Sur)Passing Narratives and Cosmetic Surgery. In D. Waskul & P. Vannini (Hrsg.), *Body/Embodiment. Symbolic Interaction and the Sociology of the Body* (S. 247-262). Aldershot: Ashgate.
Barad, K. (2012). Inter-active entanglements – An Interview with Karen Barad. In: Kvinder, Køn og forskning. *Women, Gender and Research 1-2*. Feminist Materialisms, S. 25-53.
Beasly, C. & C. Bacchi (2000). Citizen Bodies: Embodying Citizens – A Feminist Analysis. In: *International Feminist Journal of Politics* 2, 3, S. 337–58.
Benhabib, S. (1993). Feminismus und Postmoderne. Ein prekäres Bündnis. In dies. et al, *Der Streit um Differenz: Feminismus und Postmoderne in der Gegenwart*. (S. 9-30). Frankfurt am Main: Fischer.
Barlösius, E. (1997). *Naturgemäße Lebensweise. Zur Geschichte der Lebensreform um die Jahrhundertwende*. Frankfurt am Main, New York: Campus.
Beck-Gernsheim, E. (1983). Vom ‚Dasein für andere' zum Anspruch auf ein Stück ‚eigenes Leben'. Individualisierungsprozesse im weiblichen Lebenszusammenhang. In: *Soziale Welt* 34, 3, S. 307-340.
Becker-Schmidt, R. (1998). Relationalität zwischen den Geschlechtern, Konnexionen im Geschlechterverhältnis. In: *Zeitschrift für Frauenforschung* 16, 3, S. 5-21.
Benjamin, J. (1990). *Die Fesseln der Liebe. Psychoanalyse, Feminismus und das Problem der Macht*. Basel: Stroemfeld.
Bock, G., & B. Duden (1977). Arbeit aus Liebe – Liebe als Arbeit. Zur Entstehung der Hausarbeit im Kapitalismus. In: A. Tröger et al. (Hrsg.), *Frauen und Wissenschaft. Beiträge zur Berliner Sommeruniversität für Frauen* (S. 118-199). Berlin: Courage.
Borkenhagen, A. (2014). Der Wunsch nach einem genitalkosmetischen Eingriff – Motive der Patientinnen und Empfehlungen für den Gynäkologen. In: J. Bitzer & H.-W. Hoefert (Hrsg.): *Psychologie in der Gynäkologie* (S. 89-94). Lengerich: Pabst Science Publishers.
Bröckling, U. (2007). *Das unternehmerische Selbst. Soziologie einer Subjektivierungsform*. Frankfurt am Main: Suhrkamp.
Butler, J. (1995). *Körper von Gewicht. Die diskursiven Grenzen des Geschlechts*. Berlin: Berlin Verlag.
Butler, J. (2007). *Kritik der ethischen Gewalt*. Erweiterte Ausgabe. Frankfurt am Main: Suhrkamp.
Davis, K. (1995). *Reshaping the Female Body. The Dilemma of Cosmetic Surgery*. New York: Routledge.
Davis, K. (2003). *Dubious Equalities and Embodied Differences. Cultural Studies on Cosmetic Surgery*. Lanham, MD: Rowman & Littlefield.

Davis, K. (2007). *The Making of Our Bodies, Ourselves. How Feminism Travels across Borders.* Durham et al.: Duke UP.

Degele, N. (2004). *Sich schön machen. Zur Soziologie von Geschlecht und Schönheitshandeln.* Wiesbaden: VS Springer.

Dohm, H. (1872). *Was die Pastoren von den Frauen denken.* Berlin: Schlingmann.

Douglas, M. (1966). *Purity and Danger: An Analysis of Concepts of Pollution and Taboo.* New York: Praeger Publishers.

Duden, B. (2008). Frauen-‚Körper': Erfahrung und Diskurs (1970–2004). In: R. Becker & B. Kortendiek (Hrsg.), *Handbuch Frauen- und Geschlechterforschung. Theorie, Methoden, Empirie* (S. 593-607). Wiesbaden: VS Springer.

Duggan, L. & N. D. Hunter (Hrsg.) (1996). *Sex Wars: Sexual Dissent and Political Culture.* New York: Routledge.

Foucault, M. (2006). *Die Geburt der Biopolitik. Geschichte der Gouvernementalität II (Vorlesungen 1978/9).* Frankfurt am Main: Suhrkamp.

Gildemeister, R. & Wetterer, A. (1992). Wie Geschlechter gemacht werden. Die soziale Konstruktion der Zweigeschlechtlichkeit und ihre Reifizierung in der Frauenforschung. In: G.-A. Knapp & A. Wetterer (Hrsg.), *TraditionenBrüche: Entwicklungen feministischer Theorie* (S. 201-254). Freiburg i. Br.: Kore.

Gilman, S. (2000). *Making the Body Beautiful. A Cultural History of Aesthetic Surgery.* Princeton: Princeton UP.

Graefe, S. (2008). *Autonomie am Lebensende? Biopolitik, Ökonomisierung und die Debatte um Sterbehilfe.* Frankfurt am Main, New York: Campus.

Hagemann-White, C. (1984). *Sozialisation: Weiblich – männlich?* Opladen: Leske + Budrich.

Hausen, K. (1976). Die Polarisierung der ‚Geschlechtscharaktere'. Eine Spiegelung der Dissoziation von Erwerbs- und Familienleben. In W. Conze (Hrsg.), *Sozialgeschichte der Familie in der Neuzeit Europas. Neue Forschungen* (S. 363-393). Stuttgart.

Haraway, D. (1995). *Die Neuerfindung der Natur. Primaten, Cyborgs und Frauen.* Frankfurt am Main, New York: Campus.

Heyes, C. J. & Jones, M. (Hrsg.) (2009). *Cosmetic Surgery. A Feminist Primer.* London et al: Ashgate.

hooks, b. (1981). *Ain't I a woman? Black woman and feminism.* Boston: South End Press.

Jones, M. (2008). *Skintight. An Anatomy of Cosmetic Surgery.* Oxford: Berg.

Kaufmann, J.-C. (2005). *Schmutzige Wäsche. Ein ungewöhnlicher Blick auf gewöhnliche Paarbeziehungen.* Konstanz: UVK.

Kant, I. (1784). Beantwortung der Frage: Was ist Aufklärung? In: *Berlinische Monatsschrift,* Dezember-Heft, S. 481-494.

Kienitz, S. (2008). Körper-Beschädigungen. Kriegsinvalidität und Männlichkeitskonstruktionen in der Weimarer Republik. In: R. Johler & B. Tschofen (Hrsg.). *Empirische Kulturwissenschaft. Eine Tübinger Enzyklopädie. Der Reader des Ludwig-Uhland-Instituts* (S. 437-454). Tübingen.

Klose-Lewerentz, C. (2013). Der ‚ideale Körper' und seine ‚Herstellung' – Körperdiskurse der Lebensreformbewegung zwischen Utopie und Normativität. In: C., Marc & C. Repussard (Hrsg.). *‚Lebensreform'. Die soziale Dynamik einer politischen Ohnmacht* (S. 147-160). Tübingen: Narr Francke.

Knapp, G.-A. (2013). Zur Bestimmung und Abgrenzung von „Intersektionalität". Überlegungen zu Interferenzen von „Geschlecht", „Klasse" und anderen Kategorien sozialer Teilung. In: *EWE – Erwägen, Wissen, Ethik* 24, S. 341-354.

Koppetsch, C. (2001). Milieu und Geschlecht. Eine kontextspezifische Perspektive. In A. Weiß et al. (Hrsg.), *Klasse und Klassifikation. Die symbolische Dimension sozialer Ungleichheit* (S. 109-137). Wiesbaden: Westdeutscher Verlag.
Kreisky, E. (2008). Fitte Wirtschaft und schlanker Staat: das neoliberale Regime über die Bäuche. In H. Schmidt-Semisch, & F. Schorb (Hrsg.): *Kreuzzug gegen Fette. Sozialwissenschaftliche Aspekte des gesellschaftlichen Umgangs mit Übergewicht und Adipositas* (S. 143-161). Wiesbaden: VS Springer.
Lemke, T. (2008). *Gouvernementalität und Biopolitik*. 2. Aufl. Wiesbaden: VS Springer.
Lenz, I. (2008). *Die Neue Frauenbewegung in Deutschland. Abschied vom kleinen Unterschied. Eine Quellensammlung.* Wiesbaden: VS Springer.
List, E. (2009). *Ethik des Lebendigen*. Weilerswist: Velbrück Wissenschaft.
Maihofer, A. (2007). Gender in Motion. Gesellschaftliche Transformationsprozesse – Umbrüche in den Geschlechterverhältnissen? Eine Problemskizze. In: D. Grisard et al. (Hrsg.), *Gender in Motion. Die Konstruktion von Geschlecht in Raum und Erzählung* (S. 218-315). Frankfurt am Main, New York: Campus Verlag.
Meyerowitz, J. (2004). *How Sex Changed. A History of Transsexuality in the United States.* Boston: Harvard UP.
Mikkola, M. (2011). Feminist Perspectives on Sex and Gender. In E. N. Zalta (Hrsg.), *Stanford Encyclopedia of Philosophy*. Herbst 2012. http://plato.stanford.edu/archives/fall2012/entries/feminism-gender. Zugegriffen: 11. Dezember 2014.
Möhring, M. (2004). *Marmorleiber. Körperbildung in der deutschen Nacktkultur.* Köln: Böhlau.
Nari, M. (2004). *Políticas de Maternidad y Maternalismo Político. Argentina 1890 – 1940.* Buenos Aires: Biblos.
Nave-Herz, R. (1997). *Die Geschichte der deutschen Frauenbewegung.* Hrsg. von der Niedersächsischen Landeszentrale für politische Bildung. O. O.
Nelles, D. (2000). Anarchosyndikalismus und Sexualreformbewegung in der Weimarer Republik. Written for the workshop 'Free Love and the Labour Movement, Second workshop in the series 'Socialism and Sexuality' International Institute of Social History. Amsterdam, 6 Oktober 2000. http://www.iisg.nl/womhist/nellesde.pdf. Zugegriffen: 08. Dezember 2014.
Ortner, S. & H. Whitehead (Hrsg.) (1981). *Sexual Meanings: The Cultural Construction of Gender and Sexuality.* Cambridge: Cambridge UP.
Painter, N. I. (1997). *Sojourner Truth: A Life, A Symbol.* New York: Norton.
Revista Mujeres Libres (1936). Auszüge unter http://feminismoanarcofeminismo.blogspot.de. Zugegriffen: 08. Dezember 2014.
Rose, N. (2006). *The Politics of Life Itself. Biomedicine, Power and Subjectivity in the Twenty-First Century.* Princeton: Princeton University Press.
Rubin, G. (1975). The Traffic in Women: Notes on the 'Political Economy' of Sex. In: R. Reiter, (Hrsg.), *Toward an Anthropology of Women* (S. 175-210). New York: Monthly Review Press.
Rudacille, D. (2005). *The Riddle of Gender. Science, Activism and Transgender Rights.* New York: Pantheon.
Samerski, S. (2013). Professioneller Entscheidungsunterricht. Vom Klienten zum mündigen Entscheider. In: *Leviathan. Berliner Zeitschrift für Sozialwissenschaft* 41, 1, S. 144-162.
Selke, S. (2014). *Lifelogging. Wie die digitale Selbstvermessung unsere Gesellschaft verändert.* Berlin: Econ.
Sigusch, V. (2013). *Sexualitäten. Eine Kritische Theorie in 99 Fragmenten.* Frankfurt am Main, New York: Campus.

Thomas, T. (2004). „Mensch, burnen musst Du!": Castingshows als Werkstatt des neoliberalen Subjekts. In: *Zeitschrift für Politische Psychologie*, 12, 1+2, S. 191-208.

Trachsel, R. (2003). Fitness und Körperkult. Entwicklungen des Körperbewusstseins im 20. Jahrhundert. In A. Schwab & R. Trachsel (Hrsg.), *Fitness. Schönheit kommt von außen* (S. 13-34). Bern: Palma-3-Verlag.

Villa, P.-I. (Hrsg.) (2008). *schön normal. Manipulationen am Körper als Technologien des Selbst*. Bielefeld: transcript.

Villa, P.-I. (2011). Embodiment is always more: Intersectionality, Subjection and the Body. In H. Lutz et al (Hrsg.), *Framing Intersectionality* (S. 171-186). London et al: Ashgate.

Villa, P.-I. (2012). Die Vermessung des Selbst. Einsichten in zeitgenössische Formen der Körperarbeit. In: *AVISO. Zeitschrift für Wissenschaft und Kunst in Bayern* 3, S. 14-19.

Villa, P.-I. (2013). Rohstoffisierung. Zur De-Ontologisierung des Geschlechtskörpers. In: R. John & J. Rückert-John & E. Esposito (Hrsg.): *Ontologien der Moderne* (S. 225-240). Wiesbaden: VS Springer.

Villa, P.-I. (2014). Autonomie, Anerkennung, Alltag – Die Hoffnungen der (weiblichen) Individualisierung. In: *Soziale Welt Sonderband* 21, S. 203-212.

Wehling, P. & Viehöver, W. (Hrsg.) (2011). *Entgrenzung der Medizin? Von der Heilkunst zur Verbesserung des Menschen?* Bielefeld: transcript.

Wetterer, A. (2002). Strategien rhetorischer Modernisierung: Gender Mainstreaming, Managing Diversity und die Professionalisierung der Gender-Expertinnen. In: *Zeitschrift für Frauenforschung und Geschlechterstudien* 20, 3, S. 129-148.

Neukonfigurationen von Staat und Heteronormativität
Neue Einschlüsse, alte Machtverhältnisse[1]

Gundula Ludwig

1988 begründete der damalige Präsident des Deutschen Bundestages seine Entscheidung, eine Diskussion über Bürger_innenrechte von Lesben und Schwulen im Parlament nicht zuzulassen, damit, dass die Bezeichnungen ‚Lesben' und ‚Schwule' nicht Teil der deutschen Hochsprache seien (vgl. Raab 2011, S. 258). Bis 1994 legte das deutsche Strafgesetzbuch mit dem § 175 ein Verbot homosexueller Handlungen fest. Wenngleich nach den Strafrechtsreformen 1969 bzw. 1973 homosexuelle Handlungen unter Erwachsenen nicht mehr strafbar waren, blieben gleichgeschlechtliche sexuelle Handlungen mit männlichen Jugendlichen bis 1994 strafbar (vgl. Schmidt 2012). Vor diesem Hintergrund lässt sich für die letzten drei Jahrzehnte tatsächlich ein fundamentaler Wandel sexueller Politiken in Deutschland und in westeuropäischen Nationalstaaten insgesamt konstatieren: Mit der Einführung des Lebenspartnerschaftsgesetz 2001 wurde die rechtliche Anerkennung von Liebesbeziehungen zumindest bezogen auf das Sozial- und Erbrecht auf gleichgeschlechtliche Paare ausgeweitet. Seit 2013 ist auch das Ehegattensplitting, lange Zeit Bastion der heterosexuellen Ehe, bei gleichgeschlechtlichen Verpartnerten anwendbar (Bundesverfassungsgericht 2013a). Ebenso wurde in der letzten Dekade die starre Kopplung von Familie und Heterosexualität brüchiger: Seit der Einführung des Lebenspartnerschaftsgesetz ist die Stiefkindadoption durch gleichgeschlechtliche Partner_innen möglich; nach einem Urteil des Bundesverfassungsgericht Anfang 2013 hat die gegenwärtige Bundesregierung auch die Sukzessivadoption für zulässig erklärt (Bundesverfassungsgericht 2013b). Schließlich wurden neben diesen Gleichstellungsmaßnahmen auch explizite Anti-Diskriminierungsmaßnahmen auf nationaler und supranationaler Ebene erlassen: Seit 2000 ist auf EU-Ebene eine Richtlinie in Kraft, die Diskriminierung aufgrund sexueller Orientierung

---

1 Der vorliegende Text vertieft Überlegungen, die ich in Ludwig 2014 ausgeführt habe.

in Beschäftigung und Beruf untersagt (Europarat 2000); 2010 verabschiedete der Europarat eine Empfehlung an alle Mitgliedsstaaten der Europäischen Union über Maßnahmen zur Bekämpfung von Diskriminierung aufgrund von sexueller Orientierung und der Geschlechtsidentität (Europarat 2010).

Lässt sich vor diesem Hintergrund nun behaupten, dass die zunehmende Gleichheit zwischen heterosexuellen und – manchen Formen – gleichgeschlechtlicher Lebens- und Existenzweisen insofern emanzipatorisch ist, als sie darauf hinweist, dass der Staat weniger auf machtvollen Eingriffen in die Konstitution von Sexualität und Heteronormativität beruht? Im vorliegenden Text möchte ich diese Frage aus einer gouvernementalitätstheoretischen Perspektive beantworten. Eine derartige Perspektive, so möchte ich zeigen, ermöglicht, die in die Veränderungen der sexuellen Politiken eingeschriebenen Ambivalenzen theoretisch zu fassen. Auf der Basis von Michel Foucaults gouvernementalitätstheoretischen Überlegungen möchte ich argumentieren, dass sich in der Tat einschneidende Veränderungen in staatlichen sexuellen Politiken konstatieren lassen, die sich durch eine partielle Öffnung, Pluralisierung und Flexibilisierung des Sexualitätsdispositivs charakterisieren lassen. Zugleich möchte ich darlegen, dass gerade diese Veränderungen es ermöglichen, dass Sexualität und Heteronormativität weiterhin ein zentrales Scharnier in der Beziehung zwischen Nationalstaat und Bevölkerung bleiben können.

Um diese Gleichzeitigkeit von Veränderung und Stabilität ebenso wie die darin eingeschriebenen alten und neuen Hierarchisierungen, Einschlüsse und Ausschlüsse konzeptualisieren zu können, gibt Foucault in seinen Vorlesungen zur Gouvernementalität instruktive Theoreme zur Hand. Zugleich ist es jedoch notwendig, diese aus queer-feministischer und postkolonialer Perspektive zu erweitern. In Foucaults Schriften lassen sich für diese Erweiterungen interessante Anregungen finden, wenngleich Foucault selbst weder geschlechtliche noch (post-)koloniale Machtverhältnisse systematisch in seine Arbeiten mit einbezogen hat. Um Foucaults Einsichten für eine umfassende gesellschaftstheoretische Analyse zentraler Machttechniken in westlichen Gesellschaften, die auf einem flexibilisierten Kapitalismus, (neo-)liberalisierten Sexualitätsverhältnissen und (neo-)liberalisierten postkolonialen Verhältnissen beruhen, nutzen zu können, ist es daher erforderlich, diese aus queer-feministischer, postkolonialer Perspektive fortzuführen.

Im vorliegenden Text möchte ich in einem ersten Teil darlegen, wie aus einer gouvernementalitätstheoretischen, queer-feministischen, postkolonialen Perspektive das Verhältnis von Sexualität und Nationalstaatlichkeit konzipiert werden kann. Diese Theoretisierung dient im zweiten Teil als Analyserahmen, um den Wandel aber auch Persistenzen in diesem Zusammenspiel im Kontext eines flexibilisierten Kapitalismus zu verstehen.

1 Sexualität und Nationalstaatlichkeit

1.1 Das Regieren der Bevölkerung

Bereits in *Der Wille zum Wissen* (Foucault 1983) befasst sich Foucault mit der Frage, wie sich mit der Verbreitung des Kapitalismus auch die Art und Weise verändert, wie auf die Subjekte im Einzelnen und die Bevölkerung insgesamt Macht ausgeübt wird. Um diese Veränderung fassen zu können, führt er den Begriff der Bio-Macht ein. Diese Form der Macht, die sich ab dem 19. Jahrhundert in westlichen Gesellschaften herausbildet, zielt nicht wie souveräne Macht darauf ab, „sterben zu *machen* und leben zu *lassen*" (Foucault 1983, S. 134), sondern darauf, „leben zu *machen* oder in den Tod zu *stoßen*" (Foucault 1983) bzw., „Kräfte hervorzubringen, wachsen zu lassen und zu ordnen, anstatt sie zu hemmen, zu beugen oder zu vernichten" (Foucault 1983, S. 132). Damit hebt Foucault hervor, dass Macht in kapitalistischen Gesellschaften sich nicht auf die Disziplinierung der Subjekte zum Zweck der Einpassung in die kapitalistische Produktionsweise beschränkt. Der Kapitalismus setzt zwar die „kontrollierte Einschaltung der Körper in die Produktionsapparate" voraus (Foucault 1983, S. 136), „[a]ber er hat noch mehr verlangt: das Wachsen der Körper und der Bevölkerungen, ihre Stärkung wie auch ihre Nutzbarkeit und Gelehrigkeit; er brauchte Machtmethoden, die geeignet waren, die Kräfte, die Fähigkeiten, das Leben im Ganzen zu steigern, ohne deren Unterwerfung zu erschweren" (Foucault 1983, S. 136). Foucault fokussiert mithin weniger das Zusammenwirken von kapitalistischer Produktionsweise und Unterwerfung, sondern das Zusammenspiel von Macht und Bevölkerung, das er zwar in der Genealogie des Kapitalismus ansiedelt, für das er sich aber zuerst, in *Der Wille zum Wissen*, aus machttheoretischer Perspektive, und später, in den Vorlesungen zur Gouvernementalität, die er 1978 und 1979 am Collège de France hält, aus staatstheoretischer Perspektive interessiert.

Dass Foucault in den Vorlesungen zur Gouvernementalität die Frage, wie sich Macht in kapitalistischen Gesellschaften auf die Bevölkerung richtet, mit dem Staat verbindet, ist Konsequenz einer folgenreichen theoretischen Einsicht Foucaults, mit der er auch seine bis dahin gehegte „Staatsphobie" (Foucault 2004b, S. 112) überkommt: Während er bis dahin den modernen westlichen Staat weitgehend und entgegen seines eigenen Anspruchs als juridische Institution fasste, gelingt es Foucault durch die Einführung des Begriffs des Regierens als Modus für staatliche Machtausübung neue Perspektiven auf das Verhältnis von Staat und Bevölkerung zu werfen. Mit dem Begriff des Regierens bezeichnet Foucault eine Form staatlicher Machtausübung, die die Subjekte zu bestimmten Verhaltens- und Lebensweisen führt. Es ist eine Form der Machtausübung, die darüber operiert, „‚Führung zu lenken'„ (Foucault 2005, S. 286) und auf Handlungen einzuwirken (Foucault 2005). „Ziel und Instrument der Regierung" (Foucault 2004a, S. 158) ist die Bevölkerung. „Zweck der Regierung" ist mithin, „das Geschick der Bevölkerung zu verbessern, ihre Reichtümer, ihre Lebensdauer, ihre Gesundheit zu mehren" (Foucault 2004a, S. 158). Die Bevölkerung in modernen bürgerlichen Gesellschaft ist nicht mehr wie das feudale ‚Volk' eine gegebene Größe, sondern ein optimierbarer Körper. Dieser ist abhängig von einer Vielzahl von Variablen wie dem Klima, dem Handel, den Gesetzen und den Gewohnheiten der Individuen. Auf diese Variablen kann nicht über das Gesetz Einfluss genommen werden, sondern mittels Regieren. Regieren richtet sich nicht wie das Gesetz oder die Disziplinen direkt auf das Verhalten der Subjekte, sondern operiert über das Abstecken eines Möglichkeitsfeldes, innerhalb dessen das Subjekt auf sich selbst einwirkt. „[D]as ist also eine ganz andere Technik, die sich abzeichnet: Nicht den Gehorsam der Untertanen im Verhältnis zum Willen des Souveräns erreichen, sondern auf die der Bevölkerung offensichtlich entfernten Dinge Einfluß nehmen, von denen man aber durch das Kalkül, die Analyse und die Reflexion weiß, daß sie effektiv auf die Bevölkerung einwirken können." (Foucault 2004a, S. 111)

Mit dem Eintritt der Bevölkerung in das Feld staatlicher Machtausübung tritt neben die Figur des Rechtssubjekts die Figur des „Menschen" (Foucault 2004a/1979, S. 120) als deren Pendant und Adressat: „Von dem Moment an [...], wo man es mit der Bevölkerung als Vis-à-vis nicht der Souveränität, sondern der Regierung, der Kunst des Regierens zu tun hatte, [...] kann man sagen, daß der Mensch für die Bevölkerung das war, was das Rechtssubjekt für den Souverän gewesen war." (Foucault 2004a, S. 120f.) Hier ordnet Foucault insbesondere den Humanwissenschaften eine zentrale Rolle zu, die den Menschen „als Lebewesen, als arbeitendes Individuum, sprechendes Subjekt usw. analysieren" (Foucault 2004a, S. 120). Wenngleich Foucault diese Bemerkung, die er am Ende der dritten Vorlesung macht, selbst nicht mehr systematisch aufgreift, ist sie überaus aufschlussreich, insbesondere, wenn sie mit seinen Überlegungen zu Bio-Macht, Subjekt und Sexualität aus *Der Wille zum Wissen* verbunden wird.

Auch dort setzt sich Foucault mit dem modernen Subjekt und seiner Genealogie innerhalb bestimmter Macht-Wissens-Dispositive auseinander und fragt insbesondere nach der Bedeutung von Sexualität für die Konstitution des modernen westlichen Subjekts. Foucault interessiert, wie ‚Sexualität' als Konstrukt zu einem zentralen Element in der Konstitution des modernen abendländischen Subjekts werden kann, das erst jene Form der Machtausübung ermöglicht, die er Bio-Macht nennt. Er zeigt auf, wie mit der Durchsetzung des Sexualitätsdispositivs im 19. Jahrhundert die Vorstellung entsteht, dass Sexualität mit einer identitätsstiftenden

Kraft ausgestattet ist. Sexualität wird zum bestimmenden Faktor für das Wesen eines Menschen, da sie als „mit einer unerschöpflichen und polymorphen Kausalmacht ausgestattet" (Foucault 2004a, S. 69) gilt. Sexualität ist somit ein zentrales Scharnier zwischen Macht und Bevölkerung: Innerhalb des Sexualitätsdispositivs werden Selbstverhältnisse angeregt, in denen das Subjekt sich selbst als sexualisiertes begreift, und darüber werden bestimmte Verhaltens- und Lebensweise der einzelnen Subjekte und der Bevölkerung insgesamt initiiert. Das moderne abendländische Subjekt als sexualisiertes Subjekt ist die Kehrseite jener Macht, „die das Leben in ihre Hand nimmt, um es zu steigern und zu vervielfältigen, um es im einzelnen zu kontrollieren und im gesamten zu regulieren" (Foucault 2004a, S. 132f.).

Foucaults theoretische Weiterentwicklung in den Vorlesungen zur Gouvernementalität erlauben es, das Regieren der Bevölkerung über die Sexualität als Form staatlicher Machtausübung zu konzeptualisieren. Über Sexualität werden sowohl die Individuen in ihren individuellen Verhaltensweisen und Lebensführungen als auch die Bevölkerung in ihrer Gesamtheit regiert. Foucault schreibt, dass Regieren nicht direkt auf die Subjekte wirkt, sondern auf deren Führungen und Handlungen Einfluss nimmt. Die Normalisierung, Normierung, Anreizung und die Pathologisierung und Kriminalisierung bestimmter Formen von Sexualität und des Begehrens sind somit das Relais über das „die Fortpflanzung, die Geburten- und Sterblichkeitsrate, das Gesundheitsniveau, die Lebensdauer, die Langlebigkeit" (Foucault 2004a, S. 135) der Bevölkerung regiert werden. Indem die modernen westlichen Subjekte sich als sexuelle begreifen und nach bestimmten heteronormativen Normalitätsvorstellungen ihre Lebens-, Liebes- und Begehrensweisen ausrichten, wird das Verhalten der Subjekte durch Techniken beeinflusst, „die es, ohne daß die Leute es allzu sehr bemerken, beispielsweise erlauben, die Geburtenrate oder die Bevölkerungsströme zu stimulieren, indem sie sie in diese oder jene Region oder zu irgendeiner bestimmten Tätigkeit lenken" (Foucault 2004a, S. 158). Sexualität als machtvolles Konstrukt ist mithin ein zentrales Element, über das Subjekte regierbar werden; über Sexualität kann sich die Bio-Macht des modernen westlichen Staates entfalten und die Kräfte und Produktivität der Bevölkerung können über staatliche Führungstechniken der Sexualitäten und Körper angeregt werden.

1.2   Den Nationalstaat begehren

In den Vorlesungen zur Gouvernementalität unternimmt Foucault nicht nur eine neue Konzeptualisierung staatlicher Machtausübung als Regieren, sondern auch eine neue Konzeptualisierung des modernen, westlichen Staates. Foucault schlägt vor, den Staat nicht als gegebene Universalie zu verstehen, sondern als Effekt gesellschaftlicher Praxen. Der Staat wird zum Staat, wenn die Gouvernementalität – als „Prinzip und Methode der Rationalisierung der Regierungsausübung" (Foucault 2004b, S. 436) – zur „reflektierte(n) Praxis der Menschen" (Foucault 2004a, S. 359) wird. Erst wenn der Staat „von den Menschen angerufen, gewünscht, begehrt, gefürchtet, zurückgestoßen, geliebt, gehasst" (Foucault 2004a, S. 359) wird, erst wenn der Staat „in das Feld der Praxis und des Denkens der Menschen" (Foucault 2004a, S. 359) eintritt, konstituiert sich eine historisch spezifische Form des Staates. Damit betont Foucault auch die Notwendigkeit für die Existenz des Staates, dass die Subjekte ein Begehren nach dem Staat entwickeln und diesem nachgehen.

Wie gelingt es jedoch dem modernen westlichen Staat, ein Begehren zu initiieren, das auf ihn selbst gerichtet ist? Und wie hängt diese machtvolle Verwobenheit von Begehren und Staat mit Vergeschlechtlichungs-, Sexualisierungs- und Rassisierungsprozessen zusammen? Um diese Fragen zu beantworten, ist es notwendig, Foucaults Arbeiten aus einer postkolonialen sowie aus einer feministischen Perspektive zu ergänzen.

In ihrer Weiterentwicklung von Foucaults Arbeiten macht Ann Stoler deutlich, dass die Konstruktion der modernen bürgerlichen heteronormativen Sexualität nicht nur, wie Foucault zeigt, konstitutiv für die Herausbildung der bürgerlichen Klasse war und lange Zeit auch die ‚kultivierte', lediglich auf Fortpflanzung ausgerichtete heterosexuelle Sexualität als Abgrenzung gegenüber der ‚ungezügelten' und ‚unmoralischen' Sexualität der bäuerlichen und proletarischen Klasse eingesetzt wurde, sondern eine entscheidende Rolle in der Selbstaffirmation der modernen, westlichen, kolonialisierenden Nationalstaaten einnahm. Dem zugrunde liegt Stolers These, dass Foucaults Geschichte der Sexualität erst umfassend verstanden werden kann, wenn das moderne bürgerliche Sexualitätsdispositiv in den Kontext kolonialer Staatsprojekte gestellt wird (Stoler 1995, S. 7). Wenn Foucault also schreibt, dass sich das Bürgertum „einen Körper gegeben [hat], den es zu pflegen, zu schützen, zu kultivieren, vor allen Gefahren und Berührungen zu bewahren und von den anderen zu isolieren galt, damit er seinen eigenen Wert behalte" (Foucault 1983, S. 121), dann muss ergänzt werden, dass dieser geschützte Körper und diese kultivierte Sexualität sich in Abgrenzung zu jenen Körpern und Sexualitäten konstituieren, die als ‚unzivilisiert' und ‚wild' imaginiert und in nicht-westlichen Gesellschaften angesiedelt werden.

Dieser rassisierenden Unterscheidung zwischen modernen westlichen und ‚primitiven' nicht-westlichen Sexualitäten kam eine entscheidende Rolle in der Herausbildung der europäischen Nationen und der Konstruktion von deren Überlegenheit gegenüber nicht-westlichen Nationen zu. Auf diese Weise konnten nationalistische Grenzziehungen zu anderen nicht-westlichen, nicht-modernen Nationen gezogen werden, deren Bevölkerungen als ‚pervers' und sexuell deviant imaginiert werden. „Discourses of sexuality [...] have mapped the moral parameters of European nations. These deeply sedimented discourses on sexual morality could redraw the ‚interior frontiers' of national communities, frontiers that were secured through – and sometimes in collision with – the boundaries of race. These nationalist discourses were predicated on exclusionary cultural principles that did more than divide the middle class from the poor. They marked out those whose claims to property rights, citizenship, and public relief were worthy of recognition and whose were not." (Stoler 1995, S. 88) Diese macht- und gewaltvollen Zuschreibungen nehmen als Abgrenzungsfigur eine bedeutsame Rolle zugleich in der Herausbildung einer modernen bürgerlichen westlichen weißen Sexualität und einer modernen westlichen Nation ein. Das moderne Sexualitätsdispositiv regt mithin auch eine Selbstaffirmation des modernen westlichen Nationalstaates an, die auf kolonialen Grenzziehungen zu anderen nicht-westlichen, nicht-modernen Nationen basiert, deren Bevölkerungen als ‚pervers' und sexuell deviant imaginiert werden (Stoler 1995; s. a. Lenz 2000)

Diese Selbstaffirmation des westlichen modernen Nationalstaates über die Konstitution moderner Sexualität dient nicht nur der Legitimation für koloniale Herrschaftsausübung, Ausbeutung und Gewalt, sondern ebenso der Anreizung eines Begehrens zum Staat. George Mosse hebt in seiner von Foucault inspirierten Analyse von Nationalismus und Sexualität hervor, dass das Ideal einer ‚respektablen' Sexualität für die Genealogie des westlichen Nationalstaates überaus bedeutsam war, da das Bestreben, ein ‚normales' selbstbeherrschtes sexuelles Wesen zu sein, mit dem Begehren, ein ‚guter Staatsbürger' zu sein, verknüpft wurde (Mosse 1987, S. 191). Mosse legt dar, wie hier Homosexualität als Gegensatz zu Heterosexualität konstruiert wird, indem erstere als Ausdruck von fehlender Respektabilität und eines „Mangel[s] an Triebbeherrschung" (Mosse 1987, S. 171) konstruiert wird.

Diese von Mosse beschriebene Figur des respektablen Bürgers ist nicht nur heteronormativ, sondern auch androzentrisch: Feministische Kritiken (u. a. Appelt 1995; Wilde 1997) haben aufgezeigt, dass die Figur des Staatsbürgers (sic) eine genuin androzentrische Konstruktion ist, da nicht nur bis ins 20. Jahrhundert ohnehin nur Männer als Staatsbürger galten, sondern Staatsbürgerschaft auch auf normativen Annahmen beruht, die männliche Lebensentwürfe zur Norm erheben. Diese gesetzten androzentrischen Normen kommen auch in der Konstruktion des Staatsbürgers als respektables, seine Sexualität beherrschendes Wesen zum Ausdruck: Denn innerhalb des modernen westlichen Geschlechterregimes wurden Frauen immer auch durch eine ihnen zugeschriebene Unfähigkeit, ihren Körper und ihre Sexualität zu beherrschen, konstituiert. Während sich der männliche Bürger über ein Selbstverhältnis konstituiert, das auch auf der vernunftbasierten Selbstbeherrschung der Sexualität beruht, wurde Frauen gerade diese Fähigkeit abgesprochen, woraus nicht zuletzt die Unmöglichkeit abgeleitet wurde, dass sie rationale Staatsbürger sein können (Maihofer 1995, S. 134ff.). Wenn also mit Foucault und Mosse argumentiert werden kann, dass die Existenz des Staates auch durch eine spezifische Begehrensökonomie angetrieben wird, die durch das Ideal, ein respektabler Bürger zu sein, sich entfaltet, dann lässt sich aus einer feministischen Perspektive hier ergänzen, dass die Triebkraft dieser Begehrensökonomie eine androzentrische Figur ist.

Für die Theoretisierung des Verhältnisses von Sexualität und Nationalstaatlichkeit lassen sich als Zwischenfazit folgende Überlegungen festhalten: Der moderne westliche Staat reguliert Sexualität nicht nur durch Gesetze, Zwänge und Verbote, sondern auch, indem Subjekte über heteronormative Vorstellungen einer ‚natürlichen' und ‚richtigen' Sexualität dazu geführt werden, sich in ihren Körper- und Sexualitätsverhältnissen in bestimmter Weise zu führen. Diese Lenkung der Führung wird auch durch das Begehren angetrieben, ein ‚normales' sexuelles Wesen, respektive ein respektabler, selbstbeherrschter Bürger (sic) zu sein. Dieser Figur, über die die Subjekte zu bestimmten (sexuellen) Selbstverhältnissen geführt werden, inhärent sind notwendige Konstruktionen von abweichenden Anderen: Als androzentrische Figur konfiguriert sie Frauen, als heterosexuelle Homosexuelle, als eurozentrische, weiße Nicht-Westliche als Abweichungen. Sie alle werden als lasziv, lasterhaft und unfähig zur Selbstkontrolle konstruiert und ermöglichen als Abweichungen erst das Ideal eines respektablen selbstbestimmten, heterosexuellen, westlichen Bürgers.

Diese Konstruktion einer modernen westlichen ‚normalen' Sexualität initiiert zugleich ein Begehren hin zu dem modernen westlichen Staat, das auf einer rassisierenden und kolonialisierenden Logik aufbaut. Denn die Konstruktion der auf Selbstbeherrschung beruhenden und auf Reproduktion abzielenden Sexualität als modern und Gegenbild ‚barbarischer' Sexualität wirkt auch als Regierungstechnik, um über die androzentrische, heteronormative, westliche Figur des respektablen Bürgers (sic) in westlichen Staatsbürger_innen ein Begehren anzuregen, sich qua Sexualität ‚ihrem' modernen Nationalstaat zugehörig zu fühlen. Unter der gouvernementalitätstheoretischen Prämisse, dass der moderne westliche Staat Effekt von gesellschaftlichen Praxen ist, in denen der Staat angerufen, begehrt, geliebt wird, ist die Konstruktion einer respektablen androzentrischen heterosexuellen westlichen Sexualität somit ein wesentliches Element in dem Bedingungsgefüge, über das dieser Staat hervorgebracht wird.

2 Neue Einschlüsse, alte Machtverhältnisse

Im Sexualitätsdispositiv des 19. Jahrhunderts, das Foucault in *Der Wille zum Wissen* beschreibt, wird vor allem durch dreierlei Operationen versucht, Heteronormativität sicherzustellen: Erstens wird die natürliche Funktion von Sexualität in der ehelichen Reproduktion gesehen. Die reproduktive Sexualität in der heterosexuellen Ehe gilt als naturgegebener Zweck der Sexualität, der zugleich mit der „Verantwortlichkeit gegenüber dem gesamten Gesellschaftskörper" (Foucault 1983, S. 104) verbunden wird. Familie als Keimzelle der Gesellschaft und des Staates ist eindeutig heterosexuell konnotiert. Zweitens basiert Heteronormativität auf einer klaren Grenzziehung zwischen ‚normal' und ‚deviant'. Deviante Sexualitäten – insbesondere Homosexualität – werden mittels Pathologisierung und Kriminalisierung ausgeschlossen. Drittens wird der ‚normale' Gebrauch der Sexualität mit Selbstbeherrschung verbunden. Während Homosexualität und (kindliche) Onanie zum Inbegriff eines verantwortungslosen Auslebens der sexuellen ‚Triebe' wird, bildet sich als deren Kehrseite das Ideal einer Sexualität heraus, die von souveränen Subjekten beherrscht werden kann. Nicht Lust, sondern der Zweck der Fortpflanzung soll sexuelle Praxen leiten.

Diese drei Stützpunkte des Sexualitätsdispositivs haben sich, das zeigt bereits der Anfang des vorliegenden Textes, maßgeblich gewandelt: Erstens ist die Beschränkung der ‚normalen' Sexualität auf reproduktive eheliche Sexualität aufgeweicht. Damit einhergehend wurden zweitens bestimmte Formen von Homosexualität in das Normalitätskontinuum integriert: Jene Formen gleichgeschlechtlicher Sexualität, die sich an dem Ideal des monogamen, treuen Paares und an dem Ideal der heteronormativen Familie als privatförmige Organisation gesellschaftlicher Reproduktion orientieren, werden zunehmend rechtlich abgesichert und gesellschaftlich toleriert (Engel 2009; Duggan 2000). Drittens hat sich Sexualität aus dem Korsett der Selbstbeherrschung befreit. Gegenwärtig wird nicht mehr nur von subversiven, marginalen gesellschaftlichen Kräften – wie zu Foucaults Lebzeiten freudo-marxistischen Strömungen – gefordert, in einer ‚selbstbestimmten' Sexualität Erfüllung zu finden und das eigene Ich zum Ausdruck zu bringen. Vielmehr hat sich der Aufruf der sexuellen Selbstbestimmung auch seinen Weg ins Zentrum gegenwärtiger sexueller Politiken gebahnt, die sich nun pluraler und auch für vormalige deviante Sexualitäten offener zeigen.

Das Sexualitätsdispositiv hat sich demnach im Namen von Differenz, Pluralität und Toleranz geöffnet und flexibilisiert. Mit dem Übergang vom Fordismus zum Postfordismus haben sich mithin nicht nur die Produktionsweise und die Lohnarbeitsverhältnisse flexibilisiert, sondern auch die Lebensverhältnisse und damit die Geschlechter- und Sexualitätsverhältnisse. Wie lassen sich diese Neukonfigurationen von Heteronormativität nun aus einer gouvernementalitätstheoretischen, queer-theoretischen, postkolonialen Perspektive fassen?

Aus der hier eingenommenen Perspektive kann die Erklärung für die Flexibilisierung von Heteronormativität nicht alleine aus der Flexibilisierung des Kapitalismus abgeleitet werden. In Analogie zu Foucaults Hinweis, dass für das Verständnis des Regierens von Sexualität nicht nur die Anforderungen der Produktionsweise, sondern das Zusammenspiel von Staat, Bevölkerung und Sexualität im Licht kapitalistischer Gesellschaftlichkeit fokussiert werden muss, muss das Zusammenspiel von Staat, Bevölkerung und Sexualität als notwendiger Baustein einer gesellschaftstheoretischen Analyse bearbeitet werden. Dafür möchte ich im Folgenden einige Elemente zur Diskussion stellen, wobei folgende Fragen dabei leitend sein werden:

Wie ändert sich Sexualität als zentrales Element im Prozess des Regierbarmachens der Subjekte? (2.1) Welche Implikationen hat dieser Wandel für die Rolle von Sexualität als Scharnier zwischen dem Staat und Bevölkerung? Welche Machttechniken kommen bei der Regierung der Bevölkerung mittels Flexibilisierung von Heteronormativität zum Einsatz? (2.2) Was verändert sich dadurch in der Produktion des Begehrens zum Staat über Sexualität? Und was bedeutet die Flexibilisierung von Heteronormativität in westlichen Nationalstaaten schließlich für nationalistische Grenzziehungen in einem postkolonialen Kontext? (2.3)

2.1 Das unternehmerische Subjekt und seine Sexualitäten

Unter der Voraussetzung, dass Sexualität ein zentrales Element in dem Regierbar-Machen von Subjekten ist, stellt sich aus queer-feministischer gouvernementalitätstheoretischer Perspektive die Frage, wie durch und in neoliberalen Regierungstechniken sich auch das Regieren von Sexualität als zentrales Scharnier zwischen Subjekt und Staat ändert. Foucault stellt heraus, dass mit der neoliberalen Gouvernementalität die Subjekte vor allem über die Figur des unternehmerischen Subjekts „gouvernementalisierbar" (Foucault 2004b/1979, S. 349), also regierbar, werden. Das Modell des ‚Unternehmens' wird zum „Modell der Existenz selbst, eine Form der Beziehung des Individuums zu sich selbst, zur Zeit, zu seiner Umgebung, zur Zukunft, zur Gruppe, zur Familie" (Foucault 2004b/1979, S. 334). Über die Figur des unternehmerischen Selbst werden die Subjekte dazu geführt, ihre Lebensweisen selbstverantwortlich, risikofreudig und effizient zu gestalten. Ein wichtiges Element der neoliberalen Anrufungen des unternehmerischen Subjekts ist der „Kult des Besonderen" (Bröckling 2000, S. 158). Das unternehmerische Subjekt wird dazu angerufen, sich selbst in seiner Einzigartigkeit zu entwickeln.

Es ist sich selbst Quelle wie auch Ziel des Glücks, das es über permanente ‚Arbeit am Ich' selbstverantwortlich erreichen kann. In dieser Neoliberalisierung der Regierungstechniken ändert sich auch die Art und Weise, wie Sexualität regiert wird. Anders als noch im Fordismus stellt Sexualität nicht etwas dar, worauf sich Selbstbeherrschung richten soll. Mit der Figur des unternehmerischen Selbst wird Sexualität etwas, was selbstbestimmt hergestellt werden soll. Die unternehmerischen Subjekte im Neoliberalismus werden als Subjekte regiert, die für die Gestaltung ihres eigenen Lebens, ihres Körpers und ihrer sexuellen Beziehungen selbst verantwortlich sind, die es über ‚Arbeit am Ich' zu realisieren gilt. „Galt Sexualität zu Zeiten fordistischer Disziplinierung der Arbeitskraft als das Andere der Arbeit, so wird sie jetzt als eine Form der Arbeit am Selbst willkommen geheißen. Früher musste der Trieb abgewehrt und durch Arbeit sublimiert werden. [...] Die neoliberale Ökonomie des sexuellen Selbst erfordert also nicht mehr die fordistischen Fähigkeiten zur Triebabwehr und seiner Sublimierung durch Arbeit bzw. Triebabfuhr in einem dafür vorgesehenen engen Zeitfenster, sondern einen kontrollierten Gebrauch der Lüste mit dem Ziel, sie als Ressource für Kreativität und Motivation ständig verfügbar zu halten und ihre Intensität zu optimieren." (Woltersdorff 2007, S. 181f.)

Insbesondere das Versprechen, dass die Freiheit im Neoliberalismus darin liegt, seine eigene Einzigartigkeit durch Selbstverwirklichung zu finden, ist eng verbunden mit Sexualität: Da auch im Neoliberalismus Sexualität als „‚Ursache von allem und jedem'„ (Foucault 1983, S. 69), als „Universalschlüssel, wenn es darum geht, zu wissen, wer wir sind" (Foucault 1983, S. 80), ein Kernelement der Subjektkonstitution darstellt, ist der Aufruf an das unternehmerische Selbst, sich in seiner Einzigartigkeit zu entwickeln, immer schon auch sexualisiert: Über eine selbstbestimmte Sexualität und ein selbstbestimmtes geschlechtliches Ich soll das neoliberale Subjekt sich gänzlich entfalten.

Wie feministische Arbeiten gezeigt haben, ist die Anrufungsfigur des unternehmerischen Selbst, über das Subjekte im Neoliberalismus regiert werden, eine androzentrische Figur, die unterstellt, dass alle sozialen Beziehungen und (Selbst-)Verhältnissen nach ökonomischen Kriterien organisierbar seien (Ludwig 2006; Pühl 2003). Diese Figur basiert auf dem Phantasma, Bedürfnisse und Begehren ließen sich nach rational-ökonomischen Gesichtspunkten regeln – auch die Sexualität des unternehmerischen Selbst wird etwas, was erarbeitet werden kann, Geschlecht wird ebenso zum Resultat von ‚Arbeit am Ich' (Engel 2002, S. 202; s. a. Bröckling 2002). Diese androzentrische Figur des unternehmerischen Selbst tritt nun an die Stelle der androzentrischen Figur des respektablen Selbst. Nun ist das ideale – androzentrische – Selbst nicht mehr eines, das körperliche Bedürfnisse und Sexualität qua Vernunft beherrschen und bezwingen muss, sondern eines, das diese im Namen seiner Freiheit verwirklichen kann.

In dieser Figur des unternehmerischen Subjekts erhalten auch vormals deviante Sexualitäten einen neuen Platz. Diese rücken nicht nur in den Radius des Akzeptablen, sondern werden auch zu ‚rolemodels' einer selbstbestimmten Sexualität. Antke Engel hat hierfür den Begriff der „projektiven Integration" (Engel 2009, S. 42) geprägt. Diese „zeichnet sich durch eine positive, wertschätzende Haltung zur Differenz aus, die als kulturelles Kapital nutzbar erscheint und nicht mehr als das ‚ganz Andere' eines angeblich stabilen, autonomen Selbst angesehen wird" (Engel 2009). Durch die projektive Integration werden bestimmte Formen gleichgeschlechtlicher Lebensweisen „nicht nur als integrationsfähig angesehen, sondern als Vorbilder zivilgesellschaftlicher, konsumkapitalistischer Bürger_innen" (Engel 2009, S. 43). Auf diese Weise werden (Imaginationen eines) ‚homosexuellen lifestyles', wo die Subjekte flexibel und dynamisch sich selbst, ihre Sexualitäten und ihren Lebensstil gestalten, zur Kontrastfolie der fordistischen (Ideal-)Figur des lebenslang verheirateten Subjekts, dessen Leben als Ausdruck von starrer, un-einzigartiger Sexualität gilt (Engel 2009).

Damit bleibt Sexualität auch im Neoliberalismus ein wichtiges Konstrukt, über das Subjekte regierbar werden. Was sich jedoch ändert, ist, dass nun nicht mehr eine auf Reproduktion ausgerichtete und durch Selbstbeherrschung rational ausgelebte Sexualität als Ideal gilt. Insbesondere in dem ‚Kult des Besonderen' und dem permanenten Aufruf, sich durch ‚Arbeit am Ich' selbst zu verwirklichen, nimmt die Suche nach einer selbstbestimmten sexuellen und geschlechtlichen Identität eine wichtige Rolle ein. Auf diese Weise bleiben jene Elemente, die Foucault als wesentliche Stützpfeiler des modernen Sexualitätsdispositivs kritisiert hat, aufrecht: „Jeder Mensch soll nämlich durch den vom Sexualitätsdispositiv fixierten imaginären Punkt Zugang zu seiner Selbsterkenntnis haben (weil er zugleich das verborgene Element und das sinnproduzierende Prinzip ist), zur Totalität seines Körpers (weil er ein wirklicher und bedrohter Teil davon ist und überdies sein Ganzes symbolisch darstellt), zu seiner Identität (weil er an die Kraft eines Triebes die Einzigkeit einer Geschichte knüpft." (Foucault 1983, S. 150) Die Fortschreibung findet allerdings in neoliberalisierter Form statt, was dazu führt, dass sich die inhaltliche Ausgestaltung des ‚imaginären Punkts' anders darstellt: Nicht mehr unter ausschließlich heterosexuellen Vorzeichen und nicht mehr ausschließlich unter dem Ideal der Selbstbeherrschung, sondern als Aufruf, seine eigene, selbstbestimmte Sexualität in der Pluralität der Sexualitäten zu finden, diese nach außen zu kehren, zu leben, und in einer neoliberalen Gesellschaft, die auf Toleranz und Diversität basiert, anerkennen zu lassen.

Das Sexualitätsdispositiv hat sich mithin flexibilisiert und hat dabei auch lesbische und schwule Sexualitäten von den Rändern geholt. Dennoch aber kann nicht davon ausgegangen werden, dass dieses nicht mehr heteronormativ ausgestaltet wäre. Wenngleich zwar bestimmte Formen von Homosexualität in das Normalitätskontinuum integriert wurden, bleiben dennoch einige zentrale Dimensionen von Heteronormativität – nicht zuletzt gerade durch die Integration von Homosexualität – aufrecht: Wirkmächtig bleibt die heteronormative Vorstellung, dass Sexualität identitätsstiftend sei und dass diese Identität sich eindeutig entlang der Pole weiblich-männlich und heterosexuell-homosexuell einzuordnen hat. Geschlecht – im Sinne von entweder weiblich oder männlich – und Sexualität – im Sinne von entweder homo- oder heterosexuell – werden zwar gestaltbar, aber nur innerhalb des Rahmens einer weiterhin als natürlich angenommenen Zweigeschlechtlichkeit. Es weitet sich zwar das Normalitätskontinuum aus, das bedeutet aber nicht, dass geschlechtliche und sexuelle Identitäten uneindeutiger werden; sie werden weiterhin in einer Eindeutigkeit machtförmig fixiert.

Darüber hinaus bleibt das Sexualitätsdispositiv auch heteronormativ, da es sich bei der Integration mancher gleichgeschlechtlicher Existenzweisen um einen *hierarchisierenden* Einschluss handelt, der zwar die Normalität erweitert, Heteronormativität dadurch aber zugleich als Kern der Normalität bestätigt: Im Zuge neoliberaler Toleranz- und Pluralitätsdiskurse werden vor allem jene lesbische und schwule Lebensweisen integriert, die sich dem heteronormativen Ideal der Monogamie und der Familienorientierung annähern. Dies lässt sich auch an dem Verhältnis von Ehe und Lebenspartnerschaftsgesetz ablesen: Deutlich wird hier zum einen, dass vor allem jene lesbischen und schwulen Lebensweisen normalisiert werden, die die heteronormativen Vorstellungen einer Ehe teilen. Zum anderen aber ist die Lebenspartnerschaft auch nicht der Ehe gleichgestellt, sondern dieser nur angenähert. Daher bleibt Homosexualität dabei als Anderes markiert und wird mithin in hierarchisierender Weise normalisiert.

Wenn Nancy Wagenknecht Heteronormativität dadurch charakterisiert sieht, dass diese „den Druck (erzeugt), sich selbst über eine geschlechtlich und sexuell bestimmte Identität zu verstehen, wobei die Vielfalt möglicher Identitäten hierarchisch angeordnet ist und im Zentrum der Norm die kohärenten heterosexuellen Geschlechter Mann und Frau stehen" (Wagenknecht 2007, S. 19), dann hat dies auch im Neoliberalismus nicht seine Gültigkeit verloren. Das Sexualitätsdispositiv hat jedoch im Neoliberalismus die Wirkweise seiner Heteronormativität ausdifferenziert: Heteronormativität wird nicht mehr nur durch Ausschlüsse aller nicht-heteronormativen Lebensweisen gesichert, sondern durch Zugeständnisse und die partielle Integration mancher nicht-heteronormativer Lebensweisen. Diese werden in hierarchisierender Weise integriert – sie rücken der Norm näher, befinden sich aber dennoch in einem untergeordneten Verhältnis zu dieser, können sich aber mimetisch an diese durch Adaption annähern. Genau durch diese Integration von jenen homosexuellen Lebensweisen, die den heteronormativen Idealen ähneln, wird Heteronormativität in seiner neoliberalisierten, flexibilisierten, toleranten Variante bestätigt.

2.2 Die flexibilisierte Bevölkerung und ihre Heteronormalisierungen

Mit der neoliberalen Gouvernementalität ändern sich nicht nur die Techniken, mit denen Subjekte regierbar gemacht werden. Auch die Vorstellung, wie eine ideale Gesellschaft auszusehen hat, wird neu vermessen. Während diese im Fordismus an den Idealen der Homogenität und Standardisierung orientiert war, ist die ideale Gesellschaft innerhalb der neoliberalen Gouvernementalität eine, „in der es eine Optimierung der Systeme von Unterschieden gäbe, in der man Schwankungsprozessen freien Raum zugestehen würde, in der es eine Toleranz gäbe, die man den Individuen und den Praktiken von Minderheiten, in der es keine Einflußnahme auf die Spieler des Spiels, sondern auf die Spielregeln geben würde und in der es schließlich eine Intervention gäbe, die […] sich auf die Umwelt bezöge" (Foucault 2004b, S. 359). Nicht mehr das Zusammenspiel von Massenproduktion, Massenkonsumption und (relativ) standardisierten Lebensweisen gilt als ‚rationaler' Weg für den Wohlstand einer Gesellschaft, sondern eine flexible Produktionsweise, individuelle Konsumptionsformen und plurale Lebensweisen (vgl. dazu u. a. Candeias 2004). Die Subjekte im Neoliberalismus werden weniger dazu geführt, ihre Leben an a priori festgelegten, eindeutigen Vorstellungen von ‚Normalität' auszurichten, sondern ihr Leben ‚individuell' zu gestalten.

In dieses Ideal einer flexibilisierten Gesellschaft fügt sich die Flexibilisierung von sexuellen und geschlechtlichen Lebens-, Liebes- und Existenzweisen ein. Differenzen werden im Namen der Toleranz akzeptiert und im Namen einer pluralen Gesellschaft auch ermutigt. Ein „wertschätzende(r) Umgang mit Differenzen" führt dazu, „dass Differenzen nicht abgewehrt, sondern im Gegenteil als Ressource oder kulturelles Kapital aufgewertet werden" (Engel 2009, S. 52). Diese Neoliberalisierung von Heteronormativität verweist auch auf eine Verschiebung in den Machttechnologien, die es zu berücksichtigen gilt, wollen gegenwärtige Formen des Regierens von Sexualität gefasst werden: Heteronormativität wird im Kontext der neoliberalen Gouvernementalität weniger über eindeutige Grenzziehungen zwischen normal und nicht-normal, sondern über flexible Einschlüsse regiert. Dieser Modus lässt sich mit Foucault als Normalisierung bezeichnen, wobei es hier zu berücksichtigen gilt, dass Foucault diesen Begriff in den Vorlesungen zur Gouvernemenatlität neu akzentuiert. Dort führt Foucault – im Vorlauf zur Einführung des Regierungsbegriffs – eine neue Sicht auf die Wirkweise von Norm(alität) en ein. Während er noch in *Der Wille zum Wissen* und in *Überwachen und Strafen* (1977) die Wirkweise der Disziplinen als Normalisierung bezeichnet hat, behält er in den Gouvernementalitätsvorlesungen diesen Begriff nun für die Wirkweise des Regierens vor und bezeichnet die Wirkweise der Disziplinen als Normation. Damit unterscheidet er fortan drei Formen der Machtausübung: Das Gesetz geht von einer bereits gegebenen Norm aus, die das Erlaubte und Verbotene teilt, und die vom Gesetz kodifiziert wird, was Foucault mit dem Begriff der Normativität beschreibt. Der Ausgangspunkt der Disziplin ist ebenso eine festgelegte Norm, über die die Individuen und Orte in Elemente eingeteilt, klassifiziert und in bestimmte Verkettungen und Sequenzen eingefügt werden. Dies beschreibt Foucault nun als Normation. Auf der Basis von eindeutigen und starren Unterscheidungen wird zwischen normal und abnormal unterschieden (Foucault 1977, S. 89f.). Normalisierung schließlich bedeutet aus einer gouvernementalitätstheoretischen Perspektive, dass nicht über eine a priori gegebene, binäre Norm regiert wird, sondern dass das, was als Normalität gilt, erst über das Zusammenspiel aller Abweichungen und dem Mittelwert daraus hervorgebracht wird.

Die begriffliche Verschiebung von Foucault in den Vorlesungen zur Gouvernementalität soll sein Argument betonen, dass für das Regieren nicht eine binäre Norm grundlegend ist, sondern eine Normalität, die erst hervorgebracht wird (Foucault 2004a, S. 91). Die Technik der Normalisierung besteht darin, „die ungünstigsten, im Verhältnis zur normalen, allgemeinen Kurve am stärksten abweichenden Normalitäten zurechtzustutzen, sie auf diese normale Kurve herunterzudrücken" (Foucault 2004a). Während das Gesetz und die Disziplin an der Abweichung von einer vorher festgelegten Norm ansetzen, geht Regieren von der Existenz der Abweichungen aus. Damit wird die dichotome Anordnung zwischen Erlaubtem und Verbotenem überwunden, da Regieren von einem Mittelwert ausgeht, von welchem aus das Akzeptable und dessen Grenzen definiert werden. Dies beinhaltet auch, dass Abweichungen innerhalb eines bestimmten Rahmens nicht nur toleriert werden, sondern vielmehr Element der Machtausübung sind. Isabell Lorey hebt hervor, dass Regieren nicht auf die „Her-Ausnahme" des ‚abnormalen' einzelnen Subjekts, sondern auf die Hereinnahme bestimmter Abweichungen abzielt (Lorey 2010, S. 260ff.). Diese Hereinnahme ist eine hierarchisierende: Wenngleich das Andere nicht mehr Ausgeschlossen ist, ist es dennoch das hereingenommene Andere, das zugleich das Normale mit hervorbringt.

Für die Konzeptualisierung von Heteronormativität in gegenwärtigen westlichen neoliberalen Gesellschaften lässt sich daraus folgern, dass diese nicht nur über den

Modus der Normativität, sondern auch über jenen der Normalisierung operiert. Die Grenzziehung zwischen Heterosexualität und Homosexualität wird weniger, wie noch in Foucaults Analysen des Sexualitätsdispositivs, über eine eindeutige Binarität sichergestellt. Vielmehr dient der hierarchisierende Einschluss von bestimmten Formen von Homosexualität der Bestätigung von Heteronormativität als Normalität. Um die Wirkweise aktueller Regierungstechniken von Sexualitäten in westlichen neoliberalen Gesellschaften präzise fassen zu können, braucht es mithin eine Theoretisierung von Heteronormativität, die deren Wirkweise nicht nur als Normativität, sondern auch als Normalisierung begreift, da diese nicht nur über die Parameter einer binären, a priori gegebenen Norm, Ausschlüsse und Disziplinierungen operiert, sondern als Hetero*normalität* auch über normalisierende Einschlüsse und über Regieren operiert.

Darüber hinaus gilt es, das Verhältnis zwischen Normativität und Normalisierung als dynamisch zu begreifen, was auch Sushila Mesquita betont: Sie problematisiert, dass nicht von einer „Trennung von Normativität und Normalisierung bzw. der Wirkweisen von normativen juridischen und normalisierenden Normen" ausgegangen werden kann (Mesquita 2012, S. 46), da auf diese Weise dem „systematischen und simultanen Ineinandergreifen" (Mesquita 2012) von Normativität und Normalisierung nicht Rechnung getragen werden kann. Daher argumentiert Mesquita nicht, dass „Heteronormativität und Normalisierung bzw. normative und normalisierende Normen nebeneinander […] verfahren", sondern dass „Normalisierungsmechanismen [sich] teilweise *ausgehend* von heteronormativen Grundannahmen" entwickeln (Mesquita 2012). Normativität und Normalisierung greifen somit als neoliberale Regierungstechniken ineinander. Es gilt daher, in rezenten Analysen danach zu fragen, wie binäre Normen auch über Normalisierungen aufrechterhalten werden und wie Normalisierungen von normativen Regelungen gestützt werden.

2.3 Der (neo)liberalisierte Staat und das Begehren nach ihm

Mit der neoliberalen Gouvernementalität ändert sich nicht nur die Art und Weise, wie in westlichen Gesellschaften über Sexualität Subjekte und die Bevölkerung regiert werden, sondern auch wie über Sexualität Zugehörigkeit zu dem ‚eigenen' Nationalstaat angeregt wird. Auch hier liegt die Kontinuität darin, dass Sexualität im Neoliberalismus eine wichtige Konstruktion bleibt, um in den Subjekten ein Begehren zum Staat zu initiieren. Sexuelle Politiken initiieren auch im Neoliberalismus ein Begehren, zu einem bestimmten Staat dazuzugehören, da darüber ein Gefühl von Richtigkeit, Fortschrittlichkeit und Moderne vermittelt wird. Das Neue besteht allerdings in westlichen Gegenwartsgesellschaften darin, dass das

Begehren nicht mehr durch rigide heteronormative Politiken angetrieben wird, die Homosexualität kriminalisieren, sondern dass gerade ein liberaler, toleranter Umgang mit vormals devianten Sexualitäten den Willen zum Staat antreibt, da diese neoliberale Politiken als Ausdruck einer modernen, demokratischen Gesellschaft gelten, wie ich im Folgenden ausführen möchte.

In der Studie der Europäischen Grundrechteagentur über Homophobie, Transphobie und Diskriminierung aufgrund der sexuellen Orientierung und Geschlechtsidentität in den Mitgliedsstaaten der Europäischen Union findet sich eine Programmatik, die die gegenwärtigen sexuellen Politiken in west-europäischen Staaten präzise auf den Punkt bringt: „[I]n a democratic society there should be tolerance of diverse views and opinions, including expressions relating to sexual orientation or gender identity that some people may find offensive." (FRA 2011, S. 18) Eine ähnliche Programmatik ist bereits im Vertrag von Lissabon verankert, wo im Artikel 1a des Vertrages die grundlegenden Werte der Europäischen Union genannt werden (Freiheit, Demokratie, Achtung der Menschenwürde, usw.) und gefolgert wird: „Diese Werte sind allen Mitgliedstaaten in einer Gesellschaft gemeinsam, die sich durch Pluralismus, Nichtdiskriminierung, Toleranz, Gerechtigkeit, Solidarität und die Gleichheit von Frauen und Männern auszeichnet." (Vertrag von Lissabon 2007, S. 12) Das, was als ‚europäische Identität' angestrebt wird, wird eng verbunden mit Toleranz und Offenheit – nicht zuletzt gegenüber minoritären Sexualitäten (vgl. dazu auch Mayrhofer 2012). ‚Europäisch-Sein' resultiert nun nicht mehr, wie lange Zeit als koloniale Abgrenzung eingesetzt, aus einer respektablen Heterosexualität, während alle nicht-heterosexuellen ‚Perversionen' und ‚Barbareien' zum Indikator für ‚Nicht-Europäisch-Sein' gemacht wurden. Der Gradmesser für ‚Europäisch-Sein' ist nun die Akzeptanz auch von bestimmten Formen lesbischer und schwuler Lebensweisen. Das Begehren, ein_e ‚richtige_r' europäische_r oder deutsche_r, französische_r, britische_r, etc. Staatsbürger_in zu sein, wird nun nicht mehr durch eine rigide Heteronormativität, sondern auch durch das Wissen, dadurch einer sexuell ‚Anderen' gegenüber toleranten Bevölkerung anzugehören, angetrieben. Der Wunsch, einer nationalen Gemeinschaft und einem Staat anzugehören, und sich dadurch von anderen Staaten durch Toleranz, Fortschrittlichkeit und Demokratie auszuzeichnen, wird nun auch aus der Toleranz gegenüber bestimmten Formen von lesbischen und schwulen Lebensweisen abgeleitet.

Jasbir Puar hat für diese neue Inanspruchnahme von Toleranz gegenüber manchen Formen gleichgeschlechtlicher Sexualität für die Ausbildung nationalistischer Zugehörigkeitsgefühle in den USA den Begriff des „homonationalism" (2007) eingeführt. Damit zeigt sie auf, wie gerade die Toleranz von sich am Ideal der Heteronormativität orientierenden gleichgeschlechtlichen Lebensweisen zu einem wichtigen Element gegenwärtiger Formen des Nationalismus werden. Puar argumentiert, dass dadurch die Offenheit gegenüber bestimmten ehemaligen devianten Sexualitäten sowohl zum Distinktionsmerkmal des Westens gegenüber einem ‚rückständigen Rest' als auch zur konsensbildenden Strategie für rassistische und insbesondere islamophobe Politiken in den USA werden. Dieses Ineinanderwirken von „neuer Homonormativität" (Duggan 2000, S. 92) und Nationalismus lässt sich auch auf Nationalstaaten im westlichen Europa übertragen, wo die ‚Toleranz' gegenüber Schwulen und Lesben ebenso als Charakteristikum des ‚fortschrittlichen', ‚toleranten' Europas konstruiert wird und zugleich homonormative Formen des Nationalismus vorantreiben.

Dieses neoliberalisierte Begehren zum Staat im Namen der sexuellen Toleranz und Diversität schreibt koloniale Mechanismen der Grenzziehung zwischen jenen Nationen, die ‚modern' sind, und jenen, die nicht oder noch-nicht-ganz modern sind, fort. Die westliche Bevölkerung und der westliche Staat wird als Gemeinschaft moderner, nun auch sexuell ‚freier' Subjekte imaginiert, die nicht-westlichen, ‚traditionellen', unfreien Subjekten gegenüberstehen, die in ‚rückständigen', rigiden heteronormativen sexuellen Politiken verhaftet sind. Während nicht-westliche Subjekte noch in Traditionen verstrickt sind, ist es den westlichen Subjekten bereits gelungen, sich auch von heterosexuellen Normen zu ‚befreien'. Diese phantasmatische Vorstellung schreibt das Ideal des westlichen modernen souveränen Subjekts fort, "untethered by hegemony or false consciousness, enabled by the life/stylization offerings of capitalism, rationally choosing modern individualism over the ensnaring bonds of family"(Puar 2007, S. 22f.).

Sexuelle Toleranz wird so zum Ausdruck von Fortschritt, Moderne und Demokratie und das neoliberalisierte Sexualitätsdispositiv wird zum Mittel der Selbstaffirmation der Bürger_innen eines fortschrittlichen, modernen, demokratischen Europas. Dies spiegelt sich auch in der oben angeführten Empfehlung aus der Studie der Europäischen Grundrechteagentur über Homophobie, Transphobie und Diskriminierung aufgrund der sexuellen Orientierung und Geschlechtsidentität in den Mitgliedsstaaten der Europäischen Union wider. Dass der britische Premierminister David Cameron vorschlug, die Vergabe von Entwicklungshilfegeldern von dem rechtlichen Schutz von Rechten für Lesben und Schwule in den Empfängerländern abhängig zu machen (Cameron 2011), zeigt ebenso, wie ‚tolerante' sexuelle Politiken als Grenzziehungen zwischen dem modernen Westen und dem rückständigen Rest zum Einsatz kommen.

Neben dieser postkolonialen Gegenüberstellung von ‚fortschrittlich' westlichen und ‚rückständigen' nicht-westlichen Bevölkerungen und Staaten wirkt das neoliberalisierte Sexualitätsdispositiv auch als rassisierende Grenzziehung innerhalb westlicher Nationalstaaten, indem die Gegenüberstellung eines sexuell fortschrittlichen Westens und eines sexuell traditionellen Anderen in den Nationalstaat hineinverlagert und zur Basis für rassisierende Politiken wird. Hier fungieren homonationale Politiken insbesondere als Abgrenzung gegenüber muslimischen Einwander_innen, die als homophob, rückständig und un-europäisch imaginiert und zur Gegenfolie des europäischen toleranten und sexuell selbstbestimmten Staatsbürger_innen werden (vgl. dazu auch Çetin 2012). Das neoliberalisierte Sexualitätsdispositiv und das durch dieses hervorgerufene Begehren nach einem ‚toleranten' westlichen Staat treibt somit auch Formen des kulturalistischen Rassismus voran: Während westliche Staatsbürger_innen sich dank sexueller Toleranz als fortschrittlich und demokratisch wähnen können, werden Einwander_innen aus nicht-westlichen Staaten zu rückständigen, intoleranten, homophoben ‚Anderen'. Auf diese Weise wird nicht nur der Mythos der westlichen Fortschrittlichkeit und Demokratiefreudigkeit des westlichen Staates bestätigt, wenngleich dieser auch weiterhin heteronormativ strukturiert ist. Ebenso werden auch bestehende Ungleichheiten zwischen heterosexuellen und queeren Lebensweisen diskursiv unsichtbar gemacht.

3 Fazit

Eine gouvernementalitätstheoretische Perspektive auf Staat und Heteronormativität im flexibilisierten Kapitalismus macht deutlich, dass eine Gegenwartsanalyse sich nicht nur mit der Frage auseinandersetzen muss, wie die Subjekte und damit auch wie Geschlechter- und Sexualitätsverhältnisse in die Anforderungen der kapitalistischen Produktionsweise eingepasst werden. Ein gouvernementalitätstheoretischer Zugang fokussiert auch die Machttechniken, mit denen Subjekte und die Bevölkerung in dieser Gesellschaftsformation regierbar werden. Im Fokus steht daher die Frage, auf welche Weise sich mit der Flexibilisierung des Kapitalismus auch Regierungsweisen der Subjekte und der Bevölkerung wandeln und inwiefern dafür der Wandel sexueller Politiken eine konstitutive Voraussetzung ist. Als Fazit möchte ich drei Schwerpunkte einer derartigen Theoretisierung herausstellen.

Erstens wird aus gouvernementalitätstheoretischer Perspektive Heteronormativität/Heteronormalität als dynamisches Machtfeld konzipiert, das nicht von einer transhistorischen, universellen, binären Norm ausgeht, sondern Heteronormativität/Heteronormalisierung als veränderliches Geflecht begreift, in dem sich das Zusammenwirken von Normativität und Normalisierung immer wieder neu zusammensetzt. Gegenwärtig zeichnet sich Heteronormativität dadurch aus, dass Heteronormativität sich nicht nur durch rigide Ausschlüsse als Normativität behaupten kann, sondern durch hierarchisierende Einschlüsse von jenen lesbisch/

schwulen Lebensweisen, die sich am heteronormativen Idealen orientieren, Normalität bleiben kann – allerdings eine Normalität, die durchaus bestimmte Formen vormals devianter Sexualitäten integriert.

Zweitens ermöglicht ein gouvernementalitätstheoretischer Zugang zu fassen, wie die Einschlüsse in das Sexualitätsdispositiv das Regieren der Subjekte und der Bevölkerung in neoliberaler Weise erlaubt. In eine Gesellschaft, in der sich die Subjekte als freie und unternehmerische begreifen sollen, fügt sich auch eine tolerante und flexibilisierte Regierungsweise von Sexualität ein. Mittels der androzentrischen Figur des unternehmerischen Selbst, das auch seine Sexualität frei gestaltet, wird die Bevölkerung im Namen von Freiheit und Toleranz regierbar. Das „Wachsen der Körper und der Bevölkerungen, ihre Stärkung wie auch ihre Nutzbarkeit und Gelehrigkeit" (Foucault 1983, S. 136) wird nicht mehr angeregt, indem Sexualität in das Normativitätskorsett der rigiden respektablen Sexualität gesperrt wird, sondern indem ein freier Umgang mit Sexualität zu einem wichtigen Element der Selbstbefreiung, des individuellen Glücks und der Fortschrittlichkeit der gesamten Gesellschaft und Nation wird.

In *Der Wille zum Wissen* schlussfolgert Foucault, dass die ‚Befreiung' der Sexualität nicht mit einer Befreiung von Macht gleichzusetzen ist: „Glauben wir nicht, daß man zur Macht nein sagt, indem man zum Sex ja sagt; man folgt damit vielmehr dem Lauf des allgemeinen Sexualitätsdispositivs"(Foucault 1983, S. 151). In rezenten sexuellen Politiken wird diese Vorstellung unter neuen Vorzeichen wiederholt: Nun versprechen westliche Nationalstaaten die Befreiung der Sexualität im Namen der Toleranz und Vielfalt. Auf diese Weise werden jedoch weder die Subjekte noch die Sexualitäten befreit, vielmehr werden sie in neoliberaler Weise im Namen der Freiheit und Toleranz mit Machttechniken verwoben.

Drittens konzeptualisiert eine derartige Perspektive den Wandel sexueller Politiken im Lichte des gouvernementalitätstheoretischen Theorems, dass der Staat Effekt gesellschaftlicher Praxen ist, die auch durch Begehren der Bürger_innen nach einem Staat angetrieben werden. Auch die Ausgestaltung des Dreiecks Staat-Begehren-Subjekte hat sich mit der Neoliberalisierung des Sexualitätsdispositivs gewandelt: Gegenwärtig wird der Wunsch nach dem Staat auch durch liberale sexuelle Politiken angetrieben, da diese zur Chiffre für Fortschrittlichkeit und Demokratie wurden. Die (Neo-)Liberalisierung des Sexualitätsdispositivs ist somit auch eine Machttechnik, um unter neoliberalen Vorzeichen ein Begehren in den Subjekten zu verankern, zu einem modernen fortschrittlichen Nationalstaat dazuzugehören zu wollen. Dieses Begehren wird gegenwärtig auch durch die ‚Toleranz' gegenüber manchen ehemals kriminalisierten Sexualitäten gespeist. Auf diese Weise wird nicht nur der neoliberale Staat durch den Willen seiner Bürger_innen zum Staat bestätigt. In postkolonialen globalen Verhältnissen wird so auch eine Abgrenzung zwischen fortschrittlichen westlichen und rückständigen nicht-westlichen Staaten hervorgebracht und stabilisiert. Damit bleibt auch in einer flexibilisierten neoliberalen Gesellschaftsformation Sexualität eine überaus wirkmächtige Konstruktion für das Regieren der Subjekte und der Bevölkerung sowie für die Herausbildung von Staatlichkeit. Dennoch aber sind gerade die hier dargelegten Veränderungen sexueller Politiken Voraussetzung dafür, dass Sexualität diese Kraft beibehalten kann. Die Flexibilisierung von Heteronormativität – oder: die neuen hierarchisierenden Einschlüsse mancher ehemals devianter Formen sexueller Liebes-, Lebens- und Begehrensweisen – schreibt mithin alte Machtverhältnisse fort: Machtverhältnisse, die Subjekte als sexuelle konstituieren, sodass diese über die Sexualität bis in die Details ihrer alltäglichen Lebensführung regiert werden können; Machtverhältnisse, die das Begehren nach einem Staat anregen, der ‚seine' Subjekte zum Zwecke der Steigerung der Kräfte der gesamten Bevölkerung normiert und normalisiert; Machtverhältnisse, die Nationen, Bevölkerungen und Subjekte auf der Basis einer rassisierenden und postkolonialen Matrix in globale Hierarchien und Ungleichheiten positionieren.

Literatur

Appelt, E. (1995). Staatsbürgerin und Gesellschaftsvertrag. In: *Das Argument* 210, S. 539-554.
Bröckling, U. (2000). Totale Mobilmachung. Menschenführung im Qualitäts- und Selbstmanagement. In U. Bröckling, S. Krasmann & T. Lemke (Hrsg.), *Gouvernementalität der Gegenwart. Studien zur Ökonomisierung des Sozialen* (S. 131-167). Frankfurt am Main: Suhrkamp.
Bröckling, U. (2002). Das unternehmerische Selbst und seine Geschlechter. Gender-Konstruktionen in Erfolgsratgebern. In: *Leviathan* 48, 2, S. 75-194.
Bundesverfassungsgericht (2013a). Pressemitteilung Nr. 41/2013 vom 6. Juni 2013 über den Beschluss vom 7. Mai 2013. https://www.bundesverfassungsgericht.de/pressemitteilungen/bvg13-041.html.
Bundesverfassunsgericht (2013b). Pressemitteilung Nr. 9/2013 vom 19. Februar 2013 über das Urteil vom 19. Februar 2013. https://www.bundesverfassungsgericht.de/pressemitteilungen/bvg13-009.html.
Bundesverfassungsgericht (2011). Leitsatz zum Beschluss des Ersten Senats vom 11. Januar 2011. http://www.bverfg.de/entscheidungen/rs20110111_1bvr329507.html.
Candeias, M. (2004). *Neoliberalismus – Hochtechnologie – Hegemonie. Grundrisse einer transnationalen kapitalistischen Produktions- und Lebensweise. Eine Kritik*. Hamburg: Argument.
Çetin, Z. (2012). *Homophobie und Islamophobie. Intersektionale Diskriminierungen am Beispiel binationaler schwuler Paare in Berlin*. Bielefeld: transcript.

Duggan, L. (2000). Das unglaubliche Schwinden der Öffentlichkeit. Sexuelle Politiken und der Rückgang der Demokratie. In: quaestio (Hrsg.), *Queering Demokratie. Sexuelle Politiken* (S. 87-95). Berlin: Querverlag.

Engel, A. (2002). *Wider die Eindeutigkeit. Sexualität und Geschlechter im Fokus queerer Politik der Repräsentation*. Frankfurt am Main: Campus.

Engel, A. (2009). *Bilder von Sexualität und Ökonomie. Queere kulturelle Politiken im Neoliberalismus*. Bielefeld: transcript.

Europarat (2000). Richtlinie 2000/78/EG des Rates vom 27. November 2000 zur Festlegung eines allgemeinen Rahmens für die Verwirklichung der Gleichbehandlung in Beschäftigung und Beruf. http://eur-lex.europa.eu/legal-content/DE/TXT/PDF/?uri=CELEX:32000L0078&from=DE.

Europarat (2010). Empfehlung CM/Rec(2010)5 des Ministerkomitees an die Mitgliedstaaten über Maßnahmen zur Bekämpfung von Diskriminierung aufgrund von sexueller Orientierung oder Geschlechtsidentität. http://www.coe.int/t/dg4/lgbt/Source/RecCM2010_5_DE.pdf.

Foucault, M. (1977). *Überwachen und Strafen. Die Geburt des Gefängnisses (1975)*. Frankfurt am Main: Suhrkamp.

Foucault, M. (1983). *Der Wille zum Wissen. Sexualität und Wahrheit I (1976)*. Frankfurt am Main: Suhrkamp.

Foucault, M. (1999). Vorlesung vom 17. März 1976. In: M. Foucault, *In Verteidigung der Gesellschaft* (S. 276-305). Frankfurt am Main: Suhrkamp.

Foucault, M. (2004a). *Geschichte der Gouvernementalität I. Sicherheit, Territorium, Bevölkerung (1975)*. Frankfurt am Main: Suhrkamp.

Foucault, M. (2004b). *Geschichte der Gouvernementalität II. Die Geburt der Biopolitik (1979)*. Frankfurt am Main: Suhrkamp.

Foucault, M. (2005). Subjekt und Macht. In M. Foucault, *Schriften in vier Bänden. Dits et Écrits*, Bd. IV: 1980-1988. Hrsg. von D. Defert, F. Ewald & J. Lagrange (S. 269-294). Frankfurt am Main: Suhrkamp.

FRA European Union Agency for Fundamental Rights (2011). Homophobia, transphobia and discrimination on grounds of sexual orientation and gender identity in the EU Member States. Summary of findings, trends, challenges and promising practices. http://fra.europa.eu/sites/default/files/fra_uploads/1659-FRA-homophobia-synthesis-report-2011_EN.pdf.

Lenz, I. (2000). Gender und Globalisierung: Neue Horizonte? In: A. Cottmann, B. Kortendiek, & U. Schildmann (Hrsg.), *Das undisziplinierte Geschlecht. Frauen- und Geschlechterforschung – Einblick und Ausblick* (S. 221-247). Opladen: Budrich Verlag.

Lorey, I. (2007). Als das Leben in die Politik eintrat. In: M. Pieper et al. (Hrsg.), *Empire und biopolitische Wende. Die internationale Diskussion im Anschluss an Hardt und Negri* (S. 269-292). Frankfurt am Main: Campus.

Lorey, I. (2010). *Figuren des Immunen. Elemente einer politischen Theorie*. Zürich: Diaphanes.

Ludwig, G. (2006). Zwischen „Unternehmerin ihrer selbst" und „fürsorgender Weiblichkeit". Regierungstechniken und weibliche Subjektkonstruktionen im Neoliberalismus. In: *beiträge zur feministischen theorie und praxis*, 68, S. 49-59.

Ludwig, G. (2011): *Geschlecht regieren. Zum Verhältnis von Staat, Subjekt und heteronormativer Hegemonie*. Frankfurt am Main: Campus.

Ludwig, G. (2014). Staatstheoretische Perspektiven auf die rassisierende Grammatik des westlichen Sexualitätsdispositivs. Kontinuitäten und Brüche. In: B. Grubner, & V. Ott

(Hrsg.), *Sexualität und Geschlecht. Feministische Annäherungen an ein unbehagliches Verhältnis* (S. 87-104). Opladen: Barbara Budrich Verlag.

Maihofer, A. (1995). *Geschlecht als Existenzweise. Macht, Moral, Recht und Geschlechterdifferenz*, Frankfurt am Main: Ulrike Helmer Verlag.

Mayhofer, M. (2012). Queeuropa. Toleranz und Antidiskriminierung von LGBT als Technologie der neoliberalen Gouvernementalität der europäischen Integration. In H. Haberler, K. Hajek, G. Ludwig & S. Paloni (Hrsg.), *Que(e)r zum Staat. Heteronormativitätskritische Perspektiven auf Staat, Macht, Gesellschaft* (S. 61-77). Berlin: Querverlag.

Mesquita, S. (2012). Recht und Heteronormativität im Wandel. In H. Haberler, K. Hajek, G. Ludwig & S. Paloni (Hrsg.), *Que(e)r zum Staat. Heteronormativitätskritische Perspektiven auf Staat, Macht, Gesellschaft* (S. 42-60). Berlin: Querverlag.

Mosse, G. (1987). *Nationalismus und Sexualität. Bürgerliche Moral und sexuelle Normen*. Reinbek bei Hamburg: Rowohlt.

Puar, J. (2007). *Terrorist Assemblages. Homonationalism in Queer Times*. Durham, London: Duke University Press.

Pühl, K. (2003). Der Bericht der Hartz-Kommission und die „Unternehmerin ihrer selbst". Geschlechterverhältnisse, Gouvernementalität und Neoliberalismus. In: M. Pieper & E. Rodríguez (Hrsg.), *Gouvernementalität. Ein sozialwissenschaftliches Konzept im Anschluss an Foucault* (S. 111-135). Frankfurt am Main, New York: Campus.

Raab, H. (2011). *Sexuelle Politiken. Die Diskurse zum Lebenspartnerschaftsgesetz*. Frankfurt am Main, , New York: Campus.

Reddy, C. (2011). *Freedom with violence. Race, sexuality and the US state*. Durham: Duke University Press.

Schmidt, Anja (2012). Geschlecht, Sexualität und Lebensweisen. In: L. Foljanty & U. Lembke (Hrsg.), *Feministische Rechtswissenschaft. Ein Studienbuch* (S. 213-234). Baden-Baden: Nomos.

Stoler, A. (1995). *Race and the Education of Desire. Foucault's History of Sexuality and the Colonial Order of Things*. Durham, London: Duke University Press.

Vertrag von Lissabon (2007). Vertrag von Lissabon zur Änderung des Vertrags über die Europäische Union und des Vertrags zur Gründung der Europäischen Gemeinschaft, unterzeichnet in Lissabon am 13. Dezember 2007. http://eur-lex.europa.eu/legal-content/de/ALL/?uri=OJ:C:2007:306:TOC.

Wilde, Gabriele (1997): Staatsbürgerschaftstatus und die Privatheit der Frauen. Zum partizipatorischen Demokratiemodell von Carole Pateman. In: B. Kerchner & G. Wilde (Hrsg.), *Staat und Privatheit. Aktuelle Studien zu einem schwierigen Verhältnis* (S. 29-53). Opladen: Leske+Budrich.

Woltersdorff, Volker (2007). Dies alles und noch viel mehr! Paradoxien prekärer Sexualitäten. In: *Das Argument* 273, S. 179-194.

Transformationen der Arbeit und das flexible Herz
Prekarität, Gefühle und Ungleichheit

Allison J. Pugh

1 Einleitung

Seit Arlie Hochschild vor mehr als vierzig Jahren die Diagnose der Emotionsarbeit aufstellte (1983), hat sich die Arbeitsorganisation in reichen Nationen in unübersehbar vielen Weisen verändert – mit wichtigen Folgerungen für die Erfahrungen der Beschäftigten in Bezug darauf, wie sie ihre Gefühle für einen Lohn gestalten. Die Flexibilisierung der Arbeit hat in ihren vielen Dimensionen – u. a. Flexibilität von Zeit, Ort, Funktion oder Laufbahn – zu einer neuen Nachfrage nach Gefühlsarbeit mit neu erhöhter Intensität und in neuen Lebensarenen geführt. Ferner bleiben die weiteren Auswirkungen dieser Veränderungen nicht am Arbeitsplatz stehen, sondern sie beeinflussen sowohl, wie Frauen und Männer ihre Verbindlichkeiten mit einander zuhause aushandeln, wie auch das emotionale Terrain, auf dem diese Aushandlungen stattfinden. In diesem Beitrag skizziere ich die vielfältigen Dimensionen der Arbeitsflexibilität, die diese Prekarität hervorbringen, und ich untersuche, was sie für die Gefühlsarbeit bedeuten. Schließlich gehe ich näher auf die weiteren Auswirkungen einer bestimmten Art Flexibilität ein, nämlich die Prekarität in der Arbeit, die in das intime Zusammenleben eindringt.

2 Die Transformation der Arbeit

In entwickelten Nationen hat sich die Arbeitsorganisation in den letzten vierzig Jahren in verschiedener Hinsicht dramatisch verändert. Im Vergleich zur Mitte des 20. Jahrhunderts erscheint die Arbeit zudem nun weithin als unsicherer, was besonders für ArbeiterInnen mit niedrigen Löhnen und gerade in den USA, in Großbritannien und anderen reichen Nationen gilt. Um 1950 war eine stabilere lebenslange Beschäftigung für Männer kennzeichnend, die durch einen Gesellschaftsvertrag abgestützt wurde, laut dem die Arbeiter für Loyalität und Leistung langfristige Laufbahnen erhielten (Hollister 2011; Hollister und Smith 2014; Burchell 2002; OECD 1997; Maurin und Postel-Vinay 2005; Barbieri 2009). ForscherInnen haben verschiedene Begriffe übernommen, um diese Veränderungen zu erfassen und zu erklären, die von Neoliberalismus, Postindustrialismus und Postmoderne bis zu Flexibilisierung, die New Economy, Prekarität usw. reichen (Bernstein 2007; Kemple 2007). Die meisten ForscherInnen verstehen diese Veränderungen im Kontext einer Vielzahl anderer Trends wie dem Rückzug der wohlfahrtsstaatlichen Versorgung, dem Aufstieg der Marktideologie und der Intensivierung individueller Risiken und Verantwortlichkeiten (Cooper 2014). In diesem Aufsatz werde ich demgegenüber das Reich der Arbeit näher betrachten und dabei die weitverbreiteten Veränderungen der Arbeit fokussieren, die sich in den USA und fortgeschrittenen Industrienationen vollzogen haben, obwohl die spezielle Form dieser Veränderungen sich nach dem jeweiligen lokalen Kontext unterscheidet und in diese größeren Trends eingebettet ist, die durch die Verlaufspfade dieser Transformationen geformt werden und sie zugleich formen.

Ich betrachte in diesem Beitrag die Folgerungen der Transformation der Arbeit für das, was wir über Gefühlsarbeit und Emotionsarbeit (die gegen Lohn durchgeführte Gefühlsarbeit wie sie Hochschild (1990) definiert hat[1]), wissen. Das ist aufgrund mehrerer Faktoren ein wichtiges Thema: 1) Ein Großteil der grundlegenden Forschungen zu Emotionsarbeit wurde von der Ausweitung der von Robin Leidner (1991) so benannten „interaktiven Dienstleistungsarbeit" inspiriert und wurde also verfasst, ehe die Forschung das Einsetzen der Prekarität voll begriffen hatte. 2) Viele wesentliche Veränderungen der Arbeit beinhalten eine zunehmende Austauschbarkeit der Arbeit und der ArbeiterInnen mit einer damit einhergehenden zunehmenden Rationalisierung der Arbeit, sogar der Dienstleistungsarbeit. Jedoch können wir unsere Gefühle als die Aspekte unseres Selbst empfinden, die uns am ehesten eigentümlich sind. Die Transformationen der Arbeit beschleunigen so das Aufeinanderprallen des Selbst und des Kapitalismus, was keine der beiden Seiten unbeschädigt lässt. 3) und schließlich destabilisiert die Prekarität fordistische Formen der Arbeitsorganisation, die bestimmte geschlechtliche Konfigurationen der Arbeit zur Geld- und Ressourcenbeschaffung und der unbezahlten Sorgearbeit im Heim geschaffen hatten, die nun neu konfiguriert und verhandelt werden (Thistle

---

1 Hochschild unterscheidet zwischen Gefühlsarbeit (emotion work) und Emotionsarbeit (emotional labor): Unter Gefühlsarbeit versteht sie das aktive Management von Gefühlen, während sie die für einen Lohn verrichtete Gefühlsarbeit als Emotionsarbeit bezeichnet; Anm. d. Übers..

1996). Dass nun das neu verhandelt werden kann, was wir „Geschlechterangebote" nennen könnten (in Anlehnung an Deniz Kandiyotis „patriarchale Angebote" (1988)), ruft bei Frauen und Männern intensive Gefühle – Schmerz, Verraten- oder Verlassenwerden oder Triumph und Trotz hervor – während man sich über die Bedeutungen von Geschlecht auseinandersetzt, für die man heute verantwortlich gemacht wird (West, Zimmerman 1987). Kurz gesagt, ist die Bedeutung dieser Veränderungen der Arbeit für die Gefühle zu wenig erforscht und doch wird sie wahrscheinlich sehr hoch für das ausfallen, was wir über Heim, Arbeit und das Selbst in den Verhältnissen des spätmodernen Kapitalismus wissen.

Am meisten interessieren uns hier die wesentlichen Veränderungen in der Arbeit, die zu der zunehmenden Prekarität beitragen und von ihr bestärkt werden, da Prekarität große Konsequenzen für Geschlecht und Gefühle hat (Pugh 2015). Ich fokussiere vor allem das, was die Forschung Flexibilisierung nennt, die sich verändernden Praktiken in der Arbeit, die die sozialen und institutionellen Bindungen um die Beschäftigung lockern und so den Firmen ermöglichen, Arbeit und Beschäftigte auszuweiten, zu reduzieren, neu zuzuweisen oder neu einzuteilen. Ich wandle Atkinsons (1984) Erläuterung von Flexibilisierung ab, in der er grundsätzlich die Sicht der Firma übernimmt, und verwende eine Sprache, in der sich auch die Erfahrung der ArbeiterInnen darstellen lässt.

So beziehe ich mich in diesem Beitrag besonders auf sechs Formen der Flexibilisierung: 1. die *Flexibilisierung der Zeit*, bei der neue Arbeitspraktiken im Kontext der Zeitverwendung entstehen, was den Anstieg von Praktiken wie Job-Sharing und Gleitzeit einschließt; zudem zunehmende zeitliche Unvorhersehbarkeit (Clawson und Gerstel 2014); 2. die *Flexibilisierung des Raums*, bei der die Arbeit nicht mehr nur an dafür ausgewiesenen Orten, sondern mittels Methoden wie Telearbeit und andere Praktiken in vielfältigen Räumen quer durch die Landschaft stattfindet; 3. die *Flexibilisierung der Funktion*, bei der die sich verändernde Arbeit zunehmend Rationalisierung mit einer wachsenden Modularität von Arbeit und Beschäftigten einschließt z. B. Fälle, bei denen die ArbeiterInnen für maximale Austauschbarkeit ganz normal umgesetzt und breit ausgebildet werden (Smith 2001); 4. die *Flexibilisierung der Spieler*, bei der die Arbeit zunehmend kooperativ innerhalb und zwischen Firmen, innerhalb und zwischen Ländern durchgeführt wird. Dabei sind variable Teams beteiligt, die für ein oder viele Projekte zusammenkommen und reguläre, befristete oder in anderen Formen Beschäftigte einbeziehen können (O'Riain 2000; Nardi et al 2000). 5. die *Flexibilisierung der Laufbahnen*, bei der die individuelle Verantwortung für die eigene Laufbahn zunimmt; dies ergibt sich aus dem wachsenden Einsatz externer Arbeitsmärkte, da Unternehmen zunehmend Positionen von außen besetzen, die früher gewöhnlich durch interne Beförderungen gefüllt wurden (Cappelli 1999, Williams et al 2012). 6. die *Flexibilisierung der*

Arbeitsplätze, bei der Firmen mehr befristet Beschäftigte und Vertragsarbeiter einsetzen und Beschäftigte kündigen. Wieweit sie das können, hängt von lokalen Bedingungen ab wie der gewerkschaftlichen Organisation, staatlichen Regulierungen und kulturellen Erwartungen an Sicherheit, (alle drei sind in den USA radikal reduziert worden) (Pugh 2015; Lane 2011; McCall 2004).

Wie gestalten diese vielfältigen Flexibilisierungsformen und die sich verändernden Bedingungen, die sie widerspiegeln, die Emotionsarbeit und die Gefühlsarbeit? In anderen Worten, wie passen sich Menschen in ihrem emotionalen Verhalten in der Arbeit und in ihrem intimen Leben an die Prekarität in der Arbeit an?

3 Emotionsarbeit/Gefühlsarbeit

Während Menschen für lange Zeit ihre Gefühle zurückgehalten oder auch ausgeweitet haben, um den interpersonalen Anforderungen einer sozialen Gelegenheit oder besonderen Beziehungen zu entsprechen (doing „Gefühlsarbeit"), bedeutete die massive Ausweitung der Dienstleistungsarbeit, dass viele ArbeiterInnen gezwungen werden, ihre Gefühle gegen einen Lohn zu kontrollieren. Arlie Hochschild nannte das „Emotionsarbeit" und vertrat, dass diese die Wahrscheinlichkeit der Entfremdung von den eigenen Gefühlen und dem eigenen Selbst erhöhte. Wie Hochschild schreibt: „…je mehr die Firma das wahre Selbst der ArbeiterInnen zum Verkauf stellt, umso mehr erhöht sich das Risiko, dass es den Einzelnen als falsch erscheint, und umso schwieriger wird es für sie herauszufinden, welchen Bereich des Selbst sie für sich beanspruchen wollen. … Dieses sanfte Eindringen des Falschen in das Wahre, des Künstlichen in das Natürliche ist ein weitverbreitetes Problem" (Hochschild 1990, S. 153-155; Über. I.L.).

Ihre klassische Untersuchung von Flugbegleiterinnen (Hochschild 1990) zeigte, wie eine solche Arbeit mit geschlechtlichen Vorstellungen von Gefühlen zusammenfallen kann, die sich auch auf außerhalb des Arbeitsplatzes beziehen wie das lächelnde Zu-Ihnen-Aufsehen, das Frauen Männern schulden. Dieses Zusammenfallen ist ein Grund, warum eine solche Arbeit oft nicht als „Arbeit" oder „Qualifikation" anerkannt wird, sondern einen Teil der informellen Anforderungen vieler Arbeitsplätze im Dienstleistungsbereich darstellt.

Gefühlsarbeit ist die emotionale Haut, die über die Knochen sozialer Erwartungen gezogen wurde, sie ist das Mittel, mit dem Menschen anerkennen, was wir voneinander erwarten. Dennoch ist sie im Alltagsleben umstritten und es wird um sie verhandelt, da wir mit Erwartungen daherkommen, die in unterschiedlichen Kontexten und mit verschiedenen Bedeutungen geschmiedet wurden. (So ähnelt und überschneidet sie sich mit den Strukturen von Geschlecht, die ebenso auf unserer wechselseitigen Verantwortlichkeit für seine fortgesetzte Relevanz aufbauen (West, Zimmerman 1987, 2009). Unsere emotionalen Erwartungen bauen auf vergeschlechtlichten Vorstellungen davon auf, welche Gefühle angemessen sind – z. B. dass Frauen sensibler sind, eher auf soziale Hinweise auf Gefühlslagen eingestimmt sind, eher Anteilnahme ausdrücken oder Gefühle eingestehen, verantwortlicher für die emotionale Gesundheit ihrer Beziehungen sind usw. (Briton und Hall 1995; Hochschild 1990; Thoits 1989; Clark 1997).

Emotionsarbeit hat nicht nur die von Hochschild so klug aufgezeigte vergeschlechtlichte Komponente, sondern enthält auch Erwartungen, die auf ‚Rasse', Klasse und andere soziale Kategorien zurückgehen. Wingfield und Alston z. b. schrieben über *People of color*, die in einer überwiegend weißen Umgebung beschäftigt sind, und vertraten, dass solche ArbeiterInnen ‚rassische Aufgaben' auf der Interaktionsebene ausführen müssen wie „wenn Schwarze ArbeiterInnen über rassistische Witze lachen, um sich bei weißen KollegInnen beliebt zu machen oder wenn sie ihre Wut nicht offen zeigen, weil sich weiße Vorgesetzte dabei unwohl fühlen" (Wingfield und Alston 2014, S. 280). ForscherInnen haben die Intersektionalität solcher Aufgaben aufgezeigt und dargelegt, dass ‚Rasse' oder Klasse Konsequenzen für das Geschlecht haben. So werden z. B. Frauen und Männer, besonders *people of colour*, gezwungen, auf verschiedene Weise Emotionsarbeit einzusetzen, um die vielfältigen Vorannahmen ihrer KollegInnen, Bosse und KlientInnen zu überwinden oder zu neutralisieren (z. B. Wilkins 2012; Wingfield 2010; Pierce 1996).

Die Emotionsarbeit ist jedoch nicht immer frei von Freude. Wie einige ForscherInnen neulich herausgefunden haben, finden auch zu Niedriglöhnen Beschäftigte Gefallen an den Interaktionen mit KlientInnen, selbst wenn sie zwangsweise ihre positiven Gefühle für Bezahlung aufpulvern müssen (Wharton 1993). Untersuchungen haben dies Phänomen wiederholt in der Versorgungsarbeit aufgefunden. Dodson und Zincavage stellten z. B. fest, dass zertifizierte Schwesternhelferinnen, die vom Management dazu angespornt worden waren, aktiv ihre Gefühle zu ihrer Familie aufriefen, um ihre Beziehungen am Arbeitsplatz mit Liebe zu füllen. „‚Nein, meine Mutter ist nicht hier' äußerte eine Schwesternhelferin. Aber laut ihr handelte sie, als ob sie da wäre: ‚Und das ließ mich mein Bestes tun, weil wenn ich denke, dass es meine Mutter wäre, möchte ich ihr geben – ich denke, ich nehme diesen Job persönlich'," (Dodson, Zincavage 2007, S. 913).

Diese Ergebnisse mögen deswegen teils überraschen, weil ForscherInnen lange angenommen haben, dass Niedriglohnarbeit einfach ausgebeutet und entmenschlichend ist (Damaske 2011). In ihrem Buch *For the Family* wies Sara Damaske darauf hin, dass wir zu wissen meinen, dass Frauen in Professionen arbeiten wollen, aber dass Frauen in Niedriglohn-Jobs arbeiten ‚müssen'. Sie hat sorgfältig untersucht, wie

Frauen verschiedener Klassen über Arbeit sprechen, und demgegenüber ermittelt, dass Frauen aus jedem Hintergrund die „Familie" als Legitimation benutzen, um sich für oder gegen Beschäftigung zu entscheiden, während sie – selbst am unteren Ende der Arbeitskraft – den Ertrag der Arbeit in der Tat oft wertschätzen.

Aber die Freuden der Arbeit, einschließlich der Emotionsarbeit, mögen auch überraschend erscheinen, weil wir die letztere aus einer Arbeits- und nicht aus einer Gefühlsperspektive her betrachten, während doch die emotionalen Verbindungen dem Leben der Menschen Sinn geben (Chodorow 1985; Baumeister und Leary 1995). In der Untersuchung von Jugendlichen in der Arbeiterklasse von Silva beschreibt Rebecca ihren Job als Kellnerin:

> „Nun, neben dem Moment, wenn ich zu Ende der Nacht mein Geld zähle, ist der beste Teil, wenn Du diese kleine alte Person, weißt Du, Dich anlächeln hast, die schließlich einen Kontakt oder ein Lächeln oder einen Ausdruck mit Dir vollzogen hat" (Silva 2013, S. 84).

ArbeiterInnen – auch die nicht direkt an langfristigen Pflegebeziehungen zu Klientinnen beteiligt sind – können die emotionale Verbindung mit KlientInnen als erfreulichen und lohnenden Teil ihrer Arbeit erfahren.

In gewissem Sinne haben ForscherInnen einen Preis für ihren bedeutenden intellektuellen Beitrag bezahlt, nämlich die Vorstellung, dass Gefühle Arbeit sein können. Während diese Vorstellung die Gefühlsarbeit und die Qualifikationen, auf die sie sich stützt, neu sichtbar gemacht und damit der Messung, Kritik und Reform unterworfen hat, hatte sie noch andere Auswirkungen. Führend dabei ist die relative Blindheit dieser ForscherInnen für die Freude, die Gefühle manchmal aufgrund der Solidarität und der Beziehungen, die aus emotionalen Verbindungen herstammen, auf der Arbeit hervorrufen können.

Das bedeutet nicht, dass eben diese Beziehungen nicht auch den Ort tiefer Ausbeutung und Ungerechtigkeit darstellen können, den ForscherInnen sicher gewöhnlich wahrnehmen und den sie meinen, wenn sie den Begriff „Arbeit" verwenden. Emotionale Verbindungen haben als Leitung für unterdrückerische Bedingungen in der niedrig entlohnten Versorgungsarbeit gedient, wenn etwa ArbeiterInnen in der häuslichen Pflege ihre eigene unbezahlte Zeit dafür aufwenden, um bei ihren KlientInnen vorbeizuschauen und zu sehen, wie es ihnen geht oder noch lange nach Schichtende bleiben (Stone 2000; Stacey 2005). Letztlich müssen wir beide Tatsachen gleichzeitig im Blick behalten: Gefühle haben für viele ArbeiterInnen besonders in der Versorgungsarbeit die Arbeit mit mehr Sinn angereichert, aber sie wurden auch zum Mittel, mit dem die Unternehmer mehr Arbeit aus den Beschäftigten herausholen, ohne dafür zu zahlen (Glenn 2010).

Steve Lopez versuchte, diese doppelte Sicht zu theoretisieren, als er authentische Sorgebeziehungen zwischen PflegehelferInnen und älteren BewohnerInnen eines Pflegeheims fand (2006). Lopez beobachtete, wie eine Helferin Gefühle zeigte, als es ihr gelang, bei einer älteren zurückgezogenen Frau Erinnerungen an die Gartenarbeit zu wecken:

> „Sie wischt eine Träne weg, merkt, dass ich das wahrnehme, und wird rot. ‚Tut mir leid' sagt sie und lacht leicht verlegen. ‚Es war nur heute so ein großer Durchbruch mit Charlotte. Sie hat sich noch nie so vor mir geöffnet. Manchmal ist es hart ... aber Du machst weiter, weil Du nicht wissen kannst, ob nicht doch jemand dadrin zuhört' (Lopez 2006, S. 134).

Lopez vertrat die Vorstellung einer „organisierten emotionalen Versorgung", die an einem Ende eines Spektrums der Strukturierung von Gefühlen steht mit entfremdender und erzwungener Arbeit am anderen Ende. Gefühle können für einen Lohn eingespannt werden, wie er vertritt, aber das Ergebnis ist nicht immer ausbeuterisch und entfremdend und den Beziehungen in der Arbeit kann eine tiefe Bedeutung entspringen.

Viele Forschungen in der Soziologie der Emotionsarbeit drehen sich um diese zentrale Frage der Gegenüberstellung von Authentizität und Entfremdung, von freiwilligem Fühlen und Ausbeutung, des Selbst und des Kapitalismus. Dies sind einigermaßen zeitlose Anliegen, die der interaktiven Dienstleistungsarbeit immanent sind, aber durch die jüngste historische Expansion der Dienstleistungsberufe nach vorne gebracht wurden. Aber der Forschungsstand dazu, wie Emotionsarbeit sich mit den anderen entscheidend wichtigen Weisen überkreuzt, in denen sich die Arbeit in diesem historischen Moment verändert, ist geringer, insbesondere zu den Veränderungen, die zur Einführung der Prekarität beitrugen. Auf einige Ausnahmen gehe ich weiter unten ein.

3 Prekarität in der Arbeit und ihre Auswirkungen auf Gefühle

Viele der Veränderungen in der Arbeit geschahen im Namen der Flexibilität. Das Flexibilitätskonzept wurde allgemein von einer krassen Ungenauigkeit heimgesucht: So verwenden viele ForscherInnen zu Arbeit und Familie den Begriff, um Arbeitsplatzmaßnahmen zu bezeichnen, die *ArbeiterInnen* befürworten, um den Konflikt zwischen Arbeit und Familie zu erleichtern, während ihn viele ÖkonomInnen und ArbeitsforscherInnen gebrauchen, um die geschickten Managementtaktiken aufzurufen, nach denen die *UnternehmerInnen* angesichts des erhöhten Wettbewerbsdrucks verlangen (Blair-Loy et al. 2015).

Atkinsons einflussreiche Darstellung von vier Arten der Flexibilität schloß zeitliche, lohnbezogene, funktionale und zahlenmäßige Flexibilität ein (1984). Im Folgenden revidiere ich seine Typologie, so dass sie Flexibilität in bezug auf Zeit, Raum, Funktion, Spieler, Karrieren und Arbeitsplätze umfasst, (wobei ich ähnlich wie bei seiner zahlenmäßigen Flexibilität die Zahl der Jobs meine). Bei jedem dieser Aspekte werde ich auf die Perspektiven der UnternehmerInnen und Beschäftigten eingehen. Schließlich betrachte ich deren jeweilige Auswirkungen auf die Emotionsarbeit und manchmal auf die Gefühlsarbeit.

Flexibilität in der Zeit: Drei Trends förderten die Entstehung von Innovationen in der zeitlichen Organisation der Arbeit: die umfassende Zunahme der Beteiligung von Frauen in der bezahlten Arbeitskraft; die Entwicklung von Just-in-time-Technologien für Zulieferketten, die die Notwendigkeit abschafften, kapitalintensive Güter auf Lager zu halten und Firmen ermöglichten, rascher auf Konsumtrends zu reagieren, sowie der Einzug der Rund-um-die-Uhr-KonsumentInnenökonomie (Presser 2003; Piore und Sable 1984; Gertler 1988). Diese Entwicklungen schufen bei ArbeiterInnen Bedarfe für Zeitinnovationen wie Teilzeit, Flextime und JobSharing-Positionen, um den Konflikt zwischen Arbeit und Familie zu erleichtern, wie auch das Bedürfnis von UnternehmerInnen, die Arbeitszeitpläne zu kontrollieren.

Ein wichtiges Beispiel für vonseiten der UnternehmerInnen vorangetriebene Flexibilität ist die aufkommende Erfahrung dessen, was Clawson und Gerstel (2014) „normale Unvorhersagbarkeit" betiteln. Dabei führen die irregulären Zeitpläne zu Kettenreaktionen, die das Familienleben besonders von Frauen und NiedriglohnarbeiterInnen schwer beeinträchtigen. Neulich haben die Medien Praktiken der Terminplanung der Cafe-Kette Starbuck und anderer Handelsriesen veröffentlicht, nach denen die Schichten der ArbeiterInnen von Woche zu Woche wechseln, wobei den Beschäftigten ihre Arbeitszeit grundsätzlich nicht eher als eine Woche vorher bekanntgegeben wird (Kantor 2014). Diese Praktiken sind in der Niedriglohnarbeit im Handel nicht ungewöhnlich, doch sie machen langfristige Planung – für Kinderversorgung, Aktivitäten außerhalb der Arbeit, fortgesetzte Weiterbildung oder andere reguläre zeitliche Verpflichtungen – fast unmöglich, wie ForscherInnen berichten.

Zeitflexibilität kann dazu dienen, den Konflikt zwischen Arbeit und Familie zu mildern oder zu verstärken. In dieser Kollision von Arbeit und häuslichem Leben liegen einige umfassendere Auswirkungen dieser Flexibilitätsformen für Emotionsarbeit. Irgendwelche Steigerungen dieses Konflikts rufen neue und schwierige Stressfaktoren hervor. Eine Pflegehelferin, die alleinerziehende Mutter ist, erfährt ihren Einsatzplan nur von Woche zu Woche und muss sich dann darauf verlassen, dass Familienmitglieder eintreten und sich um ihren Sohn kümmern. Aber diese Familienmitglieder haben ihre eigenen unvorhersagbaren Einsatzpläne, mit ‚alltäglichen extremen' Notlagen, die sie abdecken müssen, wie sie gerade auftreten. Diese Stressfaktoren rufen neue Gefühle hervor, die die ArbeiterInnen einhegen oder unterdrücken müssen, so dass sie ihre Arbeitsfähigkeit nicht beeinträchtigen oder zu ihrer Entlassung führen. Wenn sie ihren Kunden den Kaffee überreicht, kann die Frau an der Kaffeebar z. b. nicht beunruhigt aussehen oder in Tränen ausbrechen, weil nicht klar ist, wer auf ihren Sohn aufpasst. Doch ruft die Prekarität der neuen Flexibilität diese Gefühle hervor, die sie so managen muss, dass deren (zumindest sichtbare) Existenz verschwindet (Kantor 2014).

Flexibilität im Raum: Weitgehend dank der Informationstechnologie hat die Arbeit auch den Einsatzort gewechselt und sie findet zunehmend außerhalb des „Arbeitsplatzes" und stattdessen zuhause, in Cafes, Büchereien, Einkaufszentren, Strassen und anderen Orten statt. Während in manchen Fällen Beschäftigte aus ihrem Arbeitsplatz herausgetrieben wurden wie z. b. in den frühen Geschichten von IBM-Vertretern, die aus ihren Autos heraus verkauften, leitet sich diese Art Flexibilität eher von den Wünschen von *ArbeiterInnen* aus der Mittelklasse als denen der UnternehmerInnen her. In der Tat gibt es weithin beachtete Medienberichte über führende ManagerInnen in Großunternehmen, die versuchen diese Praxis zu kontrollieren oder einzuschränken, da die Arbeit von zuhause die Beschäftigten von einer potentiellen Überwachung durch den Chef befreien kann. Ein Beispiel ist Marissa Meyer, die Generaldirektorin von Yahoo, die 2013 ankündigte, dass sie den Beschäftigten in Yahoo verbieten würde, von zuhause zu arbeiten (Goudreau 2013).

Diese Art Flexibilität trifft auch für den Einzug der Sharing- oder Gig-Ökonomie zu, in der, was als Arbeit gilt, ausgeweitet wird und die nun wertschöpfende Leistungen in bisher nicht kommerzialisierten Marktbereichen einschließt, während Leute ihre Privatautos, Wohnungen und Dienstleistungen außerhalb der „Unternehmen" und jenseits des „Arbeitsplatzes" zu Geld machen. Das bringt immer mehr Interaktionen und Beziehungen in den Dunstkreis der organisierten Emotionsarbeit, in der die Menschen ihre Gefühle gegen einen Lohn kontrollieren müssen. Das Heim ist nicht mehr ein Platz, wo Menschen „sie selbst" sein können, wenn ihnen zugleich abgefordert wird, ihre Gefühle im Zaum zu halten, um den Kunden zu gefallen. Selbstverständlich beziehen das „Heim" und das intime Leben generell Gefühlsarbeit ein, die oft von Frauen übernommen wird, um soziale Beziehungen zu glätten. Aber GefühlsforscherInnen haben schon lange den Lohn als entscheidende Quelle potentieller Kosten und Gefahren der Emotionsarbeit betrachtet, da er das Gefühl dem Warenfetischismus, dem unwillkürlichen Management, der Ausbeutung offenlegt.

Die Verbreitung der Emotionsarbeit innerhalb der Gig-Ökonomie hat an der allgemeinen Ambivalenz des Konzepts teil. Die Gig-Ökonomie bezieht Emotionsarbeit ein, die meist in direkten Interaktionen zwischen VerkäuferInnen und KonsumentInnen geleistet wird – wie in Airbnb, wo das Heim zum Hotel wird, oder Uber, dem persönlichen Auto-Taxi-Dienst – in denen oft keine Einzelfigur in der Rolle des Boss auftritt. Wenn also Verkäufer ihre Gefühle kontrollieren, empfinden sie, dass sie das in ihrem eigenen ökonomischen Interesse tun (obwohl diese Unternehmen finanziellen Gewinn aus dem Einsatz der VerkäuferInnen beziehen). Es ist auch wahr, dass manche Menschen die Beteiligung in der Sharing Ökonomie teils deswegen wertschätzen, weil in diesem Warenaustausch mit Fremden emotionale Verbindungen fortgesetzt und Beziehungen geschmiedet werden. Wie wir wissen, kann Emotionsarbeit Freude bereiten. Dennoch gehört zu den Auswirkungen der Flexibilität im Raum auf die Gefühle auch die Kolonisierung neuer Lebensarenen von Menschen durch den Markt mit einer entsprechenden Zunahme der Emotionsarbeit.

Beides, die Flexibilität von Zeit und von Raum, kann also große Auswirkungen auf den Konflikt zwischen Arbeit und Familie haben und wichtige Stressfaktoren hervorbringen oder mildern, die es dann zu managen gilt. Zudem können jedoch beide Arten der Flexibilität die Fähigkeit der ArbeiterInnen zur kollektiven Organisation beeinträchtigen, indem sie das Ausmaß des körperlichen Kontaktes der ArbeiterInnen untereinander begrenzen und weiter zur Individualisierung der Erfahrungen der Beschäftigten beitragen (Smith 2001).

Flexibilität der Funktion: Laut Vicki Smiths Buch *Crossing the Great Divide* (2001) wurden ArbeiterInnen in einer Druckerei- und Kopierfirma in verschiedenen Jobs ausgebildet, so dass sie von Ort zu Ort und von Job zu Job umgesetzt werden können. „Anna, die den Einsatz der anderen in der Einheit koordiniert und selbst Kopierarbeiten macht, verwendet das Wort „Tausendsassa", um diese ArbeiterInnen zu beschreiben", schreibt Smith (2001: 29). Wie Annas Beispiel nahelegt, wird die Arbeit zunehmend modular und rationalisiert. Als Auswuchs dieser Veränderungen wird diese Arbeit zunehmend der Entqualifizierung ausgesetzt, die Bravermann so kraftvoll beschrieben hat (1974).

So erlaubt der Trend zu funktionaler Flexibilität den Unternehmern, die ArbeiterInnen nach Bedarf leichter umzusetzen, aber wie Smith festhält, können auch Beschäftigte daraus Nutzen ziehen, der teilweise emotional ist. Die ArbeiterInnen bei Reproco waren besonders erfreut über das zusätzliche Training, das sie in Gefühlsmanagement erhielten und das diese Niedriglohn-ArbeiterInnen als neues und wertvolles kulturelles Kapital wahrnahmen. Brenda, eine Reproco-Arbeiterin, wurde gefragt, welche Fähigkeiten sie gelernt hätte, die ihr bei ihrem Ziel, dem Start ihrer eigenen Firma, helfen würden; darauf antwortete sie:

„Vor allem ist es das Arbeiten mit Menschen. Menschen sind halt unergründlich. Ich meine, sie verhalten sich unterschiedlich, aber herausfordernd! ... Die Kunden, die Kunden ...sie rufen mich an. Manchmal haben sie so ein Verhalten. Du musst se halt beruhigen oder, weißt Du, sehr freundlich mit denen reden. Manchmal geht es dir wirklich auf die Nerven. Aber ... Du musst das wirklich beiseiteschieben. Und Du musst diese professionelle Rolle – Du musst Du immer die professionelle Fassade wahren" (Smith 2001:45).

Brendas Kommentar veranschaulicht die Auswirkungen der zunehmenden funktionalen Flexibilität auf die Emotionsarbeit vollkommen. All diese Austauschbarkeit schafft neue emotionale Herausforderungen, da die ArbeiterInnen mit neuen Kunden und KollegInnen zusammenkommen müssen. Das Reproco-Unternehmen betrachtete diese Möglichkeit als so wahrscheinlich, dass es seinen ArbeiterInnen ein obligatorisches Training in „Kommunikationsfähigkeiten" gab. Dazu gehört, zu lernen, die Bedürfnisse der Anderen zu verstehen, Anfragen und Vorschläge zu klären und Problemlösungen in Gruppen anzugehen. Für die modularen ArbeiterInnen mit ihren wechselnden Kontexten und KollegInnen werden emotionale Sensibilität und Kontrolle wichtiger.

Eva Illouz deutet an, dass sich diese Art von Modularität in der Arbeit noch tiefer auf Gefühle auswirkt. Sie vertritt, dass mit der Rationalisierung der Arbeit eine Rationalisierung der Gefühle einsetzte, die laut ihr zu „kalten Intimitäten" führte, die in der Arbeit und zuhause gelten. Die Menschen lernten nicht allein, ihre Gefühle zu kontrollieren, sondern sie auch in vorgegebene Kästchen einzupassen, die durch den Einsatz des Managements in der Arbeit wie auch durch kulturelle Vermittler wie Feminismus und Selbsthilfepsychologie gestaltet und produziert wurden (Illouz 2007).

Flexibilität der Spieler: Der Aufstieg der kooperativen Arbeit überkreuzt sich mit einer wechselnden Rollenbesetzung für diese Arbeit. Während Arbeitsgruppen in vielen Arbeitsformen wichtiger werden, wird so die Zusammensetzung dieser Teams zunehmend fließend. ForscherInnen haben Teams festgehalten, die für ein Projekt oder für viele zusammenkommen, die an dem gleichen Arbeitsort oder in verschiedenen Kontinenten zusammenarbeiten und ArbeiterInnen mit variablen Statuspositionen und Zugehörigkeiten zu Firmen einbeziehen können (O'Riain 2000; Nardi et al 2000). Sean O'Riain (2000) untersuchte ein Team von ProgrammiererInnen in Irland, die mit Teammitgliedern in den USA zusammenarbeiteten, mit KollegInnen, die während der gesamten Projektlaufzeit angeworben wurden und mobil waren. „Die Beziehungen mit den ArbeitskollegInnen entwickeln sich im dauernden Bewusstsein, dass das Team kurzfristig auseinandergehen kann" (O'Riain 2000, S. 184), was entweder auf individuelle Entscheidung oder die des Unternehmens zurückgehen kann, wie O'Riain schreibt.

Diese Trends haben Auswirkungen auf Emotionsarbeit. Kooperative Arbeit erfordert Gefühlsmanagement, um eine stabile Arbeitsproduktivität aufrechtzuerhalten. Hochschild stellte fest, dass Stewardessen Emotionsarbeit betrieben, um den „richtigen" Ton miteinander aufrechtzuerhalten, wobei sie heikle Themen vermeiden und sich einsetzen, um, falls notwendig, die Moral zu heben. Wie eine Stewardess äußerte: „O, wir albern viel rum. Das hält Dich in Gang. Du hältst länger durch" (Hochschild 1983, S. 115).

Brenda von Reproco hatte oben über die Emotionsarbeit gesprochen, die sie betrieb, um ihre Beziehungen mit Kunden zu managen. Aber sie war sich auch bewusst, wie sie sich um die Kontrolle ihrer Gefühle bemühte, um die Beziehungen mit ihren ArbeitskollegInnen zu glätten.

> „Hier arbeite ich mit vier oder fünf Leuten und all meinen KundInnen und sie alle verhalten sich herausfordernd. Ich habe gelernt, dass ich jeden Tag gleich drauf bleiben muss. Ganz egal, was los ist. Ganz egal! Weil ich meine, wenn's mir schlecht geht oder ich mich herausfordernd oder fies verhalte, wie sieht das dann für die ArbeiterInnen aus? Weißt Du, die Leute wollen so behandelt werden wie Du selbst behandelt werden möchtest. So muss ich jeden Tag gleich bleiben. Ich muss mit einem Lächeln reinkommen. Höflich sein. Auch wenn Du weißt, es klappt nicht mit ihnen oder sie tun nicht das, was sie sollten. Du musst die gleiche Nettigkeit, Verhalten zeigen" (Smith 2001:45).

Brenda musste ihren eigenen Verdruss unterdrücken, der, wie sie andeutet, eine natürliche Reaktion auf die schlampige Arbeit oder ungleichmäßigen Stimmungen der Anderen darstellt, damit die Arbeit vor Ort glatt läuft.

Dieser Bedarf an Emotionsarbeit wird noch deutlicher, wenn die Zusammensetzung der Teams sich häufig ändert. Nardi, Whittaker und Schwarz fanden heraus, „dass die historischen Erfahrungen von ArbeiterInnen in [Teams, die sich über die Zeit neu aufstellen,] die Art und Weise qualitativ verändern, in der sie sich in zukünftigen Interaktionen in ihren Netzwerken zueinander verhalten" (Nardi et al. 2000, S. 17). O'Riain (2000) nahm den Burnout wahr, der in der Nähe lauert, als der Projektzyklus dem Ende zugeht und von den ArbeiterInnen immer mehr verlangt wird. Er zeichnet die wechselnden Linien der Solidarität von dem lokalen Team zur globalen Firma nach, während Teams im Widerstand gegen Manager über Projektvorgaben zusammenwachsen und dann im Rennen um die nur begrenzt zugänglichen neuen Trainingsmöglichkeiten auseinanderbrechen. Die Tatsache, dass die Jobvergabe für Teammitglieder in hoch vernetzten Industrien damit zusammenhängt, mit wem sie vorher gearbeitet haben, erhöht den Einsatz für Emotionsarbeit für jedes Teammitglied. In einem ethnographischen Bericht über Fernsehproduktionen stellten Hesmondhalgh und Baker fest, dass "gute Arbeitsbeziehungen eine wichtige Rolle in Fernsehkarrieren spielen, da Beschäftigungsempfehlungen häufig über Freunde und KollegInnen kommen" (2008, S. 112). Sie stellen fest:

> "Das bedeutet, dass es neben den emotionalen Auswirkungen in der Arbeit im Fernsehen, die mit dem Gefühlsmanagement der MitarbeiterInnen und ihrer Familien einhergehen, noch weitere gibt – nämlich die Unterdrückung von Wut und Frustration im Namen guter Arbeitsbeziehungen" (2008, S. 112).

In Branchen, in denen sich Teams sich bilden und neu formen, ist das berufliche Ansehen von Beschäftigten eine wertvolle Währung. "Doch wie man sein Ansehen aufbaut, hängt vom Gefühlsmanagment ab", stellen Hesmondhalgh und Baker fest (2008, S. 113-4). "Emotionsarbeit verbindet sich auch damit, Arbeitsbeziehungen mit Teammitgliedern zu entwickeln, die zu diesen sehr wichtigen und langdauernden Kontakten führen – Kontakten, die zu weiteren Kontrakten führen" (ibid.).

Flexibilität der Laufbahnen: Der Einsatz externer Arbeitsmärkte nimmt zu, bei denen Unternehmen für immer mehr Positionen von außen rekrutieren, die vorher gewöhnlich durch Beförderungen innerhalb der Firma besetzt worden waren. Deswegen wird es wahrscheinlicher, dass sich individuelle Laufbahnen durch mehrere Firmen erstrecken (Cappelli 1999). Selbst in großen Firmen sollen die Individuen nun Verantwortung für ihre eigene Laufbahn übernehmen (Williams et al 2012). Dazu kann gehören, dass man sich in einer vergeschlechtlichten Umgebung, in der Frauen gegen Stereotypen kämpfen, die ihre Fähigkeiten schmälern, in Selbstvermarktung engagiert und Selbstbehauptung übt. In einer Untersuchung von Williams und anderen über Geowissenschaftlerinnen in der New Economy erinnerte sich eine Frau an den Druck, durchsetzungsfähig aufzutreten, und wie das mit Annahmen über ihre Unzulänglichkeit kollidierte, was ihre Fähigkeit drosselte, Stärke darzustellen. "Ich musste aufstehen und sagen, warum der Brunnen dort sein sollte und ich konnte absolut feststellen, dass mich niemand ernst nahm", sagte sie den ForscherInnen."Es war ihnen egal, was ich zu sagen hatte – das war ganz offensichtlich" (Williams 2012, S. 558).

Infolge der individuellen Verantwortlichkeit für Laufbahnen und der oben diskutierten Bedeutung des Netzwerkens wird es folgenreicher, ob Emotionsarbeit gut oder mangelhaft verrichtet wird. Zu einer Zeit, zu der mehr Beschäftigte langfristig für ein Unternehmen arbeiteten, wurde die Emotionsarbeit einer Stewardess von Delta, United oder anderen Fluggesellschaften feingeschliffen und als Indikator dafür kontrolliert, wie gut sie ihre Arbeit macht. Wenn im Gegensatz dazu die Individuen die Verantwortung für ihren Karriereverlauf erhalten, übernehmen KollegInnen, Mitarbeiter und KundInnen die emotionale Disziplinierung, und von dem Gefühlsmanagement hängt nicht nur *dieser*, sondern auch der *nächste* Job ab.

Flexibilität der Arbeitsplätze (Arbeitsplatzunsicherheit): Der Begriff der „numerischen Flexibilität" von Atkinson, der an Orwell erinnert, bezog sich auf die weitverbreitete Praxis der Unternehmer, ArbeiterInnen zu entlassen, ihre Arbeit outzusourcen oder Arbeitsplätze zum Bereich von Vertrags- oder ZeitarbeiterInnen umzudefinieren. Diese Form der Flexibilität spiegelt grundsätzlich den Wunsch der Unternehmer nach der Kompetenz wider, die Arbeit zu reduzieren oder auszuweiten, um der wechselnden Nachfrage nach Arbeit zu entsprechen.

Die Verfügbarkeit dieser Managementtaktik unterscheidet sich dramatisch nach dem Land. Sie ist abhängig von den staatlichen Arbeitsregulierungen in bezug auf Verpflichtungen der Unternehmer, von dem gewerkschaftlichen Organisationsgrad, der Macht der ArbeiterInnen in Kollektivverhandlungen und der kulturellen Verbreitung und Zugkraft der „Gesellschaftsvertrags" oder anderer Ideen, die zwar imaginär, aber real in ihren Konsequenzen in bezug darauf sind, was wir einander auf beiden Seiten des Arbeitsverhältnisses schulden. In den USA gibt es nur wenige Regulierungen, die Personalabbau durch die Unternehmer hemmen (und die vorhandenen werden nur minimal durchgesetzt), historisch niedrige Niveaus der gewerkschaftlichen Organisation und einen weithin aufgelösten Gesellschaftsvertrag (Lane 2011; Pugh 2015). Deshalb ist die Taktik, Kündigungen auszusprechen, für Manager in den USA weithin zugänglich und sie wird zunehmend in guten wie auch schlechten ökonomischen Zeiten angewandt, obwohl neulich nachgewiesen wurde, dass Personalabbau negative Auswirkungen sowohl auf die verbleibenden Arbeitskräfte (durch Verluste an Produktivität und Arbeitszufriedenheit) wie auch die Aktienpreise einer Firma hat (Datta et al 2010).

Warum Entlassungen durchführen, wenn das keine finanziellen Vorteile für die Firma bringt? ÖkonomInnen haben herausgefunden, dass Kündigungen zu niedrigeren Löhnen und höheren Profiten führen, so dass die Eigentümer mehr Geld erhalten (Baumol et al. 2003). Ferner behaupten ForscherInnen, dass die Verbreitung der Taktik zum Teil darauf zurückgeht, dass sie eine besonders populäre Managementmasche darstellt. Wie die Soziologin an der Northwestern Universität Leslie McCall darlegt: „Vorherrschende marktorientierte Reaktionen auf die ökonomischen Krisen der 1970er Jahre und später waren zur Zeit ihrer Einführung weder etablierte ‚best practices' noch gefeit vor bedeutender ökonomischer Ineffizienz ... Ihr Verbreitung und Akzeptanz ging weit über das hinaus, was durch die vorliegende Theorie, den Abschwung und, was vielleicht am wichtigsten ist, die große Menge von Reichtum und Ungleichheit, die über die gleiche Zeit geschaffen wurde, gerechtfertigt werden konnte" (McCall 2004, S. 32). Dennoch nimmt die Beschäftigungsunsicherheit weiterhin rasch zu, selbst in europäischen Staaten mit größerem Schutz für und politischem Einfluss von Arbeitsfragen; z. B. stellte eine neue Untersuchung „eine dramatische Zunahme von inländischem Outsourcing in

Deutschland seit den frühen 1990ern" fest, was sie mit der wachsenden deutschen Lohnungleichheit in Verbindung brachte (Goldschmidt und Schmieder 2015).

Wie andere Formen der Flexibilität betrifft Beschäftigungsunsicherheit die emotionale Lohnarbeit auf der untersten Ebene: indem sie die Stressoren steigert, die ArbeiterInnen dann managen müssen, um sie unsichtbar erscheinen zu lassen. Unsicher Beschäftigte erfahren höheren Stress, ob sie gekündigt werden oder nach einer Personalkürzung angestellt bleiben; Beschäftigungsunsicherheit ist mit weniger Arbeitszufriedenheit, niedrigerer Arbeitsmoral und geringerem psychologischen Wohlbefinden verbunden (Sverke et al. 2002; De Witte 1999).

Aber was machen ArbeiterInnen mit diesem Stress oder anderen emotionalen Reaktionen auf Anzeichen für die Aufgabe des Gesellschaftsvertrages wie mögliche Gefühle von Zorn, Verrat, Verlassenwerden oder Wut? Forschung mit unsicher Beschäftigten in den USA deutet darauf hin, dass viele von ihnen bedeutende Emotionsarbeit einsetzen, um den Ausdruck von Wutgefühlen zu unterdrücken und stattdessen Trauer, Selbstbeschuldigungen und Bedauern anzeigen – Gefühle von lauer Intensität, die von der Frage der Unternehmerverantwortlichkeit ablenken. Carrie Lane fand heraus, dass entlassene ArbeiterInnen in Texas sich fast wie Cheerleader dafür lobten, „ihre eigene Karriere zu managen", obwohl sie mit diesem Verhalten verantwortlich für „Zerreissproben" von Arbeitslosigkeit, Depression und Armut wurden (Lane 2011).

Gary, ein Handwerker, den ich für das Buch *The Tumbleweed Society* (Pugh 2015) interviewte, übernahm den Großteil der Schuld für seine Entlassung, obwohl der Arbeitsabbruch überraschend für ihn kam und nichts mit seiner eigenen Leistung zu tun hatte.[2]

Ich sehe das bei mir liegen, weil ich es zugelassen – mir erlaubt habe, dass ich aus heiterem Himmel getroffen wurde. Ich hätte nie meine Wachsamkeit aufgeben sollen. Ich hätte nie meinen Lebensunterhalt in andere Hände geben sollen. Ich hätte das nicht tun sollen. Dass das Unternehmen auseinanderfiel, war ihre Schuld, aber meine Schuld war, dass ich überhaupt in diese Lage kam.[3]

Andere entlassene ArbeiterInnen übernahmen zusätzliche Taktiken, um ihre Gefühle zu managen, indem sie ihre eigene Einwilligung zu ihrer Unsicherheit musterten. Dazu gehörte, dass sie sich zur Warnung Geschichten über die erzählten, denen es schlechter ging, Beschäftigungssicherheit als Teil der „alten Zeit" einordneten, die

---

2 Um die Anonymität zu gewährleisten, wurden die Namen von Gary und anderen in diesem Buch verändert.
3 Einige Zitate aus diesem und folgenden Absätzen wurden aus Pugh 2015 entnommen.

man mit Nostalgie und nicht mit Erwartungen verbinden sollte, ihre Entlassung in neue Chancen für willkommene Veränderung umdeuteten und sich auf die Marktlogik beriefen, um ihre Kündigung angesichts des Vorrangs der Shareholder-Werte als „genau, was zu erwarten war" zu legitimieren, nicht mehr und nicht weniger als das, was jeder Unternehmer tun sollte. Emotionsarbeit wirkte auf die potentielle Wut ein – entkräftete sie, lenkte von ihr ab, formte sie um – bis sie sich in etwas verwandelte, das die ArbeiterInnen eher als ihre Gefühle akzeptieren konnten.

In dieser Hinsicht behandeln prekär Beschäftigte Beschäftigungsunsicherheit als ein Spiel mit Erwartungen, bei dem die mit den niedrigsten Erwartungen gewinnen. Sie managen ihre Spielposition, indem sie ihre eigenen Hoffnungen aktiv reduzieren; eines meiner Forschungsergebnisse war, dass die meisten unsicher Beschäftigten annahmen, dass die Unternehmer ihren Beschäftigten nicht gerade viel schuldeten. „Ich denke, Respekt und Wertschätzung reichen," sagte Vicky, eine weiße Frau mit einem Masterabschluss und einem Haushaltseinkommen mit mehr als 500 000 $ im Jahr. „Beschäftigungssicherheit wäre nett, aber ich weiß nicht, ob das realistisch ist." Lola, eine Lehrerin, die gerade eine Kündigungsrunde überstanden hatte, sagte: „Ich denke, sie [die Unternehmer] sollten definitiv *dankbar* sein, wenn sie eine gute Angestellte haben". Damit zeigte sie eine besonders eingeschränkte Sicht auf die Verpflichtungen der Unternehmer in der Arbeit. „Und [ihren Beschäftigten] schulden sie ihren Lohn und ein gewisses Maß an Respekt, würde ich sagen."

Das trifft selbst dann zu, wenn die Entlassung besonders unerwartet und schwierig war wie im Fall von Beth, die mit ihrer Familie über tausend Kilometer für den Job ihres Mannes umgezogen war, der sich darauf in Luft auflöste. Was der Familie passierte, nannte sie „schrecklich" und erinnerte sich an das Trauma: „Du liebe Zeit, es war furchtbar." Aber sie setzt auch aktiv Gefühlsarbeit ein, um weiterzumachen und verwendet akzeptierende kurze Wendungen, um den Weg voran zu bahnen. „Klar, hinterher weiß man das besser, nicht wahr?" sagte sie. „Es gibt immer Hindernisse auf dem Weg" und „Was kann man da machen?" Diese kurzen Wendungen dienen dazu, dass sie ihre Erwartungen in bezug auf Arbeit niedrig halten und die Gefühle, die sie sich zugesteht, im Zaum halten kann. Denn die Unsicherheit in der Arbeit können wir eben alle vorhersagen, sie ist einfach Teil der New Economy.

Aber wie sieht es jenseits des Arbeitsplatzes aus? Wie könnte sich Unsicherheit in der Arbeit auf den Bereich der intimen Beziehungen auswirken? Einige ForscherInnen verfechten, dass sie einen unmittelbaren „Spillover-Effekt" von Stress, Angst oder anderen negativen Faktoren hervorruft. Doch gehen diese Argumente tendenziell von eben dem aus, was wir doch erklären wollen: die kulturellen Bedeutungen von Verpflichtung und Unsicherheit in Arbeit und zuhause (Edwards und Rothbard 2000).

Wie ich in meinem Buch berichte (Pugh 2015), fand ich stattdessen, dass die Hauptauswirkungen der Arbeitsunsicherheit jenseits des Arbeitsplatzes am Schnittpunkt von Gefühlen, Sorgearbeit und Geschlecht liegen. Am wichtigsten ist, dass unsicher Beschäftigte, wenn sie mit Umbrüchen zuhause konfrontiert sind, anscheinend nicht die gleichen systematischen Anstrengungen wie in der Arbeit unternahmen, um ihre Wut und Enttäuschung zu unterdrücken. Entlassene Männer offenbarten unverblümt Gefühle von Ärger und Verlassenheit über intime Brüche. Vielleicht überrascht uns das weniger wegen der geschlechtlichen Dynamiken der Gefühlsarbeit, da Frauen sie eher übernehmen, um Beziehungen zu glätten. Doch einige unsicher beschäftigte Frauen schienen auch keine Lust zu haben, sich ihre eigene verächtliche Ablehnung von Partnern schönzureden, die auf Abwege geraten waren.

Fiona, eine weiße Technikerin mit einer Zeit am College, einem Sohn im Teenager-Alter und mehr als elf Jobs in der letzten Zeit, erinnerte sich an eine ernste Beziehung mit einem Kollegen, der ein anständiges Gehalt verdiente, einen Sohn aus einer vorigen Ehe hatte und in einem schönen Haus lebte – alles Punkte, die für ihn sprachen. Aber zwei Monate, nachdem sie bei ihm eingezogen war, ging es bergab. „Ich fand eine Email so an ein Mädchen, mit dem er irgendwo hingehen wollte. Wir sollten zu dieser Party gehen, und ich sah nach einem Rezept und sah diese Email. Und ich war so drauf wie ‚Ich geh jetzt weg. Bis dann.' Ich hol [den vierjährigen Sohn] Jimmy, setz mich ins Auto. Und weißt Du, [der Freund] brüllt, das ich nicht weggehen soll und wir darüber reden sollen oder so. Und ich so: ‚Ganz egal', ich glaube nicht daran, an etwas festzuhalten, das nicht klappt" entsinnt sie sich.

Fionas Reaktion auf die Brüchigkeit der Verbindlichkeit liegt ein grimmiger Triumph zugrunde, der uns viel darüber verrät, wie es sich anfühlt, den vergeschlechtlichten Erwartungen Grenzen zu setzen, wie sie das tut, dass Frauen immer da sein, immer verbindlich sein und es immer hinnehmen werden. Während einige Männer angesichts der Einbuße ihrer Ansprüche zuhause eine gewisse Selbstgerechtigkeit bekundeten, zeigten Frauen, die diese Erwartungen ablehnen, eine kalte Erleichterung darüber, dass sie ihren unerträglichen Belastungen dort entkommen sind. Wir bezeugen hier nicht gerade Gefühlsarbeit, da Fiona ihre Gefühle nicht in eine Richtung zu bearbeiten scheint. Stattdessen nehmen wir den emotionalen Hintergrund einander überschneidender Strukturen von Geschlecht und Klasse wahr, Strukturen, die den Verlauf von Verpflichtung und Anspruch formen, die wiederum die Gefühle von Frauen und Männern in Reaktion darauf prägen.

Fiona steht so typisch für eine der Auswirkungen der Prekarität auf Gefühle und Geschlecht. Unsicherheit beeinträchtigt die Fähigkeit, konventionelle Gendernormen zu erfüllen und sie wirkt sich auch auf die Gefühle derer aus, die historisch und kulturell geschaffenen vergeschlechtlichten Erwartungen nicht entsprechen können. Wenn wir, wie West und Zimmermann vertreten haben (1987, 2009), dafür verantwortlich gemacht werden, wie wir Gender ‚machen', dann dient das weiterverbreitete Verständnis davon, was als ehrenhaftes Verhalten gilt – die Versprechen zu bleiben und sich zu kümmern, die Mischung von bezahlter und Sorgearbeit, die Frauen und Männer einander schulden – dazu, uns zu disziplinieren, wenn wir diese Normen verletzen, selbst wenn das in Reaktion auf breite Veränderungen in der Wirtschaft geschieht (Pugh 2015). Der emotionale Ton ihres Berichts – widerspenstig, beharrlich, triumphierend – hält etwas von dem vergeschlechtlichten Verlauf der Verpflichtungen fest, während ihre Flucht daraus ihre Erzählung beeinflusst und die Gefühlsweisen gestaltet, über die sie verfügen kann, wenn sie mit ihrer Prekarität umgeht.

4 Schluss

Aus dem Einbezug von Gefühlen und Emotionsarbeit in unsere Analyse der Flexibilisierung des Geschlechts und des Kapitalismus ergeben sich große theoretische Vorteile, da Gefühle sowohl den Boden darstellen, auf dem verschiedene Formen der Flexibilisierung gelebt und erfahren werden als sie auch einen bedeutenden Faktor der Hervorbringung und Gestaltung einer solchen Flexibilisierung bilden. ArbeiterInnen managen und erfahren die Stressoren der Flexibilisierung emotional, auch wenn sie zugleich ihre Gefühle und die anderer als Teil der Individualisierung der Verantwortung für Berufslaufbahnen, Beziehungen und das Selbst patrouillieren und disziplinieren. Emotionen dienen auch als die entscheidende Brücke für die Verbreitung der Auswirkungen der Flexibilisierung von der Arbeit in das Intimleben.

Prekarität trägt unzählige Gesichter: Die Flexibilität von Zeit, Ort, Funktion, Spielern, Karrieren und Arbeitsplätzen tragen jeweils zu verschiedenen Aspekten der Transformation der Arbeit und in der Summe zu größerer Unsicherheit bei. Diese Prekarität formt die Art und Weise, in der ArbeiterInnen Emotionsarbeit erfahren, die eines der interessantesten Konzepte der Arbeitssoziologie in den letzten dreißig Jahren darstellt. Einige Veränderungen in der Arbeit intensivieren den Bedarf an Emotionsarbeit, andere erweitern die Arenen, in der sie erforderlich ist, oder ermöglichen uns, eine ganze Schar von Taktiken auszuarbeiten, mit denen ArbeiterInnen unerwünschte Gefühle fortmanagen können und noch weitere machen uns und unsere Gefühle für Regulierung durch uns und unsere KollegInnen verantwortlich, deren Disziplin sich in der neuen Betonung von Teams, Kooperation und Netzwerken fühlbar macht.

Weiterhin hat Prekarität weitere Auswirkungen als nur auf die Arbeit und die ArbeiterIn am Arbeitsplatz. Stattdessen sind ihre Wellen auch auf dem emotionalen Terrain zuhause zu spüren. Mit dem Zerfall des Bündnisses zwischen den Unternehmern, dem Staat und den Männern, stützen die Frauen nun die Sorgearbeit durch ihre eigene niedrig entlohnte Arbeit ab. Den Unternehmern, die durch den Rückzug des neoliberalen Staates und das vorherrschende Marktdenken freigesetzt wurden, ist nun freigestellt, ihre ArbeiterInnen als Individuen, ohne mögliche Verantwortlichkeiten für Sorgearbeit zu betrachten. Wie Joan Williams (2000) treffend belegt, produzierten sie mit diesem Vorgehen eine ‚Norm der idealen ArbeiterInnen', die die benachteiligt, die Sorgearbeit machen. Dies System verdeckt die soziale Organisation von Care und lässt Verbindlichkeit wie eine individuelle Entscheidung und eine individuelle Lösung erscheinen anstatt eines Sozialsystems, das den SorgearbeiterInnen – vor allem Frauen mit niedrigem Einkommen – keine guten Alternativen eröffnet.

Der Vorrang der Arbeit und ihre kulturelle Dominanz über Care geben den ArbeiterInnen in den USA nicht viel, um gegen den Zustrom der Unsicherheit zu kämpfen und das gilt, wenn auch in geringerem Umfang, für andere fortgeschrittene Industrieländer. Während die Arbeitsplätze zunehmend prekär werden, stellen sie stattdessen isolierbare ArbeiterInnen vor individuelle Dilemmata, wie sie ihre Emotionen in der Arbeit managen sollen, während ihre Arbeitsbedingungen Gefühle hervorbringen, die zunehmend schwieriger zu managen sind. Zudem müssen ArbeiterInnen mit den familialen Bedürfnissen umgehen, wenn Unternehmer, der Staat und Geschlechterkonstruktionen die Verantwortlichkeit dafür vor allem auf die niedrig bezahlte Frauenarbeit auf dem Markt verlagern. Diese Dilemmata können sich manchmal wie eine Falle anfühlen, die individuellen ArbeiterInnen gestellt wird, damit sie sie individuell bearbeiten, jeweils zugleich an einem Arbeitsplatz und in einer Familie, was für Frauen und Männer mit niedrigem Einkommen besonders schwierig ist. Wie ArbeiterInnen Verbindlichkeiten und Verpflichtungen kulturell aushandeln, ist deshalb in die schwierigen Wahlmöglichkeiten eingebettet, die ihnen diese Dilemmata bieten. Ihre Gefühle und ihre Emotionsarbeit spiegeln die erweiterten und manchmal völlig neuen Herausforderungen wider, die sich aus dem Aufkommen der Prekarität ergeben.

Übersetzung: Ilse Lenz

Literatur

Atkinson, J. (1984). Manpower strategies for flexible organizations. In: *Personnel Management* 16, 8, S. 28-31.

Barbieri, P. (2009). Flexible Employment and Inequality in Europe. In: *European Sociological Review* 25, S. 621–628.

Baumeister, R. F. & Leary, M. R. (1995). The need to belong: Desire for interpersonal attachments as a fundamental human motivation. In: *Psychological Bulletin* 117, 3, S. 497-529.

Baumol, W. J., Blinder, A. & Wolff, E. N. (2003). *Downsizing in America: Reality, Causes and Consequences*. New York: Russell Sage.

Bernstein, E. (2007). *Temporarily Yours: Intimacy, Authenticity, and the Commerce of Sex*. Chicago: University of Chicago Press.

Blair-Loy, M. et al. (2015). Stability and Transformation in Gender, Work, and Family: Insights from The Second Shift for the Next Quarter Century. In: *Community, Work and Family*. Sonderband, S. 435-454.

Braverman, H. (1974). *Labor and Monopoly Capital: The Degradation of Work in the Twentieth Century*. New York: Monthly Review Press.

Briton, N. J., & Hall, J. A. (1995). Beliefs about female and male nonverbal communication. In: *Sex Roles*, 32, S. 79–90.

Burchell, B. (2002). The Prevalence and redistribution of Job Insecurity and Work Intensification. In B. Burchell, D. Ladipo, & F. Wilkinson (Hrsg.), *Job Insecurity and Work Intensification* (S. 61-76). New York: Routledge.

Cappelli, P. (1999). *The New Deal at Work: Managing the Market Driven Workplace*. Boston, MA: Harvard Business Press.

Chodorow, N. (1985). *Das Erbe der Mütter. Psychoanalyse und Soziologie der Geschlechter*. (1978), München: Verlag Frauenoffensive.

Clark, C. (1997). *Misery and Company: Sympathy in Everyday Life*. Chicago: University of Chicago Press.

Clawson, D. & Gerstel, N. (2014). *Unequal Time: Gender, Class, and Family in Employment Schedules*. New York: Russell Sage Foundation.

Cooper, M. (2014). *Cut Adrift: Families in Insecure Times*. Berkeley: University of California Press.

Damaske, S. (2011). *For the Family? How Class and Gender Shape Women's Work*. New York: Oxford University Press.

Datta, D. K., Guthrie, J. P., Basuil, D., & Pandey, A. (2010). Causes and Effects of Employee Downsizing: A Review and Synthesis. In: *Journal of Management* 36, S. 281.

Dodson, L. & Zincavage. R.M. (2007). "It's Like a Family": Caring Labor, Exploitation, and Race in Nursing Homes. In: *Gender & Society*, Dezember 21, S. 905-928.

Edwards, J. R. & Rothbard, N. P. (2000). Mechanisms Linking Work and Family: Clarifying the Relationship between Work and Family Constructs. In: *The Academy of Management Review* 25, 1, S. 178-199.

Gertler, M. (1988). The Limits of Flexibility: Comments on the Post-Fordist Vision of Production and Its Geography. In: *Transactions of the Institute of British Geographers* 13, 4, S. 419-432.

Glenn, E. N. (2010). *Forced to Care: Coercion and Caregiving in America*. Cambridge, MA: Harvard University Press.

Goldschmidt, D. & Schmieder, J. F. (2015). The Rise of Domestic Outsourcing and the Evolution of the German Wage Structure. Working paper. URL: https://docs.google.com/viewer?a=v&pid=sites&srcid=ZGVmYXVsdGRvbWFpbnxqb2hhbm5lc3NjaG1pZWRlcnxneDoxNTY3MTk2ZDY3Y2Q2Nzg2. Zugegriffen: 20 Mai 2015.
Goudreau, J. (2013). Back to the Stone Age?: New Yahoo CEO Marissa Meyer Bans Working From Home. In: *Forbes Magazine*. URL: http://www.forbes.com/sites/jennagoudreau/2013/02/25/back-to-the-stone-age-new-yahoo-ceo-marissa-mayer-bans-working-from-home/. Zugegriffen: 20 Mai 2015.
Hesmondhalgh, D. & Baker, S. (2008). Creative Work and Emotional Labour in the Television Industry. In: *Theory, Culture & Society* 25, S. 97-118.
Hochschild, A. (1990). Das gekaufte Herz. Zur Kommerzialisierung der Gefühle. (1983) Frankfurt a. M., New York: Campus.
Hochschild, A. & Machung, A. (1993). Der 48-Stunden-Tag. Wege aus dem Dilemma berufstätiger Eltern (1989). München: Droemer Knaur.
Hollister, M. N. (2011). Employment Stability in the U.S. Labor Market: Rhetoric vs. Reality. In: *Annual Review of Sociology* 37, 1, S. 305-324.
Hollister, M. N. & Smith, K.E. (2014). Unmasking the Conflicting Trends in Job Tenure by Gender in the United States, 1983-2008. In: *American Sociological Review* 79, 1, S. 159-181.
Illouz, E. (2007). *Cold Intimacies*. Cambridge, UK: Polity.
Kandiyoti, D. (1988). Bargaining With Patriarchy. In: *Gender & Society* 2, S. 274-290.
Kantor, J. (2014). Working Anything But Nine-to-Five. In: *The New York Times*. August 13. URL: http://www.nytimes.com/interactive/2014/08/13/us/starbucks-workers-scheduling-hours.html?_r=0. Zugegriffen: 20 Mai 2015.
Kemple, T. M. (2007). Spirits of Late Capitalism. In: *Theory, Culture & Society* 24, S. 147-159.
Lane, C. M. (2011). *A Company of One: Insecurity, Independence, and the New World of White-Collar Unemployment*. Ithaca, NY: Cornell University Press.
Leidner, R. L. (1991). Serving Hamburgers and Selling Insurance: Gender, Work, and Identity in Interactive Service Jobs. In: *Gender & Society* 5, 4, S. 154-177.
Lopez, S. H. (2006). Emotional Labor and Organized Emotional Care: Conceptualizing Nursing Home Care Work. In: *Work and Occupations* 33, S. 133-160.
Maurin, E. & Postel-Vinay F. (2005). The European Job Security Gap. In: *Work and Occupations* 32, S. 229-252.
McCall, L. (2004). The Inequality Economy: How New Corporate Practices Redistribute Income to the Top. Demos Working Paper. URL: http://www.demos.org/sites/default/files/publications/the_inequality_economy_final.pdf. Zugegriffen: 20 Mai 2015.
Nardi, B.A, Whittaker, S. & Schwarz, H. (2000). `It's Not What You Know, It's Who You Know: Work in the Information Age'. In: *First Monday* 5, Mai.
OECD. (1997). Is job insecurity on the increase in OECD countries? In: OECD Employment Outlook. Paris: OECD. URL: http://www.oecd.org/employment/emp/2080463.pdf. Zugegriffen: 20 Mai 2015.
O Riain, S. (2000). Networking for a Living: Irish Software Developers in the Global Workplace. In: M. Burawoy et al. (Hrsg.), *Global Ethnography*, Berkeley: University of California Press.
Pierce, J. L. (1995). *Gender trials: Emotional lives in contemporary law firms*. Berkeley: University of California Press.
Piore, M., & Sabel C. (1985). *Das Ende der Massenproduktion. Studie über die Requalifizierung der Arbeit und die Rückkehr der Ökonomie in die Gesellschaft*. (1984). Berlin: Wagenbach.

Presser, H. B. (2003). *Working in a 24/7 Economy: Challenges for American. Families*. New York: Russell Sage Foundation.

Pugh, A. J. (2015). *The Tumbleweed Society: Working and Caring in an Age of Insecurity*. New York: Oxford University Press.

Sennett, S. (1998). *The Corrosion of Character*. New York: Norton.

Silva, J. (2013). *Coming Up Short: Working-Class Adulthood in an Age of Uncertainty*. New York: Oxford University Press.

Smith, V. (2001). *Crossing the Great Divide: Worker Risk and Opportunity in the New Economy*. Ithaca, NY: Cornell University Press.

Stacey, C. L. (2005), Finding dignity in dirty work: the constraints and rewards of low-wage home care labour. In: *Sociology of Health & Illness*, 27: 831–854.

Stone, D. (2000). Caring by the book. In: M.H. Meyer (Hrsg.), *Care Work: Gender, Class, and the Welfare State*. New York: Routledge.

Sverke, M., Helgren J., & Naswall, K. (2002). No Security: A Meta-Analysis and Review of Job Insecurity and Its Consequences. In: *Journal of Occupational Health Psychology* 7, 3, S. 242-264.

Thistle, S. (2006). *From Marriage to the Market: The Transformation of Women's Lives and Work*. Berkeley: University of California Press.

Thoits, P. (1989). The Sociology of Emotions. In: *Annual Review of Sociology* 15, S. 317-342.

West, C., & Zimmerman, D. H. (1987). Doing Gender. In: *Gender & Society* 1, S. 125–151.

West, C., % Zimmerman, D. H. (2009). Accounting for Doing Gender. In: *Gender & Society* 23, 1, S. 111–122.

Wharton, A. S. (1993) The affective consequences of service work, managing emotions on the job. In: *Work and Occupations*, 20, 2, S. 205–32.

Williams, C. L., Muller, C., & Kilanski K. (2012). Gendered Organizations in the New Economy. In: *Gender & Society* 26, S. 549-573.

Williams, J. (2000). *Unbending Gender: Why Family and Work Conflict and What To Do About It*. New York: Oxford University Press.

Wingfield, A. H. (2010). Are Some Emotions Marked 'Whites Only'? Racialized Feeling Rules in Professional Workplaces. In: *Social Problems* 57, 2, S. 251-268.

Wingfield, A. H. & Alston, R. S. (2014). Maintaining Hierarchies in Predominantly White Organizations: A Theory of Racial Tasks. In: *American Behavioral Scientist* 58, S. 274-287.

Neoliberale Regierungsweisen und die Rekonfiguration der Geschlechterordnung
Zur Rolle des Staates

Verónica Schild

Das Ziel dieses Beitrags[1] ist ein Plädoyer für eine erneute Zuwendung zum Staat, der als eine historisch eingebettete und sich entwickelnde Form verstanden wird. Der Artikel fokussiert die Konfigurationen der Formen der staatlichen Regulierung, die wichtigen Eigenschaften der neoliberalen kapitalistischen Projekte der sozialen Integration zugrunde liegen, unter besonderer Berücksichtigung von Lateinamerika. Darin wird Arbeit als die Grundlage der sozialen Integration der Einzelnen betrachtet und staatliche Regulierungen streben an, ArbeiterInnen durch die Einschärfung von Qualifikation und ‚menschlichen Fähigkeiten' zum Eintritt in die Niedriglohnsektoren der Wirtschaft zu ermutigen. Weiter wollen sie Haushalte transformieren, indem sie Familienmitglieder und Individuen regieren. Diese Regulierungsformen sind in ihrer Konfiguration und ihren Ergebnissen vergeschlechtlicht. Staaten waren immer zentral für den Betrieb des Kapitalismus, da sie eine Schlüsselrolle bei der „Aufrechterhaltung von Eigentumsrechten, Überwachung von Verträgen, Stabilisierung der Währung, der Reproduktion von Klassenbeziehungen und der Eingrenzung von Krisen spielen" (Panitch und Gindin 2012, S. 1). Weiterhin waren sie auch zentral für die Förderung der umfassenden sozialen Bedingungen, die die kapitalistische Akkumulation ermöglichen. Während die staatliche Regulierung sich darauf konzentriert, die soziale und politische Stabilität zu bewerkstelligen, die die Produktion von Arbeitskraft gewährleistet, erstreckt sie sich auch in das soziale Leben, um die stabile Reproduktion nichtmarktlicher Beziehungen zu garantieren,

---

1 Teile dieses Artikels leiten sich von einem Vortrag her, den ich am 25.11.2015 an der Schiller Universität in Jena gab. Ich danke dem Forschungsnetzwerk *desiguALdades. net*, dem Research Network on Interdependent Inequalities in Latin America, der Freien Universität Berlin für seine Forschungsförderung und kollegialen Austausch bei drei Aufenthalten (Herbst 2012, Frühjahr und Sommer 2013, Herbst 2015). Ich danke Malcolm Blincow für umsichtige Kommentare und Anregungen.

die für die Akkumulationsverhältnisse unerlässlich sind. Das schließt die Regulierung von Geschlecht, Geschlechterverhältnissen und Sexualität zentral mit ein.[2] Ich meine, dass die Frage der neoliberalen staatlichen Regulierung uns zwangsläufig und zuallererst zu einer Untersuchung der Transformationen in den Governanceformen führt, die sich mit dem politischen Projekt des Neoliberalismus im weiten Sinne in den letzten etwa vier Dekaden verbinden. Im hier vorgeschlagenen Sinne bedeutet die Frage nach der Rolle des Staates, wie er in seiner gegenwärtigen neoliberalen Form die sozialen Bedingungen fördert, die die kapitalistische Akkumulation ermöglichen, den Staat als historische Konstruktion und ideologisches Projekt zu erforschen. Wie uns Philip Abrams nachdrücklich erinnert, ist der Staat „vor allem eine Übung in Legitimation, in moralischer Regulierung" (Abrams 1988, S. 76). Denken wir detaillierter über die neoliberalen Transformationen des Staats nach, die ihm ermöglichen, auf die Bedürfnisse und Interessen des globalen Kapitals zu reagieren, so gewinnt deswegen unsere Analyse, wenn wir sie durch den Einbezug kultureller Überlegungen über die politische Ökonomie hinaus erweitern.

Während die zentralisierten Dimensionen der Macht und der erneuerten Koordinationskompetenzen der Staaten mit der Kulturrevolution in Verbindung gebracht werden müssen, die mit einem längeren Prozess der neoliberalen Staatsformation zusammenhängen (Corrigan und Sayer 1985), müssen sie theoretisch letztlich als historisch variabel und divers begriffen werden. Zum Beispiel bedeutet das, dass der Neoliberalismus, der als dominierendes politisches Programm das Management des Kapitalismus durch den Staat abstützt, nicht nur eine Form, sondern viele hat und dass wir analytisch davon gewinnen können, wenn wir ihn als Ergebnis aktueller Auseinandersetzungen untersuchen, die in bestimmte ökonomische, institutionelle und soziokulturelle Kontexte eingebettet sind. Von

---

2   Das Konzept des Geschlechts ist wegen seines offenkundigen Essentialismus und seiner fehlenden Differenziertheit bei der Erklärung der komplexen Unterdrückungserfahrungen der Individuen hinterfragt worden. Der Begriff Intersektionalität, der zuerst von feministischen *Women of colour* in die US Wissenschaft eingeführt wurde, hat in den Worten von Jennifer Nash ein institutionelles Eigenleben gewonnen, insbesondere in feministischen Studienprogrammen an europäischen und nordamerikanischen Universitäten (Nash 2015, S. 75). Er richtet sich auf Unterschiede auf der Ebene der Identität, die neben geschlechtlichen auch rassische, ethnische und Klassendifferenzen einbeziehen, und zielt darauf, die komplexen Ungleichheiten anzusprechen, die sich aus den Verbindungen zwischen diesen Identitätspositionen ergeben (vgl. z. B. Crenshaw 1991; McDowell 2008; Davis 2008; Patil 2013). Die Klasse wird dabei in eine Unterdrückung aus einer Reihe von anderen verwandelt, die die Einzelnen erfahren, und im Ergebnis wird Klassenmacht von Ausbeutung getrennt und von der politischen Ökonomie des Kapitalismus abgekoppelt, wie Rosemary Hennessy und Chrys Ingraham aufzeigen (Hennessy und Ingraham 1991).

Lateinamerika aus gesehen, wo der Neoliberalismus mit Projekten der fortlaufenden „Modernisierung" gleichgesetzt wird, erscheinen diese Programme als von Grund auf transnationalisiert; sie sind für ihre Umsetzung von dem – diskursiven und finanziellen – Ressourcenfluss von Regulierungsagenturen wie der Weltbank und der Inter-American Development Bank abhängig (Wood 2009). In diesem Sinne folgt die Darstellung neueren Erfahrungen aus Lateinamerika und besonders der der globalen kapitalistischen Integration in Chile.[3]

In den folgenden Seiten trete ich dafür ein, den neoliberalen Staat als eine dynamische Formation von Regierungsweisen zu begreifen, die in ein Projekt der Reorganisation des sozialen Lebens investieren, das sowohl durch eine neu definierte Geschlechterordnung als auch durch ein Engagement für die „aggressive Re-regulierung, Disziplinierung und Eindämmung" bestimmter Zielgruppen belebt wird (Peck und Ticknell 2002, S. 389). Ich befasse mich dann mit den neoliberalen kapitalistischen Transformationen in Lateinamerika, wobei ich die geschlechtliche Arbeitsteilung fokussiere, während ich auf die Verbindungen zwischen Haushalt und Arbeitsmarkt aufmerksam mache. Ich vertrete jedoch, dass das nicht hinreicht, um die Veränderungen zu verstehen, die sich aus der Rekonfiguration der Geschlechterordnung und dem Management der sozialen Effekte eines neoliberalen Kapitalismus ergeben. Für ein umfassenderes Verständnis müssen wir zusätzlich auf neue Formen der Regulierung achten, die komplementär zu den neoliberalen kapitalistischen Ordnungen in der Region sind. Darauf betrachte ich die Wendung zum neoliberalen Staat als einen Moment der gegenwärtigen kapitalistischen Staatsformation mit spezifischen regulierten Eigenschaften und Ergebnissen, die reguliert sind. Ich vertrete, dass wir für analytische Zwecke zwei Dimensionen dieses heraufziehenden neoliberalisierten Staates unterscheiden können: eine ermöglichende/"verbessernde" oder „versorgende" und eine bestrafende Dimension. Die Zwangsdisziplinierung und -eindämmung von Zielgruppen durch den strafenden Staat wurde in neueren Untersuchungen viel beachtet. Dem Blick verborgen blieb jedoch die ausgeweitete Reproduktionsarbeit von Frauen im Haushalt, in Gemeinden und in staatlichen Bürokratien, durch die eine aggressive Regulierung der ermöglichenden/verbessernden Art erreicht wird.

---

3 Ich habe habe die Rekonfiguration des Sozialstaats in Chile durch die Konvergenz einer institutionalisierten feministischen Agenda und des sich herausbildenden neoliberalen Projekts in langjährigen Forschungen seit 1990 fokussiert. Ich möchte für die jahrelange Förderung durch die University of Western Ontario mittels ihres Faculty of Social Science VIP and Alumna Research Grants, den Anges Cole Dark Fund und ihren International Research Award danken. Zusätzliche Förderung wurde durch das *desiguALdades.net* (vgl. Fußnote 1) bereitgestellt.

Während hier die Grundprämisse vertreten wird, dass neoliberalisierte Staaten in ihrer Konfiguration und ihren Ergebnissen vergeschlechtlicht sind, wäre es unzureichend, den neoliberalen Staat auf eine Form der „maskulinistischen Macht" zu reduzieren; damit würden die reale Feminisierung des Sozialstaats, die seine Ausweitung über die Zeit begleitet hat wie auch die Verankerung des neoliberalen Regierens und seine Verbindung zu dem Projekt der bestrafenden und versorgenden Regulierung der Gesellschaft im Namen der Sicherheit übersehen.

1 Die Neoliberalisierung des Staates als Staatsformation und als Regierungsweise

Kritische Forscherinnen haben schon seit einiger Zeit darauf bestanden, dass es eher zutrifft, dass die Nationalstaaten in der zweiten Hälfte des 20. Jahrhunderts, ob in ihrer Keynesianischen Wohlstandsform oder in ihren Lateinamerikanischen Wohlfahrtsvarianten – d. h. in der sozialen Form des Entwicklungsstaates – qualitativ transformiert und nicht einfach abgebaut wurden (vgl. Panitch und Gindin 2012; Brenner 2004). Wir könnten weiterhin vertreten, dass diese qualitative Transformation auf eine Rekonfiguration des Staates selbst oder einen neuen Moment der Formierung des modernen Staats hinausläuft. Staatsformation ist demnach ein laufender Prozess – und nicht auf einen Ursprungsmoment zurückzuverweisen – wie Philip Corrigan und Derek Sayer (1985) in ihrer innovativen Studie *The Great Arch: English State Formation as Cultural Revolution* vorschlugen und woran uns George Steinmetz (1999) mit seinem Beitrag *State/Culture: State Formation after the Cultural Turn* erinnerte. Weiterhin verdecken Analysen, die nur die politische und militärische Dimension der Staatsformation fokussieren, die Tatsache, dass „der moderne Staat auch und wesentlich eine symbolische Errungenschaft ist" (Loveman 2005, S. 1652; Bourdieu 1998). Symbolische Macht besteht darin, das „Gegebene zu erzeugen" (Bourdieu 2005). In anderen Worten ist sie „nicht nur die Macht, die Spielregeln zu bestimmen, sondern die Macht, das Spiel selbst ‚einzurahmen', also die Praktiken, Kategorien und kognitive Schemata zu etablieren, mittels derer das Spiel verstanden und erfahren wird" (Loveman 2005, S. 1656). Überdies ist symbolische Macht „die Fähigkeit, das Ergebnis von historischen Kämpfen und menschlicher Erfindung als natürlich, unvermeidlich und also als apolitisch erscheinen zu lassen. Durch Praktiken der Klassifikation, Kodifizierung und Regulierung z. B. naturalisieren moderne Staaten bestimmte Unterscheidungen (und nicht andere) und tragen zur Konstitution bestimmter Arten von Menschen, Orten und Dingen bei" (Loveman 2005, S. 1655).

Die Vorstellung des Staates umfasst, wenn man sie aus einem Interesse an der symbolischen Dimension der Macht her betrachtet, neben Verwaltungs-, Polizei- und Militärorganisationen auch pädagogische, korrektive und ideologische Organisationen (Gorski 2003, S. 165-166). Wie Mara Loveman feststellt, förderte die Akkumulation dieser Art der Macht, „zunehmend die Fähigkeit des Staates, ideologische Macht auszuüben". Sie unterscheidet zwischen einem Moment der Akkumulation symbolischer Macht, den sie ihre „ursprüngliche Akkumulation" nennt und einem der Routineausübung dieser Macht. Das Reich der Verwaltung, sagt sie uns, ist von vorrangiger Bedeutung für beide, aber sie ermahnt uns, dass „verschiedene Aspekte der Verwaltung während jeder Phase analytische Überprüfung erfordern" (Loveman 2005, S. 1657). Sie fügt hinzu: „Die Dynamiken der ursprünglichen Akkumulation der symbolischen Macht zu erfassen, erfordert, die speziellen Weisen der *Ausweitung* der administrativen Reichweite des Staats zu fokussieren. Die Erhellung der Routineausübung der symbolischen Macht durch den Staat erfordert andererseits eine Zuwendung zu dem breiten Aufgebot der staatlichen Praktiken, die in die administrative *Regulierung* (im weiten Sinne) des sozialen Lebens verwickelt sind" (Loveman 2005, S. 1657). Zunächst muss der Staat „einen neuen Bereich des sozialen Lebens herausarbeiten, um ihn zu verwalten, um die Verwaltungspraktiken von anderen zu kooptieren, oder um vorhandene Verwaltungsfunktionen denen zu entreißen, die sie traditionell ausüben, und sie dabei mit neuen Bedeutungen zu durchtränken" (Loveman 2005, S. 1657-1658). In diesem Stadium, so vertritt Loveman, „kommen Konflikte über die Grenzen und Natur der staatlichen Beteiligung in bestimmten Bereichen des sozialen Lebens vor. Staatliche Siege in solchen Kämpfen bilden einen Wendepunkt in dem historischen Prozess der Akkumulation symbolischen Kapitals im Staat" (Loveman 2005, S. 1658). Routineausübung der symbolischen Macht geschieht weiterhin auf einem bereits rekonfigurierten Terrain: „Die Routineausübung der symbolischen Macht durch den Staat beginnt, wenn Aktivitäten, die früher kontrovers waren, nicht mehr hinterfragt werden. Wie der moderne Staat selbst erscheinen sie allmählich als natürliche Eigenschaften der sozialen Landschaft" (Loveman 2005, S. 1658)

Die neoliberale Staatsformation bezieht sich, wie ich vorschlagen würde, auf die Re-Konfiguration von Formen der sozialen Regulierung, die sowohl durch die Ausweitung der Reichweite symbolischer Macht in neue Felder stattfindet als auch durch die Routinepraktiken, durch die diese eingesetzt wird. Dieser Moment der Staatsformation, dessen Reichweite am Besten im Zusammenhang mit den beachtlichen Anstrengungen zur sozialen Integration und zum sozialen Engineering, die seit zwanzig Jahren zugange sind, verstanden wird, zeichnet sich dadurch aus, dass er sich auf Beiträge vonseiten des Feminismus und der Frauenbewegungen stützt. Durch neue Diskurse und Praktiken zu Geschlecht, Geschlechterverhältnissen und

Sexualität reicht die symbolische Macht in den Bereich des Sozialen und besonders der Haushalte und der Frauen hinein.[4]

Gegen eine enge und konventionelle Lesart argumentiere ich deshalb, dass es dem Neoliberalismus nie nur einfach darum ging, die Wirtschaft richtig zu ordnen; vor allem war er ein politisches Projekt, um Gesellschaften an eine unbelastete Ökonomie anzupassen. Der Wirtschaftswissenschaftler Gabriel Palma bezeichnete den neoliberalen Diskurs vor allem als Tarnung für eine raffinierte Übung in der Wiederherstellung von Klassenmacht oder einen „Versuch des Kapitals, seine Macht und Kontrolle durch eine verfeinerte Form der Legitimation und durch eine fortgeschrittenere Machttechnologie wiederzugewinnen" (Palma 2009, S. 24). In Lateinamerika konfigurieren die neueren Reformen, die mit dem sogenannten Post-Washington-Konsens verbunden werden, den Rückzug des Neoliberalismus als politische Form oder als Form des Regierens, das dem marktgeleiteten Wachstum verpflichtet ist und sich an Prinzipien des soliden Finanzmanagements, der Effizienz und der Verantwortlichkeit orientiert. Die dominante Vision der guten Gesellschaft in dieser Ausarbeitung der neoliberalen Wirtschaftslehre stützt sich bei ihrer Aktualisierung folglich stillschweigend auf soziale Intervention. Eine rein politökonomische Darstellung ist allerdings bestenfalls lückenhaft, wenn wir erfassen wollen, was Palma treffend „die neuartigen Rekonfigurationen der politischen und institutionellen Macht, die in der neoliberalen Revolution eingebaut sind" nennt (Palma 2009a, S. 840). Eben das hat uns Michel Foucault in seiner Analyse moderner Formen der Macht und Regierung in seinen aufschlussreichen Vorlesungen über den Neoliberalismus bewusst gemacht, als er auf der politischen Intention der Umarbeitung liberaler ökonomischer Ideen auf beiden Seiten des Atlantik in der Periode nach dem Zweiten Weltkrieg bestand (Foucault 2004; Lemke 2001).

Wenn wir Michel Foucaults Ideen über den Neoliberalismus als Form des Regierens folgen, das den Staat umgreift, aber nicht darauf begrenzt ist, dann könnten wir die Transformationen der letzten zwanzig Jahre als sich herausbildende neoliberale politische Rationalität mit weitreichenden Implikationen für die Reorganisierung des sozialen Lebens und des Staates und insbesondere für die Produktion von Subjekten und neuen Formen der Staatsbürgerschaft beschreiben (Brown 2003, S. 1; Lemke 2001, 2007). In diesem Sinne ist die neoliberale Rationalität, während sie den Markt in den Vordergrund stellt, „nicht nur oder nicht einmal vorrangig auf die Wirtschaft fokussiert; eher bedeutet sie die Ausweitung und Verbreitung von Marktwerten in allen Institutionen und sozialem Handeln, auch wenn der Markt ein eigener Spieler bleibt" (Brown 2003, S. 3).

---

4   Für kritische Einschätzungen der Beiträge von Feminismen und Frauenbewegungen zu dem Projekt des neoliberalen Kapitalismus vgl. Eisenstein 2010; Fraser 2013; 2015.

Nach Foucault würden wir vertreten, dass moderne Staaten immer direkt oder indirekt an der Formierung von Subjekten beteiligt sind, die sich in einer Art und Weise verhalten, die den vorherrschenden sozialen Projekten angemessen sind. Weiterhin üben moderne Staaten, wie Foucault betont hat, eine Form der Macht aus, die das Soziale reguliert, indem sie seine individuellen Teile erreicht. Er sagt: „Ich möchte die Tatsache unterstreichen, dass die Macht des Staates eine zugleich individualisierende und totalisierende Form hat (und das ist einer der Gründe für seine Stärke)" (Foucault 1982, S. 782).

Neoliberalisierte Staaten bilden keine Ausnahme. In diesem Sinne ist Neoliberalismus ein politisches Projekt – eine veritable Revolution in der Regierungsabsicht, die Gesellschaft zu reorganisieren, die sich auf eine politische Rationalität auf Grundlage der Normen und Werte des Markts stützt. Die Vorstellung einer ‚politischen Rationalität' oder Rationalität der Regierung, hilft uns, politische Macht als vorherrschendes diskursives Feld zu verstehen, das nicht nur eine bestimmte politische Grammatik und Vokabular anbietet, mit denen ‚Probleme' definiert werden, sondern auch die ethischen Prinzipien und Erklärungslogik, die dem entsprechen (Rose 1999, S. 28).

2 Geschlecht und Frauenarbeit

R. W. Connell prägte in ihrer klassischen Formulierung den Begriff der ‚Geschlechterordnung', um eine „historisch spezifische und verfasste Konfiguration der Beziehungen zwischen Staat und Arbeit, sowie Markt und Haushalt [zu bezeichnen], die der Arbeit der Erhaltung und Reproduktion von Menschen auf täglicher und Generationenbasis zugrunde liegen" (Bakker und Silvey 2008, S. 4).[5] Wenn jedoch

---

5   Geschlechterbeziehungen und selbst der Geschlechterbegriff als analytische Kategorie werden seit längerem intensiv und fruchtbar diskutiert. Dieser Aufsatz besteht auf der Zentralität von Geschlecht, um die Restrukturierung des Kapitalismus zu analysieren, und der sexuellen Differenz, die, wenn sie auch durch Rasse, Klasse, Ethnizität und andere Machtvektoren vermittelt wird, unerlässlich und grundlegend für die Strukturierung von Gesellschaften ist. Mir ist wichtig, in diesem Beitrag auf Praktiken und nicht auf frei-flottierende Diskurse zu fokussieren. Mein eigenes Interesse liegt darin, zu verstehen, wie Geschlecht die symbolische Ordnung formt, in der wir leben, und wie es mit dem Kapitalismus als Struktur verflochten ist, der von seiner Funktion her Produktions- und Reproduktionsbeziehungen ordnet. Wie R.W. Connell es treffend ausdrückt: „Praxis kann gegen das gewendet werden, was sie hemmt ... Struktur kann bewusst zum Objekt der Praxis werden. Aber Praxis kann der Struktur nicht entkommen, sie kann nicht frei von ihren Umständen flottieren" (zitiert nach Hawkesworth 2006, S. 164).

die soziale Reproduktion „grundlegende soziale Prozesse und Institutionen einbezieht, die mit den intergenerationalen Mechanismen und Aktivitäten verbunden sind, durch die Gemeinschaften über die Zeit produziert werden und sich entwickeln – und auf denen Produktion und Austausch insgesamt letztlich beruhen" (Connell 2005, S. 1815), dann stellt sich die Frage, wie wir die Rekonfiguration und Einbettung einer neuen Geschlechterordnung verstehen und kritisieren, die entscheidend für die Reproduktion des globalen neoliberalen Kapitalismus ist. Feministische ForscherInnen haben seit einiger Zeit die Spannungen diskutiert, die zur Destabilisierung von älteren Geschlechterarrangements und Modellen von Männlichkeit und Weiblichkeit in verschiedenen Teilen der Welt beigetragen haben. Unter anderen Faktoren reichen sie von der Beteiligung in der KonsumentInnenkultur, zu Veränderungen in Familienformen und zu Erträgen der Frauen- und feministischen Bewegungen. Diese heute durch und durch transnationalisierten Dynamiken bedeuten, dass lokale Geschlechterordnungen „nun nicht nur mit denen anderer lokaler Gesellschaften interagieren, sondern auch mit der der globalen Arena", deren Dynamiken, wie Connell andeutet, Männer so tief wie Frauen betreffen, „obwohl das weniger diskutiert wurde" (Connell 2005, S. 1815).

Der globale Kapitalismus ist im 21. Jahrhundert in jeden Winkel der Welt vorgedrungen und die Informalisierung und Feminisierung der Arbeit sind zwei seiner vorherrschenden Eigenschaften. Die globale Suche nach billiger Arbeitskraft, die im letzten Viertel des vorigen Jahrhunderts begann, führte zu einer massiven Rekrutierung von Frauen weltweit. Während sie in überwältigender Zahl auf die prekarisiertesten Arbeitsformen verwiesen werden, werden sie auf die Rolle der neuen verantwortlichen ProletarierInnen vorbereitet. Dieser Trend wird auch von der Disziplinierung eines männlichen Proletariats durch die Erosion von Arbeitsbedingungen und von der Vertreibung von Männern aus einstmals sicheren Formen der Industriearbeit begleitet.[6]

Weltweit hatten „zu Ende des 20. Jahrhunderts Arbeiterinnen männliche Arbeiter im informellen Sektor und in arbeitsintensiven Fertigungsunternehmen abgelöst" (Priyadarshini 2011; Benería 2003). Neuere Zahlen des Internationalen Arbeitsamtes zeigen, dass erstmals in der Geschichte mehr als die Hälfte der Frauen im arbeitsfähigen Alter in Lateinamerika erwerbstätig sind. Ihre Zahl beträgt nun mehr als 100 Millionen und wird weiter anwachsen. ArbeiterInnen leben heute in

---

6 Das Konzept der Feminisierung bezieht sich auf die Zunahme der Beteiligung der Frauen unter den Erwerbstätigen und auf die sich verschlechternden Bedingungen in vorher männlichen Jobs (Benería 2001, S. 1). Die fortlaufende und weitverbreitete Wendung zur Gelegenheitsarbeit im öffentlichen Sektor in Bereichen wie Gesundheit, Bildung und Sozialarbeit, herkömmlich weiblichen Jobs mit guten Arbeitsbedingungen, fordert uns heraus, diese doppelte Definition der Feminisierung zu erweitern.

der großen Mehrheit in der Stadt und sie bilden „eine Mehrheit unter den Armen, den Arbeitslosen und in der informellen Wirtschaft" (Tinoco 2014). Obwohl einige Frauen von ihrer Teilhabe in der Erwerbstätigkeit profitieren konnten, hängt dies stark mit Klassenprivilegien zusammen, was immer auch mit Rasse und Ethnizität vermittelt ist.[7] Wie ein neuer regionaler Bericht klarmacht, ist es in Lateinamerika und der Karibik „nicht gleich, ob eine Frau einheimisch oder von afrikanischer Herkunft ist, ob sie jung ist, in der Stadt oder auf dem Land, in der eigenen Gesellschaft oder als Migrantin, mit oder ohne Kinder lebt oder älter ist" (CEPAL 2013). Tatsächlich sind nach Schätzungen 17 Millionen in der Hausarbeit beschäftigt, die nach der ILO immer noch die größte Beschäftigungsquelle in Lateinamerika darstellt und in der die Informalität überwiegt (70% aller HausarbeiterInnen). Dieser Prozess der zunehmenden weiblichen Proletarisierung erlegt Frauen besondere Belastungen auf, wie Elizabeth Tinoco, ILO Regionaldirektorin für Lateinamerika und die Karibik verdeutlichte. Typischerweise „haben sie lange Arbeitszeiten, weil sie Zeit für Arbeit und Familienversorgung aufbringen" (Tinoco 2014). Dieser Trend legte ganz klar nahe, dass die unbezahlte Hausarbeit der Frauen zentral für die lateinamerikanische Strategie der globalen kapitalistischen Integration ist. Lateinamerikanische Frauen, könnte man argumentieren, stellen eine ‚letzte Kolonie'[8] der kapitalistischen Akkumulation dar: Sie werden in beispiellosem Umfang als Lohnarbeiterinnen rekrutiert, während sie weiter ihre nichtentlohnte verunsichtbare Arbeit beitragen. Es ist der Wiederholung wert, dass die aktuelle Transformation für die Mehrheit der Frauen nicht ganz neu ist. Ihre Arbeit, ob im formalen oder informellen Sektor, war immer zentral für das Überleben des Haushalts (Bakker 1996, S. 7). Wie Ursula Huws feststellte, sind der Haushalt und seine Schnittstelle zum Arbeitsmarkt weiterhin zentral, um die vergeschlechtlichte Arbeitsteilung und ihre Reproduktion über die Zeit zu verstehen (Huws 2012, S. 2). Angesichts der raschen Urbanisierung in Lateinamerika – heute ist es die am höchsten urbanisierte Region der Welt – und des Verschwindens anderer Formen

---

7   Beneria weist darauf hin, dass vorliegende Belege zeigen, dass die zunehmenden Bildungs- und Integrationsniveaus in den Arbeitsmarkt Frauen in Lateinamerika und anderswo in ungleichem Ausmaß zugutekamen, was zu zunehmenden Klassenunterschieden zwischen ihnen führte (Benería 2001, S. 3). Jedoch wurde seit längerem hinterfragt, in welchem Umfang allein der Zugang zu Erziehung für diese Unterschiede ausschlaggebend ist (z. B. Hoffman und Centeno 2003, S. 13f.). Die Qualität der Bildung selbst ist wichtig, wie große Demonstrationen chilenischer Studierender verdeutlichten.

8   Die Autorin bezieht sich auf die klassische Analyse des Verhältnisses von Geschlecht, bezahlter und unbezahlter Arbeit: „Frauen, die letzte Kolonie"; vgl. Werlhof et al. 1983; Anm. d. Übers.

nichtentlohnter Arbeit, ist es gerechtfertigt, die Beziehung zwischen beiden Trends und besonders den Haushalt zu fokussieren.⁹

Der bedeutende Anstieg in der Arbeitsmarktbeteiligung der Frauen weltweit fiel mit der neoliberalen Restrukturierung des Sozialstaats und insbesondere dem Rückgang sozialstaatlicher Versorgung zusammen. Er befindet sich im Zentrum der Rekonfiguration der Geschlechterordnung.¹⁰ In Lateinamerika wurde die Demontage der importsubstituierenden Industrialisierung und die Zuwendung zu einem exportorientierten Modell des Kapitalismus in den 1980ern von außen gestartet, als die Weltbank und der IWF als Bedingung der Umschuldung Politiken zur finanziellen Strukturanpassung auferlegten. Der Übergang zum neoliberalen Kapitalismus wurde von einer drastischen Reduktion der Funktionen der sozialen Entwicklungsstaaten und von massiver männlicher Arbeitslosigkeit und Unterbeschäftigung begleitet. Frauen wurden gezwungen, ihre ökonomischen Anstrengungen mittels der informellen Wirtschaft zu verdoppeln und lokale Lösungen zu suchen, um ihre Familie zu ernähren.¹¹ Angesichts der zunehmenden Armut, Ungleichheit und allgemeiner sozialer Instabilität in der ganzen Region (in politischen Kontexten, die nicht mehr durch Militärdiktaturen, sondern durch Wahlsysteme gekennzeichnet sind), folgten nationale Regierungen einem erneuerten Aufruf für staatliche Beteiligung beim Management des Sozialen. Dieses Mal geschah dieser Ruf nach sozialer Intervention im Namen eines kompetenten Staates, also eines Staates mit der „Fähigkeit, kollektives Handeln effektiv durchzuführen und zu

---

9   Huws weist auf diese Verbindung hin, da sie einen Zugang zu dem bildet, was sie „die außerordentliche Persistenz der geschlechtlichen Arbeitsteilungen" nennt, die weiterhin „den unterschiedlichen Wert der Arbeit von Frauen und Männern, ihre verschiedenen Positionen in der beruflichen Arbeitsteilung und in sozialen Hierarchien beeinflussen" (Huws 2012, S. 2).

10 Linda McDowell hebt am Beispiel von Großbritannien die dramatischen Veränderungen hervor, die sich bereits in den 1990ern einstellten, wie das zunehmende allgemeine Armutsniveau, die beispiellose Beteiligung von Frauen auf dem Arbeitsmarkt und den Einsatz von Workfare Programmen, die die Lohnarbeit „wesentlich für den individuellen Lebensstandard, für den Status als Staatsbürger und das Selbstvertrauen machen, fast ohne Bezug auf ihre anderen Umstände" (McDowell 2001, S. 452) und von älteren Menschen und Müttern abhängiger Kinder erwarten, dass sie arbeiten gehen.

11 Feministische VolkswirtschaftlerInnen von außerhalb der Region heben gerne diese wichtige Arbeit von lateinamerikanischen Frauen in armen Regionen als Beispiel für alternative kollektive Initiativen außerhalb des Marktes hervor (vgl. Federici 2012; Bakker 2007). Aber die abgenutzte Geschichte von „ollas communas" oder Gemeinschaftsküchen in Chile oder anderswo wird nicht richtig verstanden. In Wirklichkeit war sie ein komplexes Phänomen, das Aktivistinnen aus katholischen Organisationen und im Fall Chiles der lokalen KP im Untergrund einbezog. Wichtiger noch ist, dass sie von den EmpfängerInnen selbst immer als Überbrückungsmaßnahme gesehen wurde.

fördern". Das Doppelziel der Bank bei der Aufmöbelung von Nationalstaaten beinhaltete, „öffentliche Institutionen wiederzubeleben", und die selektive Beteiligung bei „kollektivem Handeln, das Staaten zu fördern versuchen werden, zu ermutigen, gekoppelt mit größeren Anstrengungen, den Staat durch den Einbezug von Bürgern und Gemeinden in der Bereitstellung von Kernkollektivgütern zu entlasten" (World Bank 1997, S. 3). Besondere Aufmerksamkeit galt der „Zivilgesellschaft" als Partner einer neuen Art und Weise der Bereitstellung von Dienstleistungen, wobei das Finden „innovativer Lösungen" betont wird, „die Unternehmen, Arbeit, Haushalte und lokale Gruppen in der Gemeinde" einbeziehen", die imstande sind, „größere Sicherheit zu geringeren Kosten" zu erreichen (World Bank 1997, S. 5).[12] Nach zwanzig Jahren der Umsetzung vorgeblich innovativer Lösungen im Bereich der sozialen Versorgung in der Region ist eines klar: Frauen waren bevorzugte Ko-Partnerinnen bei der Bereitstellung von Dienstleistungen und ihre bezahlte Arbeit und unbezahlte Reproduktionsarbeit bildet die Zutat, die zur Kostensenkung dabei beiträgt. Lateinamerika steht nicht allein mit der umstrukturierten, vordergründig „modernen" Art und Weise der Bereitstellung von Dienstleistungen, die diese Reproduktionsarbeit der Frauen mit einbezieht, um Effektivität zu erreichen.[13] Im Fall sozialer Hilfsprogramme zeigen Untersuchungen supermoderner Programme zum Armutsabbau vom Mikrokredit zu neueren Cash-Transfer-Ansätze deutlich, dass Frauen das vorherrschende Gesicht dieser „Zivilgesellschaft" bilden. Sie waren explizit beispielhafte Ko-Partnerinnen von „effektiven" Sozialstaaten auf der Suche nach aufeinanderfolgenden „Lösungen" für die Auswirkungen der Verschiebungen und Unsicherheiten auf Familien und Gemeinden, die durch die Wendung zu einer skrupellosen räuberischen Form des neoliberalen Kapitalismus verursacht wurden. Als Klientinnen waren sie bevorzugte Ziele der Anstrengungen, Bürgerinnen für den Arbeitsmarkt und als Konsumentinnen zu empowern. Viele feministische Forschungen haben die Heranbildung der lateinamerikanischen Frauen in ein neues weibliches Proletariat als emanzipatorischen Gewinn begrüßt, während sie die Auswirkungen von zusätzlichen Verantwortlichkeiten für ihre

---

12 Die Weltbank definiert Zivilgesellschaft als „den Raum zwischen Familie, Markt und Staat; sie besteht aus Nicht-Profitorganisationen und speziellen Interessengruppen, die formal oder informell sind und arbeiten, um das Leben ihrer Gruppe zu verbessern. In diesem Sinn betrachtet die Bank Forschungs- und Policy-Design-Verbände, Gewerkschaften, Medien, NGOs, Basisverbände, lokale Verbände, religiöse Gruppen und viele andere als typische Akteure, die das Netz bilden, das als Zivilgesellschaft bekannt ist" (Weltbank 2000, S. 8).
13 Vgl. z. B. Newman 2005; Clarke 2004.

Familien und Gemeinden auf sie selbst vernachlässigen.[14] Im besten Fall sind dies widersprüchliche Errungenschaften, die größere Autonomie und Kontrolle über das Leben von Frauen durch bezahlte Arbeit bieten, während sie ihnen auch zunehmende Arbeitslasten und Verantwortlichkeiten aufsatteln.

Die Frage, welche Kosten die Zunahme ihrer Arbeitslast, die sich aus der Reorganisation der Reproduktionsarbeit und der Rolle der privatisierten sozialen Versorgung ergibt, für Frauen mit sich bringt, ist ein zentrales Thema der feministischen politischen Ökonomie vor allem in Nordamerika und Europa.[15] In ihren Debatten hat sie sich vor allem im englischsprachigen Kontext mit einem erneuten Interesse der Vorstellung der sozialen Reproduktion zugewandt. Während sie sich vorher mit der Rolle beschäftigte, die die unbezahlte Hausarbeit der Frauen für eine Subvention der kapitalistischen Reproduktion spielt, interessiert sie sich nun für die Kosten der Privatisierung der sozialen Versorgung für Frauen. Die kanadische Politökonomin Isabella Bakker zum Beispiel argumentiert, dass dieses neue Interesse an der sozialen Reproduktion „bestrebt ist, deren Kosten ins Zentrum einer Analyse des kapitalistischen System der Akkumulation zu stellen, und das mit der Frage verbindet, wie der Mehrwert einer solchen Ökonomie verteilt wird" (Bakker 2007, S. 541).

Wenn wir auf die Entwicklungen in Lateinamerika blicken, werden wir jedoch daran erinnert, dass ein Interesse an der unbezahlten Frauenarbeit einschließlich der Versorgungsarbeit in Haushalt und der Gemeinde weiterhin relevant ist, um die soziale Reproduktion zu verstehen. Wenn wir uns in anderen Worten dem Haushalt und seiner Restrukturierung zuwenden, hilft uns das, die starke Kontinuität zwischen dem Entwicklungsstaat und dem neoliberalen Staat zu erfassen. In dieser Region war die Arbeit der sozialen Reproduktion für die breite Mehrheit nie durch soziale Versorgung privatisiert worden. Dort ging es deshalb nicht darum, die soziale Versorgung dorthin zurückzubringen, wohin sie vorgeblich ‚natürlich' gehört – was die Legitimation für die Reprivatisierung der sozialen Versorgung in Nordamerika und Europa darstellte. Im Zusammenhang hoher Informalität waren und sind die Lösungen für die Herausforderungen, die die alltäglichen Dimensionen der sozialen Reproduktion stellen, von der Versorgungsarbeit bis zur Hausarbeit eigentlich klassenbegründet. Die es sich leisten konnten, dafür zu bezahlen, stellten andere Frauen an. Dieses Muster weist darauf hin, dass die Begriffe und Praktiken des Entwicklungsstaats mit seiner vorgegebenen Geschlechterordnung, die auf der

---

14 Vgl. Molyneux (2006, 2008) für eine kritische Bestandaufnahme, die die Ambiguitäten dieser Erträge für Lateinamerika aufnimmt.

15 Zu dieser Frage gibt es eine umfassende feministische Debatte in Bezug auf Theorie und politische Ökonomie; vgl. z. B. Bakker 1996; Brodie 1995; Fraser und Gordon 2013.

Voraussetzung des industriellen Modells des männlichen Haushaltsvorstands/ Lohnarbeiters aufbaute, ein Ziel für die Mehrheit darstellte und als Mechanismus der moralischen Regulierung der Geschlechterverhältnisse und der Sexualität wirkte. Obwohl die meisten Frauen in Lateinamerika sich die Existenz als ‚Hausfrau' nie richtig leisten konnten, haben weder sie selbst, noch die ForscherInnen oder PolitikerInnen, die die Politik machen, ihre langandauernden informellen wirtschaftlichen Aktivitäten als Arbeit anerkannt.[16] Der Haushalt bleibt also ein wichtiges Konzept, um sich mit der sozialen Reproduktion im neoliberalen Kapitalismus und der Beharrlichkeit der geschlechtlichen Arbeitsteilungen auseinanderzusetzen. Wie uns Ursula Huws erinnert, bildet die „problematische Schnittstelle zwischen dem Haushalt und dem Arbeitsmarkt" (Huws 2012, S. 2) den Ort, an dem die unterschiedlichen Positionen von Frauen und Männern in der Arbeitsteilung, der Wert ihrer unterschiedlichen Arbeit und ihre soziale Positionierung bestimmt werden. Claudia von Werlhof vertrat um 1988 in „Frauenarbeit: Der blinde Fleck in der Kritik der Politischen Ökonomie", dass die Art der unbezahlten Arbeit, die typischerweise auf Frauen verlagert wurde, eine notwendige Vorbedingung für die Ausführung der Lohnarbeit ist. Sie stellt einen „fortdauernden Prozess der ursprünglichen Akkumulation" dar und bildet also nicht eine natürliche oder außerökonomische Dimension, sondern ein notwendiges, vom Kapital geschaffenes „Außen", das andauernd für das Überleben und die Reproduktion der Akkumulationsverhältnisse hergenommen wird. In anderen Worten, Nichtlohnarbeit „sichert die Reproduktion der Arbeitskraft und der Lebensbedingungen" und musste deswegen zwangsläufig kontinuierlich sein (von Werlhof 1988, S. 17).[17]

Nichtlohnarbeit fand weiterhin innerhalb bestimmter Muster sozialer Reproduktion statt, die Fragen von Macht und Produktion bei der Konfiguration dessen umfassen, was feministische ÖkonomInnen heute die „Care-Ökonomie" nennen. Wie können wir dann die Formen der staatlichen Regulierung, in diesem Fall die

---

16 So wurde Lateinamerika herkömmlich als eine der Regionen mit den niedrigsten weiblichen Erwerbsquoten bezeichnet, wobei sie in Chile mit am geringsten ist. Jedoch wurde die Annahme aufrechterhalten, dass die Mehrheit der Frauen Hausfrauen oder *dueñas de casa* sind, und es wurde wenig über die Art und Weisen berichtet, in denen sich Generationen von Frauen mit niedrigem Einkommen engagierten, um ihren Lebensunterhalt im informellen Sektor zu verdienen. Diese fest verwurzelte Wahrnehmung wurde von den Frauen selbst geteilt und sie stellt eine Herausforderung für Arbeitsaktivistinnen dar, die darangehen, Frauen in neu informalisierten Tätigkeiten wie Zulieferarbeit in Heimarbeit wie in Textilien oder Schuhproduktion zu organisieren. Frauen selbst sehen sich nicht als Arbeiterinnen.

17 Die Autorin bezieht sich hier auf den späteren englischen Text und nicht auf die erste deutsche Version in Werlhof et al. 1983; Anm.d. Ü.

neoliberalisierten Formen, am besten verstehen, die grundlegend für die Reproduktion und Einbettung einer rekonfigurierten Geschlechterordnung erscheinen – einer Geschlechterordnung, die gleichermaßen Haushaltsformen, Familienbeziehungen und die Organisation der Arbeit gestaltet und die die Frauenrolle in ihrer Verantwortlichkeit für die täglichen Aspekte der sozialen Reproduktion unter zentralem Einschluss von bezahlter und unbezahlter Versorgungsarbeit aufrechterhält?[18]

3 Soziale Intervention als neoliberale Regulierung

Der Neoliberalismus ist als historisch verankertes politisches Projekt ein vergeschlechtlichtes Projekt, das gleichermaßen von Ideen und Idealen von Weiblichkeit und Männlichkeit und von der konkreten Arbeit von verkörperten Akteurinnen in spezifischen bürokratischen Räumen abhängt. Das zeigt sich am deutlichsten in seiner ‚Ausrollphase',[19] um den Ausdruck von Peck und Ticknell zu verwenden (Peck und Ticknell 2002). Wie kann man die realen Agenturen, aus denen heraus seine Staatsidee errichtet wurde, am besten charakterisieren? In den frühen 1990er Jahren schlug der französische Soziologe Pierre Bourdieu den Begriff des „bürokratischen Feldes" vor, um den Staat als „die Agentur, die die legitime Verwendung nicht nur der materiellen Gewalt [...] sondern auch der symbolischen Gewalt monopolisiert", (Bourdieu 2004) neu zu denken. Während er implizit das Bild des Leviathan anrief, bezeichnete er die sogenannten „Ausgabenministerien", die für soziale Funktionen wie öffentliche Bildung, Gesundheit, Wohnungen, Fürsorge und Arbeitsrecht zuständig sind, als „linke Hand" des Staates. Weiterhin stellt diese weibliche Seite des Leviathan, die den „sozialen Kategorien, die von ökonomischem und kulturellem Kapital abgeschnitten sind, Schutz und Beistand" (Wacquant 2010, S. 201; Bourdieu 2004) bietet, eine Spur der sozialen Kämpfe der Vergangenheit dar (Bourdieu 2004). Andererseits bezeichnet er die Ministerien, in denen sich Technokraten konzentrieren wie z. B. das Finanzministerium, die Ministerialkabinette und die Privatbanken als „die rechte Hand des Staates" (Bourdieu 2004). Die rechte Hand des Leviathan, seine maskuline Seite, hat den

---

18 Wie die umfassenden Veröffentlichungen von feministischen PolitökonomInnen und PolitikwissenschaftlerInnen zeigen, ist dies keineswegs ein rein lateinamerikanischer Trend. Im Kontext von Kanada stellen Z. B. Leah Vosko und Lisa Clark fest, dass „diese Verantwortung trotz der zunehmenden Erwerbsquoten von Frauen, der wachsenden Unzulänglichkeit der Männerlöhne für den Erhalt von Abhängigen und der sich verändernden Haushaltszusammensetzung" fortbesteht (Vosko und Clark o. J.: 4).
19 Roll-out Phase; Anm. d. Ü.

Auftrag, die neue ökonomische Disziplin mittels Budgetkürzungen, finanzielle Anreize und ökonomische Deregulierung durchzusetzen (Wacquant 2010, S. 201).

In seinen Überlegungen zu den bitteren Kämpfen im öffentlichen Sektor im Zusammenhang mit den staatlichen Kürzungen in Frankreich stellte Bourdieu fest, dass die beiden Hände klar im Widerstreit miteinander liegen. Nach fast zwanzig Jahren neoliberaler Restrukturierung trifft es jedoch eher zu, dass ein geteiltes Übereinkommen erreicht wurde.[20] Loic Wacquant erweitert Bourdieus Modell des Staats als bürokratisches Feld, „indem er die Polizei, die Gerichtshöfe und das Gefängnis als die Kernelemente der ‚rechten Hand' des Staats einfügt, und er folgert, dass in neoliberalen Kontexten, eine linke ‚Rest'hand und eine gestärkte rechte Hand des Staates auf Arten und Weisen vorgehen, die „funktional und organisatorisch komplementär dazu sind, neue Formen der aktiven-und-bestrafenden Staatspolitik zu entwerfen" (Wacquant 2010, S. 200 zitiert nach Peck 2010, S. 105). Wacquant vertritt, dass die *neue Regierung der Unsicherheit* eine Verschiebung von dem fürsorglichen „Kindermädchen-Staat" zu einem strengen neoliberalen „Papa-Staat" erfahren hat. Wacquants Charakterisierung ist provokativ, aber in ihr werden die Zwangsmächte und die vergeschlechtlichte Natur des von ihm so bezeichneten „Gouvernanten-Staats" verunsichtbart.[21] Der Wohlfahrtsstaat war nicht einfach „fürsorglich" und wie ein Kindermädchen, sondern ein Projekt der politischen Unterordnung, das sich auf „die Selbstdisziplin der Bourgeoisie und die der Arbeiterklasse auferlegte Arbeitsdisziplin stützte"; entscheidend dabei war, was Corrigan eine „umfassendere soziale Disziplin, die Übernahme von Bedeutungen für bestimmte soziale Ordnungen und Aktivitäten in den Habitus" nennt (Corrigan 1985, S. 184). Staatsformen sind „immer von einem besonderen moralischen Ethos belebt und legitimiert" und als moralische Ordnung hat ein solches Projekt der politischen Unterordnung „einen doppelten Charakter, außen regulierend und innen konstitutiv; es ‚muss nicht nur verpflichtend, sondern auch begehrenswert und begehrt sein'," (Corrigan 1985, S. 194).

Wie sonst können wir die Anstrengungen verstehen, die seit den letzten zwanzig Jahren in der Region vorgenommen werden, um Bevölkerungsgruppen durch intensive Interventionen im Sinne der Verbesserung zu managen? Gestützt auf eine Untersuchung der neoliberalen Staatsformation in Chile habe ich an anderer Stelle vertreten, dass die Neoliberalisierung des Staates, die sich als Verbesserungsform auf

---

20 Wenn man richtigstellt, wer in Prozessen der Staatsformation was, wann, wie und in welchen Kontexten tut, erhält man eine komplexere Sicht auf die Transformationen früherer „Leviathane", wozu Gemeinschaftsbildung, Hilfe für die Armen und die klar mit normativer Weiblichkeit verbundene Bereitstellung von Sozialhilfe gehören.

21 Vgl. auch die Kritik von Mayer an Wacquant zu diesem Aspekt (Mayer 2010, S. 97).

den Weg macht, machtvolle Auswirkungen auf das soziale Leben und auf die Geschlechterverhältnisse hat, von der zunehmenden Mikroregulierung der Individuen ganz zu schweigen (Schild 2013). Die Anstrengungen von Frauen, wozu auch eine zunehmende und reiche feministische Expertise gehört, haben eine grundlegende Rolle in der Re-konfiguration dieses verbessernden neoliberalen Staats gespielt. Diese Aktivitäten und entsprechendes Wissen liegen den neuen Bedingungen der Regulierung sozialer Prekarität zugrunde, indem sie sowohl explizit und implizit auf Frauen, die sie als Kopartnerinnen von Sozialprogrammen empowern, wie auch auf Männer zielen, deren oft pathologisierte oder schon marginalisierte Männlichkeiten nach Kate Bedford auch zum Ziel aggressiver und bestrafender Regulierungsformen werden (Bedford 2007; vgl. auch Wacquant 2007). Bestrafende Regulierungsformen erreichen weiterhin auch die Frauen, die aufgrund ihrer alternativen wirtschaftlichen Aktivitäten die akzeptierten Weiblichkeitsnormen zu überschreiten scheinen.

In Lateinamerika gingen die Militarisierung der Polizeiaktivitäten und die Kriminalisierung der Armut Hand in Hand mit Anstrengungen, das Polizei- und Strafsystem zu „modernisieren", wie auch das Gefängnissystem auszuweiten. Im Fall von Chile zum Beispiel erfuhr die Gefängnispopulation ein explosives Wachstum von 75 % zwischen 1998 – 2008.[22] Und während die, die im Gefängnis landen, arm sind, schließt diese Kategorie nicht nur die Marginalisierten ein, sondern auch die Sektoren der verarmten Mittelklasse, die ihre Schulden nicht bezahlen können (Tijoux 2012). Die Disziplinierung und Selbstdisziplinierung des Marktes wird demnach mit bestrafenden Regulierungen für die ergänzt, deren Leben prekär gemacht wurde, und das schließt nicht nur den marginalisierten „Bevölkerungsüberschuss" aus der Arbeiterklasse (überwiegend männlich), sondern weitere Kategorien der prekären Gruppen ein. Während weiterhin Männer den größten Teil der Gefängnisinsassen darstellen, bilden Frauen die am raschesten zunehmende eingesperrte Gruppe.[23] Frauen, die hinter Gefängnistüren landen, sitzen typischerweise wegen Beteiligung im Drogenkleinhandel ein (*narcomenudeo*) (Hernández 2010, S. 11;

---

22 Die Reforma Procesal Penal 2005 führte zu einer sechsfachen Zunahme von Verurteilungen von 35000 um 1999 auf 215000 um 2008; vgl. *El Ciudadano* 8. 12. 2010. http://www.elciudadanoweb.com/pinera-%E2%80%9Cla-situacion-penitenciaria-en-chile-no-resiste-mas%E2%80%9D. Abruf am 20.10. 2012. Vgl. Arriagada (2013) zu den Auswirkungen der Privatbeteiligung in der Modernisierung des chilenischen Gefängnissystems.

23 Für aktuelle vergleichende Daten zu den Trends der Gefängnisinsassen nach Geschlecht vgl. World Prison Brief South America of the International Centre for Prison Studies (2014) http://prisonstudies.org/info/worldbrief/wpb_country.php.

Villarrubias 2011, 2011a).²⁴ Nach dem Bericht „Frauen, Drogenvergehen und Gefängnissysteme in Lateinamerika" des International Drug Policy Consortium (IDPC) (Giacomello 2013) hat die Prekarisierung des Lebens im städtischen und ländlichen Lateinamerika Frauen besonders negativ betroffen. Sie sind zunehmend die einzigen Einkommensverdiener, nicht nur für ihre Kinder, sondern auch häufig für ältere Verwandte (Parkinson 2014; Giacomello 2013).

Im Gegensatz zu Wacquant würde ich also vertreten, dass, obwohl die Gefängnisform eine vorherrschende Reaktion auf die Unordnung ist, die durch die Flexibilisierung und Prekarisierung der Arbeit hervorgerufen wurde, ein Verständnis für die komplementäre verbessernde Form des Staates grundlegend dafür ist, die Regulierung sozialer Prekarität in neoliberalen, demokratischen Kontexten zu begreifen. Wir müssen uns erinnern, dass ‚Sicherheit' in der Organisationslogik für die Koordination dessen, was die linke und die rechte Hand des Staates in der ‚Ausrollphase' des Neoliberalismus tut, eine gewaltige Rolle spielt. Und während prekäres Leben sich ausweitet, geschieht das Gleiche mit dem Appell an Sicherheit, der zuallererst in einer Sprache von Rechten gerahmt wird: Sicherheit ist ein „Bürgerrecht". Übermäßige Aufmerksamkeit auf die bestrafende Dimension der Regulierung der sozialen Prekarität führte zu einer Vernachlässigung der wirklichen Besonderheit dieses gegenwärtigen Moments des neoliberalen Staates, nämlich der Artikulation von ermöglichenden, verbessernden wie auch bestrafenden Aktivitäten in dem umfassenden Projekt der Sicherung der Gesellschaft. Im Fall Lateinamerikas bezeugen wir meiner Ansicht nach einen sich immer weiter entwickelnden Versuch der gesellschaftlichen Regulierung, der ermöglichende, verbessernde Formen im Verein mit bestrafenden zunehmend in eine *neue vergeschlechtlichte Securitization des Staates* zusammenfügt.²⁵

Die ermöglichende/verbessernde Dimension der staatlichen Regulierung ist, wie ich anderswo vertreten habe, ein Projekt, in dem institutionalisierte feministische Diskurse, Aktivistinnen und Frauen in Professionen Schlüsselakteure sind, die an verschiedenen Regierungsebenen, im Privatsektor und in ihren eigenen Gemeinden beteiligt sind (vgl. Schild 2014; 2015; 2015a). Die Investitionen in Aktivitäten, die zur Reproduktion der Lebensbedingungen beitragen, indem sie Gemeinden und „verdiente" Individuen regulieren, nehmen die Form eines Auf-

---

24 Der Anteil der weiblichen Gefangenen, die wegen Drogenverbrechen verurteilt wurden, ist in der ganzen Region sehr hoch: vgl. Charles Parkinson, „LatAm Prison System Failing Women Drug Convicts", 14 November 2013 http://www.insightcrime.org/news-analysis/latam-prison-system-failing-female-drug-convicts.

25 Diese Dimension des neoliberalen Staates beschränkt sich weiterhin nicht auf Lateinamerika, wie neuere Debatten in der theoretischen Kriminologie gezeigt haben; vgl. Hallsworth und Lea 2011.

rufs zu aktiver Staatsbürgerschaft an, der explizit auf „Ermöglichungsansätze" für bestimmte Zielpopulationen setzt, indem sie Frauen „empowern". Der Appell von Regierungspraktiken an „individuelle Verantwortlichkeit", ein Grundelement der neoliberalen politischen Rationalität, ist deshalb ein vergeschlechtlichter Appell an die Agency der Regierten selbst. Regieren durch die Agency der Regierten ist eine verkörperte Praxis und in diesem Fall werden Frauen in ihren Fähigkeiten als Versorgungsleistende und als unternehmerische Subjekte aufgerufen, ihr Teil für Familien und Gemeinden zu tun. Diese Anforderung an Frauen wird besonders deutlich in den aufeinanderfolgenden Programmen zur Armutsbekämpfung, die sie als Partnerinnen rekrutiert und zu ihrem wirtschaftlichen Empowerment aufgerufen haben, – von Unternehmens- und Finanzinitiativen im Zusammenhang von Mikrounternehmen und Mikrokrediten bis zu den neuesten Conditional Cash Transfer (CCT) Programmen.

CCT Programme wurden global weithin übernommen. Solche Programme wie *Bolsa Familia* in Brasilien, *Oportunidades* in Mexiko und *Chile Solidario* und *Programa Puente* in Chile streben an, Familien aus der Armut und Bedürftigkeit herauszubringen, indem Frauen als rationale Schlüsselakteure der Veränderung gewonnen werden.[26] Sie zielen Familien an und beabsichtigen den „Armutszyklus über die Generationen" zu durchbrechen, aber wirklich fokussieren sie Frauen und besonders Mütter. Diese erhalten Gutscheine für Bargeld unter der Bedingung, dass sie und ihre Familien, besonders die Kinder, die Programmanforderungen in Bereichen wie Bildung, Gesundheit und Beschäftigungsfähigkeit erfüllen. Wie ähnliche Programme anderswo zielt *Chile Solidario* darauf ab, strenge Armut oder „Bedürftigkeit", um den gegenwärtigen Neusprech zu verwenden, durch ein System von Bargeldtransfers mit Auflagen zu beseitigen, das die Fähigkeit von Familien fördern soll, der Armut durch eigene Anstrengungen zu entrinnen. Diesen Anstrengungen liegt die implizite Annahme zugrunde, dass individuelle Lohnarbeit zentral für männliche Selbstachtung und weibliches Empowerment ist; sie wirkt als mächtiger Mechanismus zur Disziplinierung von Frauen und Männern und zur Normalisierung bestimmter sozialer Beziehungen und Vorstellungen von Selbst und Welt für das gegenwärtige kapitalistische Projekt. Das Streben nach sozialer Integration durch Finanzialisierung oder finanzielle Inklusion ist ein komplementärer Disziplinierungsmechanismus. Eine Untersuchung der finanziellen Praktiken von KlientInnen von Armutsbekämpfungsprogrammen zeigte z. B. auf, dass zwar 90% von ihnen ihren Bargeldbonus persönlich erhielten, jedoch 86% von ihnen bereits mindestens ein Bankkonto haben, und diese Zahl ist mit 99% sogar noch höher

---

26 Für eine kritische Bewertung der Effektivität dieser Programme und ihrer Auswirkungen auf Frauen vgl. Lavinas 2013, 2013a; vgl. auch Molyneux 2006 und Schild 2013, 2007.

für die TeilnehmerInnen in der ersten Komponente, dem *Programa Puente*. Dazu kommt die Tatsache, dass 90% der KlientInnen der CCTs weibliche Haushaltsvorstände sind (obwohl das Programm offensichtlich „Familien" anvisiert). Das Ziel von Programmen wie *Inclusion Financiera* ist ganz klar, das wirtschaftliche Empowerment von Frauen in Richtung ihrer Konsumentinnenrolle zu erweitern und sie also weiter in den Markt zu integrieren (vgl. F OSIS Encuesta de la Inclusion Financiera 2012). Schließlich werden Frauen im Lichte immer weiter zunehmender Ungleichheiten und sozialer Prekarität auch als Partnerinnen in lokalen Programmen zur Verbrechensprävention rekrutiert. Securitization in „verwundbaren" Nachbarschaften, vor allem wenn dort Drogenhandel und Drogenkartelle aktiv präsent sind, bringt eine große Polizeipräsenz und Repression wie auch Programme zur Verbrechensprävention mit sich.[27]

4 Frauen als prekäre Ermöglicherinnen der kapitalistischen Akkumulation

Was Bourdieu einst die „linke Hand des Staates" nannte, bezieht sich auf die Aktivitäten, die darauf abzielen, die untergeordneten Klassen und Bevölkerungen zu regulieren, indem sie ihre Lebenschancen schützen und erweitern (Wacquant 2008). Wie können wir die Erfolge oder das Scheitern von solchen Reformprogrammen, die sich mit den „Modernisierungen" dieser hier diskutierten sozialen Bereiche verbinden, bewerten? Typischerweise werden sie so evaluiert, als ob die Anstrengungen, die auf ihre Konfiguration und Implementation aufgewandt wurden, keine anderen Spuren hinterlassen hätten als die, die sie selbst anerkennen. Und dennoch stellen diese immer kulturell-politische Prozesse in einem materiellen Sinn dar, die Individuen einbeziehen, die in einem spezifischen organisatorischen Setting handeln und bestimmte Verständnisse durch die gelebten Traditionen und Praktiken, in die sie eingebettet sind, artikulieren und ausdrücken. Überdies sind sie, wie oben angedeutet, immer in ihrer Konfiguration und ihren Ergebnissen vergeschlechtlicht. Typischerweise stützt sich das Feld der Sozialpolitik explizit und implizit auf die privaten und persönlichen Leistungen im Feld der Sorge und auf naturalisierte Vorstellungen dieser Arbeiten.

---

27 Frauen sind die Hauptbeteiligten in solchen Programmen und deren Funktionäre setzen weiterhin voraus, dass sie „freie" Zeit haben, während sie allerdings wahrnehmen, dass nun mehr von ihnen außerhalb des Hauses arbeiten als früher. Mitteilung von Andrés de Castro, September 2014.

Die Bereiche des bürokratischen Feldes, das Bourdieu als die linke Hand des Staates bezeichnet, tragen implizit die Spuren sozialer Kämpfe, die mit Arbeit und deshalb mit männlichem Aktivismus verbunden sind. Weiterhin zeigen sie auch explizite Spuren feministischer Kämpfe und des Aktivismus von Frauen, wie feministische HistorikerInnen in Lateinamerika, Nordamerika und Europa überzeugend dargelegt haben. In der Tat sind feministische Diskurse und die Leistungen von Frauen innerhalb und außerhalb der staatlichen Bürokratie – einschließlich der feministischen Forschung, philanthropischer und freiwilliger Leistungen im Privatsektor wie auch der praktischen Arbeit von Frauen im Sozial-, Gesundheits- und Bildungsbereich in staatlichen Bürokratien, von Aktivistinnen und Klientinnen ganz zu schweigen – die historische Kraft hinter der Erschaffung und dem Umbau von Sozialstaaten (Gordon 1994; Scokpol 1992; Guy 2009; Rosenblatt 2000). Weiter gibt es die – typischerweise unsichtbare – Tatsache, dass die linke Hand des Staates historisch von der (naturalisierten) Fähigkeit der Frauen für Sorgearbeit abhängt. Sie haben ihre Leistungen über ihr privates Reich ihrer eigenen häuslichen Umgebung hinaus erweitert, um private und staatliche Wohlfahrtslösungen einzubeziehen. In der Tat stellen sie wichtige, andauernde und namenlose Ermöglicherinnen der ursprünglichen kapitalistischen Akkumulation dar. Die Geschichte der linken Hand des Staates ist demnach weitgehend die von Frauen als „staatliche Sorgearbeiterinnen", um die treffende Formulierung von Linda Gordon zu verwenden (Gordon 1994).

In der ‚Ausrollphase' des Neoliberalismus wiederholt sich die Geschichte von Frauen als „staatliche Sorgearbeiterinnen". Dieses Mal hat sich jedoch die Prekarisierung der Arbeit in die organisationalen Strukturen des Regierens eingegraben. So gilt der Rückbau des Sozialstaats in den 1980er und 1990er Jahren, der von feministischen KritikerInnen als „Remaskulierung" des Staates beschrieben wurde, nicht für die gegenwärtige ‚Ausrollphase'.[28] Eine grounded Analyse des sozialpolitischen Feldes zum Beispiel zeigt an, dass wir eher eine Feminisierung des Staates im doppelten Sinne erleben: Zum Ersten im Sinne der extensiven Ressourcen, die in den Leistungen verschiedener Kategorien von Frauen aufzufinden sind – von Klientinnen zu Expertinnen und zu einer großen Armee weiblichen Personals, das im öffentlichen, freiwilligen und Privatsektor oft unter prekären Bedingungen und schlecht bezahlt arbeitet. In Chile zum Beispiel machen Frauen 60 % aller öffentlich Beschäftigten aus, so dass der neoliberalisierte Staat der größte Beschäftiger von Frauen ist.[29] Nach dem Nationalen Verband des öffentlichen Beschäftigten (ANEF,

---

28 Zur Remaskulinisierung des Staates vgl. Carske 1999.
29 In Chile beträgt die formale Erwerbsquote von Frauen bei 37,4%. Im öffentlichen Sektor jedoch liegt der Anteil der Frauen unter den Erwerbstätigen bei 60%. Dennoch ist der

Asociación Nacional de Empleados Fiscales) sind in der Tat „Frauen das soziale Gesicht des Staates" und sie sind auch die prekärsten staatlichen Beschäftigten. Die Flexibilisierung der Arbeit herrscht nicht nur als Art und Weise des Arbeitens im Privatsektor vor, sondern sie hat sich auf allen Ebenen der staatlichen Bürokratie verwurzelt.[30] Frauen werden vor allem mit jährlich zu erneuernden Verträgen (*contrata*) oder auf Honorarbasis pro Dienstleistung (*honorario*) beschäftigt. Zahlen für die Zeit von 1999-2009 zeigen zum Beispiel, dass die festen Stellen im öffentlichen Dienst um 3000 zunahmen, während jährlich zu erneuernde Verträge um 54382 anwuchsen, wobei Frauen unter den befristet Beschäftigten eine Mehrheit darstellten.[31] Zusätzlich betrug im Jahr 2009 die Zahl der auf Honorarbasis Beschäftigten 53042 (Ibañez 2011, S. 64-65).

Eine zweite Dimension der Feminisierung des neoliberalisierten Sozialstaats hängt mit dem Beitrag des reichen Erbes feministischer aktivistischer Praktiken, Expertise und des breiten feministischen Wissens zu den neuen Ansätzen der sozialen Regulierung zusammen.[32] Das Innovative der Sozialhilfe und gemeindebasierten Sicherungsprogramme liegt darin, dass Frauen ihre expliziten und impliziten Zielgruppen und Ermöglicherinnen sind. Ob neue Conditional Cash Transfer Programme oder Programme zur Verbrechensprävention darauf zielen, in Kinder und Jugendliche zu investieren, um den Armutszyklus zu durchbrechen oder Gemeinden vor dem Verbrechen zu sichern, sie tun das unter dem Motto, Frauen als aktive Bürgerinnen zu empowern. Im Programm *Mulheres da Paz* in Brasilien zum Beispiel, einer Schlüsselkomponente des größeren *Programa Nacional de Segurança com Cidadania*, das vom Justizministerium koordiniert wird, spielen „empowerte" Frauen eine entscheidende Rolle. In Rio de Janeiro ist das Programm mit dem *Programa Protejo* (Schutz) verbunden, das einen Schwerpunkt

---

öffentliche Sektor in Chile unter Einschluss der dauernd beschäftigten und anderen öffentlichen Bediensteten der kleinste in Lateinamerika und umfasst etwa sieben Prozent der Erwerbstätigen in Chile (de la Puente 2011, S. 14).

30 Zahlen vom Juni 2013 zeigen, dass von allen Jobs, die in den vorhergehenden 39 Monaten geschaffen wurden, 62,7 % Kontraktarbeit und andere prekäre Formen darstellten. Berücksichtigt man nur die Frauen, so steigt dieser Anteil auf 76,9% (Fundación Sol, 2013). http://www.fundaciosol.cl/we-content/uploads/2013/08/Minuta-Empleo-AMJ-13.pdf.

31 Etwa 8000 Beschäftigte mit befristeten Verträgen waren über zwanzig Jahre lang in der öffentlichen Verwaltung tätig und weitere 18000 von elf bis zwanzig Jahre. Während der Regierung von Michelle Bachelet (2006-2010) erhöhte sich die Zahl der befristet Beschäftigten um etwa 43000 (de la Puente 2011, S. 14).

32 Das ist der Fokus einer neueren kritischen feministischen Debatte (vgl. Schild 2014, 2013; Fraser 2013; Eisenstein 2010).

auf „politische Bildung" unter Jugendlichen setzt, die städtischer oder häuslicher Gewalt ausgesetzt sind.[33] Frauen bestimmen mögliche Nutznießer, führen sie zu dem Programm hin und begleiten sie auf ihrer Reise, während sie Rat und Anleitung anbieten (Sorj und Gomes 2011, S. 151). Offensichtlich ist die Fähigkeit dieser Klientinnen, zu handeln oder eine Wahl zu treffen, wie uns Clarke und Neumann in einem anderen Zusammenhang erinnern, „nicht ihre eigene Eigenschaft, sondern ein Effekt ihrer Beziehung zum Staat, in der sie sowohl empowered wie diszipliniert werden" (Clarke und Newman 1997, S. 29).

5 Schlussfolgerungen

In ihrem einflussreichen Werk über Staatsformierung beharrten Corrigan und Sayer darauf, dass Staatsformen „immer durch ein spezifisches moralisches Ethos belebt und legitimiert" werden und dass ein solches Projekt als eine moralische Ordnung „einen doppelten Charakter hat, sowohl extern regulierend und intern konstitutiv, […] es muss nicht nur verpflichtend, sondern auch wünschenswert und erwünscht sein" (Corrigan und Sayer 1985, S. 194). Kapitalistische Transformationen in Chile und anderswo in Lateinamerika weisen auf eine aktive Beteiligung des neoliberalen Staates bei der Konfiguration eines umfassenden hegemonialen Projekts und einer sozialen Reorganisation hin, die sowohl durch eine Neudefinition der Geschlechterordnung als auch durch eine Festlegung auf die „aggressive Reregulierung, Disziplinierung und Eindämmung" bestimmter Zielpopulationen gekennzeichnet sind (Peck und Ticknell 2002, S. 389). Ich habe vertreten, dass diese neoliberalisierte Staatsform in ihrer Konfiguration und ihren Ergebnissen vergeschlechtlicht ist, und bei ihrer Beschreibung habe ich zwischen zwei Dimensionen unterschieden, die beitragen, ihre vergeschlechtlichten Bedeutungen sichtbar zu machen: Eine ermöglichende/"verbessernde" oder „versorgende" und eine bestrafende Dimension.

Weiterhin habe ich vorgeschlagen, dass die Sozialpolitik ein entscheidender Mechanismus für die sozialregulatorischen Ziele eines ermöglichenden neoliberalen Staates ist, indem sie nämlich Gesellschaften durch das *Selbstverantwortlichmachen von Individuen*, die – als unternehmerisches Selbst – in der neuen Ökonomie

---

33 Das Programm wurde 2008 eingerichtet und die Version von Rio war eine Pionierfassung. Es wurde vom Staatssekretariat für Sozialhilfe und Menschenrechte in Rio de Janeiro verwaltet (*Secretaria Estadual de Assistencia Sociale Direitos Humanos*, Seasdh). 2250 Frauen wurden aus achtzehn Staatsregionen ausgewählt, denen „hohe Gewalt- und Kriminalitätsraten" zugeschrieben wurden. TeilnehmerInnen, in diesem Fall Frauen und Jugendliche, erhielten jeweils R$ 190 und R$ 100 (Sorj und Gomes 2011, S. 151ff.).

funktionieren können, in *unternehmerische Gesellschaften* verwandelt. Darüber hinaus ist Sozialpolitik nicht ein frei flottierender Diskurs, sondern eine Reihe von Praktiken, die in den Staat, der von Bourdieu als „bürokratisches Feld" bezeichnet wurde, eingebettet sind. Nur indem wir in diesem Sinne Sozialpolitik als regulatorische Praktiken erden, können wir die neoliberale Staatsformation als ein explizit vergeschlechtlichtes Projekt begreifen, in dem der Einbezug feministischer Empowerment-Diskurse und -praktiken entscheidend für das Verständnis der wesentlichen Beiträge durch die bezahlte und unbezahlte Arbeit von Frauen ist. Die Vorstellung, dass die neoliberale Restrukturierung einen Rückzug des Staates vom Sozialen darstellt, wurde erfolgreich hinterfragt (Panitch und Gindin 2012; Wacquant 2007; Schild 2013). Wie John Clarke im Zusammenhang von Großbritannien feststellte, bilden neoliberalisierte Staaten als rekonfigurierte Form des Regierens keineswegs eine Restgröße. Sie haben erweiterte Fähigkeiten der Leitung, Regulierung und Kontrolle von anderen Akteuren und Agenturen des „Regierens" erworben sowohl als organisierende Kraft des „Metaregierens" (oder, wie er sie treffend nennt, des „Regierens des Regierens") wie auch als „die ‚legitimierende' Agentur, die die meisten Regierungsstrategien passieren müssen, um autorisiert zu werden" (Clarke 2004a, S. 115-117). In unseren Berichten der erweiterten Fähigkeiten der neoliberalisierten Staaten bleiben die Beiträge der Frauen zu diesen Anstrengungen verunsichtbart, ganz zu schweigen von dem hohen Preis, der der Mehrheit von ihnen abverlangt wird.

Literatur

Abrams, P. (1988). Notes on the Difficulty of Studying the State. In: *Journal of Historical Sociology* 1, 1, S. 58-89.
Bakker, I. (Hrsg.). (1996). *Rethinking Restructuring: Gender and Change in Canada*. Toronto: University of Toronto Press.
Bakker, I. (2007) Social Reproduction and the Constitution of a Gendered Political Economy. In: *New Political Economy* 12, 4, S. 541-555.
Bakker, I., & R. Silvey (Hrsg.). (2008). *Beyond States and Markets: The Challenges of Social Reproduction*. Oxford & New York: Routledge.
Bedford, K. (2007). The Imperative of Male Inclusion: How Institutional Context Influences World Bank Gender Policy. In: *International Feminist Journal of Politics* 9, S. 289-311.
Benería, L. (2001). *Changing Employment Patterns and the Informalization of Jobs: General Trends and Gender Dimensions*. Genf: International Labour Organization.
Benería, L. (2003). *Gender, Development, and Globalization: Economics as if All People Mattered*. New York & London: Routledge.

Bourdieu, P. (1998): Staatsgeist. Genese und Struktur des bürokratischen Feldes. In: Ders.: *Praktische Vernunft. Zur Theorie des Handelns* (S. 91-136). Frankfurt am Main: Suhrkamp.
Bourdieu, P. (2004). *Gegenfeuer*. Konstanz: UVK
Bourdieu, P. (2005). *Was heißt sprechen? Zur Ökonomie des sprachlichen Tausches.* 2. erw., überarb. Aufl. Wien: Braumüller.
Brenner, N. (2004). *New State Spaces.* Oxford: Oxford University Press.
Brown, W. (2005). *Edgework: Critical Essays on Knowledge and Politics.* Princeton: Princeton UP.
Corrigan, P. & Sayer, D. (1985). *The Great Arch. English State Formation as Cultural Revolution.* Oxford: Basil Blackwell.
CEPAL et al. (2013). Trabajo Decente e Igualdad de Genero. Politicas para Mejorar el Acceso y la Calidad del Empleo de las Mujeres en America Latina y el Caribe. Santiago: CEPAL, FAO, ONU Mujer, PNUD, OIT.
Clarke, J. (2004). *Changing Welfare, Changing States: New Directions in Social Policy.* London: Sage.
Clarke, J. (2004). 'Creating Citizen-Consumers: The Trajectory of an Identity', paper presented at CASCA, London, Ontario, May.
Clarke, J. & Newman, J. (1997). *The Managerial State.* Thousand Oaks: Sage.
Craske, N. (1999). *Women and Politics in Latin America.* Oxford: Polity Press.
Crenshaw, K. (1991) Mapping the Margins: Identity Politics and Violence against Women of Color. In: *Stanford Law Review* 43, S. 1241-99.
Davis, K. (2008). Intersectionality as Buzzword. In: *Feminist Theory* 9, 1, S. 67-85.
Eisenstein, H. (2009). *Feminism Seduced: How Global Elites Use Women's Labor and Ideas to Exploit the World.* Boulder, London: Paradigm.
El Ciudadano (2010): Piñera: 'La situación penitenciaria en Chile no resiste más', December 8, 2010, at: http://tinyurl.com/m6ddufn. Zugegriffen:20. Oktober 2012.
Federici, S. (2004). *Caliban and the Witch: Women, the Body and Primitve Accumulation.* New York: Autonomedia.
Federici, S..(2012) The Reproduction of Labor Power in the Global Economy and the Unfinished Feminist Revolution. In *Revolution at Point Zero: Housework, Reproduction, and Feminist Struggle* (S. 91-111). Oakland, Cal.: PM Press.
Federici, S. (2014). Foreword. In M. Mies (Hrsg.), Patriarchy and Accumulation on a World Scale: Women in the International Division of Labour (S. IX-XI). London: Zed Press.
FOSIS, Ministerio de Desarrollo Social (2012). Resultados Finales „En búsqueda de estrategias pertinentes de Inclusión Financiera para familias en condición de extrema pobreza. April 2012. http://www.fosis.cl/images/Documentos/00_Central/Estudios/Presentacion%20 Inclusion%20Financiera%20ABRIL.pdf. Zugegriffen: 30. Januar 2016.
Fraser, N. (2013). *Fortunes of Feminism. From State-Managed Capitalism to Neoliberal Crisis.* London: Verso.
Fraser, N. & Gordon, L. (2013). A genealogy of dependency: Tracing a keyword of the US welfare state. In: Fraser, N. *Fortunes of feminism: From state-managed capitalism to neoliberal crisis* (S. 83-110). London: Verso.
Foucault, M. (1991). Governmentality. In G. Burchell, C. et al. (Hrsg.), *The Foucault Effect. Studies in Governmentality* (S. 87-104). Chicago: University of Chicago Press.
Foucault, M. (1994). Two Lectures. In M. Kelly (Hrsg.), *Critique and Power: Recasting the Foucault/Habermas Debate* (S. 17-46). The MIT Press.

Foucault, M. (2008). 1979 Lectures. In M. Senellart (Hrsg.), *Michel Foucault, The Birth of Biopolitics: Lectures at the College de France, 1978-1979*. Basingstoke: Palgrave Macmillan.

Giacomello, C. (2013). Mujeres, delitos de drogas y sistemas penitenciarios en América Latina, *Documento informativo del IDPC*. http://tinyurl.com/l4f2o5j. Zugegriffen: 12. November 2014.

Gordon, L. (1994). *Pitied But Not Entitled: Single Mothers and the History of Welfare*. Cambridge, Mass.: Harvard UP.

Gorsky, P. (2003). *The Disciplinary Revolution: Calvinism and the Rise of the State in Early Modern Europe*. Chicago: University of Chicago Press.

Guy, D. J. (2009). *Women Build the Welfare State: Performing Charity and Creating Rights in Argentina, 1880-1955*. Durham, London: Duke UP.

Hallsworth, S. & Lea, J. (2011) „Reconstructing Leviathan: Emerging Contours of the Security State", in: *Theoretical Criminology*, 15, 2, S. 141-157.

Hawkesworth, M. (2006). *Feminist Inquiry: From Political Conviction to Methodological Innovation*, New Brunswick, N.J.: Rutgers UP.

Hennessy, R. & Ingraham, C. (1997). *Materialist Feminism: A Reader in Class Difference, and Women's Lives*. New York: Routledge.

Hernández, R. A. (2010). Introducción. Historias de exclusión. In R. A. Hernández (Hrsg.), *Bajo la sombra del guamúchil. Historias de vida de mujeres indígenas y campesinas en prisión* (S. 9-18). Mexico, D.F.: CIESAS, IWGIA, Ore-Media.

Huws, U. (2012). The Reproduction of Difference: Gender and the Global Division of Labour. In: *Work Organisation, Labour & Globalisation* 6, 1, S. 1-10.

Ibañez, M. A. (2011). Estabilidad laboral en el empleo publico. In J.Ensignia & A. Fuhrer (Hrsg.). *Reforma del Estado y Relaciones Laborales en el Chile de Hoy* (S. 57-71). Santiago: Friedrich Ebert Stiftung.

International Centre for Prison Studies (2014). *World Prison Brief: South America*. http://prisonstudies.org/map/south-america. Zugegriffen: 12. Dezember 2014.

Instituto Nacional de Estadisticas, Encuesta Experimental sobre Uso del Tiempo en el Gran Santiago. Santiago: INE, 30 Mai 2008.

Lavinas, L. (2013). Latin America: Anti-poverty schemes instead of social protection. Desigualdades.net Working Paper 51. http://www.desigualdades.net/Resources/Working_Paper/51-WP-Lavinas-Online-revised.pdf?1380019055. Zugegriffen: 3. Februar 2015.

Lavinas, L. (2013a). 21st Century Welfare. In: *New Left Review* 84, S. 5-40.

Lemke, T. (2007). An Indigestible Meal? Foucault, Governmentality and State Theory. In: *Distinktion: Scandinavian Journal of Social Theory* 15, S. 43-64.

Lemke, T. (2001). 'The Birth of Bio-Politics': Michel Foucault's Lecture at the College de France on Neo-Liberal Governmentality. In: *Economy and Society* 30, 2.

Loveman, M. (2005). The Modern State and the Primitive Accumulation of Symbolic Power. In: *American Journal of Sociology* 110, 6, S. 1651-1683.

Mayer, M. (2010). Punishing the Poor–a Debate: Some Questions on Wacquant's Theorizing the Neoliberal State. In: *Theoretical Criminology* 14, 1, S. 93-103.

Mies, M. (1986). *Patriarchy and Accumulation on a World Scale: Women in the International Division of Labour*. London: Zed Books.

Molyneux, M. (2006). Mothers at the Service of the New Poverty Agenda: Progress/Oportunidades, Mexico's Conditional Transfer Programme. In: *Social Policy & Administration* 40, 4, S. 425-449.

Molyneux, M. (2008). *Conditional Cash Transfers: A 'Pathway to Women's Empowerment'?* Pathways Working Paper, 5, IDS, Sussex, S. 1-97.

Nash, J. C. (2015). The Institutional Lives of Intersectionality. In: *Economic & Political Weekly* September 19, 38, S. 74-76.

Newman, J. (Hrsg.) (2005). *Remaking Governance: Peoples, Politics and the Public Sphere.* Bristol: The Policy Press.

Palma, G. (2009). Why did the Latin American Critical Tradition in the Social Sciences Become Practically Extinct? From Structural Adjustment to Ideological Adjustment, unpublished paper (revised and enlarged version of a paper published in M. Bly, (Hrsg.). *The Handbook of International Political Economy*, Routledge 2008, S. 243-265.

Palma, G. (2009a). The Revenge of the Market on the Rentiers. Why Neo-Liberal Reports of the End of History Turned out to be Premature. In: *Cambridge Journal of Economics* 33, S. 829-869.

Parkinson, C. (2013): LatAm Prison System Failing Women Drug Convicts. In: *InSightCrime*: November 14, 2013. http://tinyurl.com/nll86te. Zugegriffen: 1. September 2014.

Patil, V. (2013). From Patriarchy to Intersectionality: A Transnational Feminist Assessment of How Far We've Really Come. In: *Signs* 38, 4, S. 847-67.

Peck, J. (2010). Zombie Neoliberalism and the Ambidextrous State. In: *Theoretical Criminology* 14, 1, S. 104-110.

Peck, J. & Tickell, A. (2002). Neoliberalizing Space. In: *Antipode* 34, S. 380-404.

Pryadarshini, A. (2011). The 'Quiet Revolution' and Women's Proletarianisation. In: *Economic & Political Weekly* XLVI, 6, S. 73-78.

Ramírez, P. & Fouillioux, M. (2010). Los Pobres que la Encuesta Casen se Niega a Contar, CIPER, 09/08. http://ciperchile.cl/2010/08/09/los-pobres-que-la-encuesta-casen-se-niega. Zugegriffen: 23. Februar 2012.

Rose, N. (1999). *Powers of Freedom.* Cambridge, New York: Cambridge UP.

Rosemblatt, K. A. (2000). *Gendered Compromises: Political Cultures and the State in Chile, 1920-1950.* Chapel Hill, London: University of North Carolina Press.

Schild, V. (2003). Die Freiheit der Frauen und gesellschaftlicher Fortschritt. Feministinnen, der Staat und die Armen bei der Schaffung neoliberaler Gouvernementalität. In: *Peripherie: Zeitschrift für Politik und Ökonomie in der Dritten Welt*, 92, S. 481-507.

Schild, V. (2007). Empowering 'Consumer-Citizens' or Governing Poor Female Subjects? The Institutionalization of 'Self-Development' in the Chilean Social Policy Field. In: *Journal of Consumer Studies* 7, 2.

Schild, V. (2013). Care and Punishment in Latin America: The Gendered Neoliberalisation of the Chilean State. In M. Goodale & N. Postero (Hrsg.), *Neoliberalism, Interrupted: Social Change and Contested Governance in Contemporary Latin America* (S. 195-224). Stanford: Stanford UP.

Schild, V. (2014). Die Spezifik lateinamerikanischer Feminismen in Kontext neoliberaler Regulierung. Beunruhigende Divergenzen – Produktive Ambivalenzen. In: *Das Argument* 308, 3, S. 356-368.

Schild, V. (2014a). Institutional Feminist Networks and their „Poor": Localizing Transnational Interventions. In: *Journal of Latin American Policy* 5, 2, S. 279-291.

Schild, V. (2015). Feminism and Neoliberalism in Latin America. In: New Left Review 96, S. 59-75.

Schild, V. (2015a). Emancipation as Moral Regulation: Latin American Feminisms and Neoliberalism. In: Hypatia 3, 3, S. 547-563.

Skocpol, T. (1992). *Protecting Soldiers and Mothers: The Political Origins of Social Policy in the United States*. Cambridge, MA: Harvard UP.

Sorj, B. & Gomes, C. (2011). O gênero da 'Nova Cidadania': O programa Mulheres da Paz. In: *Sociologia & Antropologia* 1, 2, 147-164.

Steinmetz, G. (Hrsg.) (1999). *State/Culture. State-Formation after the Cultural Turn*. Ithaca, N.Y.: Cornell UP.

Tinoco, E. (2014). 100 Million Women in Latin America's Labour Force. International Labour Organization, Comment, March 8. http://www.ilo.org/global/about-the-ilo/newsroom/comment-analysis/WCMS_237488/lang--en/index.htm. Zugegriffen: 1. Februar 2016.

Tijoux, M. E. (2012). Cárceles en Chile. Aquí estamos los que robamos poco. In: *El Cuidadano* 29.3.2012. http://tinyurl.com/nugk52q. Zugegriffen: 20. Oktober 2012.

Villarrubia, G. (2011a). La dictadura de los narcos que se adueñaron de La Legua, *CIPER Chile*. http://tinyurl.com/4pcz32w. Zugegriffen: 3. August 2014.

Villarrubia, G. (2011b). Párroco de La Legua: La batalla contra la droga ya la perdimos, *CIPER Chile*. http://tinyurl.com/kfebz93. Zugegriffen: 12. November 2014.

Von Werlhof, C. (1988). Women's Work: The Blindspot in the Critique of Political Economy. In M. Mies, V. Bennholdt-Thomsen & C. v. Werlhof (Hrsg.) *Women: The Last Colony*. London: Zed Books, S. 13-26.

Vosko, L. F. & Clark, L. F. (2002) Canada: Gendered Precariousness and Social Reproduction. Unpublished Working Paper, S. 1-30.

Wacquant L. (2007). The Rise of the 'Precariat' in the Neoliberal City, Lecture at the Institut für Sozialforschung, Johann Wolfgang Goethe-Universität, 23 November.

Wacquant, L. (2009). *Punishing the Poor. The Neoliberal Government of Insecurity*. Durham: Duke UP.

Wacquant, L. (2010). Crafting the Neoliberal State: Workfare, Prisonfare, and Social Insecurity. In: *Sociological Forum* 25, 2, S. 197-220.

Wood, T. (2009). Latin America Tamed? In: *New Left Review*, 58, S. 135-148.

World Bank (2000). *Working Together: The World Bank's Partnership with Civil Society*. Washington: The International Bank for Reconstruction and Development/The World Bank.

World Bank (1997). *World Development Report: The State in a Changing World*, World Bank, Washington, D.C.

World Bank (2000a). *Reforming Public Institutions and Strengthening Governance: A World Bank Strategy*. World Bank Public Sector Group, PREM Network.

Flexibilisierung von Gender-Normen und neoliberales Empowerment

Christa Wichterich

Die Bilanzen, die 20 Jahre nach der 4. Weltfrauenkonferenz 1995 in Peking aufgemacht wurden, belegen einmal mehr, wie Genderrollen und -regime durch unterschiedliche Anstöße und Dynamiken in Bewegung geraten sind. Doch sie entwickeln sich nicht eindeutig, linear und global in Richtung auf mehr Gleichheit und Geschlechtergerechtigkeit, sondern in einem Spektrum zwischen emanzipatorischen, neoliberalen und (neo-)konservativen Werten, oft in paradoxer und widersprüchlicher Weise (UN Women 2015; Wichterich 2015).

Die globalen ökonomischen Umstrukturierungen der vergangenen Jahrzehnte, Frauenbewegungen und feministische Kämpfe von unten, die institutionalisierte Gleichstellungspolitik von oben wie auch die jüngsten regionalen politischen Umbrüche wie die Arabellion – diese interaktiven Dynamiken brachen tradierte Geschlechterrollen auf, flexibilisierten die Normen von Männlichkeit und Weiblichkeit und reformulierten Geschlechterregime. Die gegensätzlichen und teils paradoxen Resultate, die diese Wechselwirkungen zwischen Lokalem und Globalem, zwischen Materiellem und Diskursivem, zwischen Normierung und gelebtem Alltag erbracht haben, belegen, wie sehr Frauen- und LGBTI-Rechte wie auch jede Form von Geschlechtergerechtigkeit, die eine Balance zwischen Gleichheit und Differenz herstellen will, ein umkämpftes Terrain sind, das keiner geradlinigen Fortschrittslogik unterliegt. Während sich Geschlechterpraktiken teilweise angleichen, nehmen die Ungleichheiten zwischen Frauen wie auch unter Männern zu.

Dies macht deutlich, dass Geschlecht als Kategorie sozialer Ungleichheit eine Schnittstelle verschiedener ineinandergreifender, gleichwohl eigendynamischer Herrschaftssysteme darstellt. Geschlechtsspezifische Ungleichheiten haben dementsprechend unterschiedliche Dimensionen in Bezug auf Sexualität, Arbeit, Symbolik und Kultur, politische Entscheidungsmacht, Verfügung über Eigentum, Raum und Zeit etc. Diese Dimensionen können sich in Bezug auf Emanzipation ungleich, ungleichzeitig und gegenläufig entwickeln (vgl. Brodie 2004, Bakker 2002, Lenz 2013).

Im Folgenden möchte ich die kritische Theorie der Frankfurter Schule feministisch wenden und an einigen Fallbeispielen die Brüche und Persistenzen von Geschlechternormen und -ordnungen analysieren. Dabei fokussiere ich zum einen auf Widersprüche und Ambivalenzen in den Prozessen der Vergeschlechtlichung von Subjekten, zum zweiten möchte ich die Dialektik zwischen neu gewonnener Handlungsmacht und materiellen wie sozialen Handlungszwängen ausloten, und zum dritten methodisch die Analyse von Sozialstrukturen, Diskursen und Subjektpositionen im Handeln verknüpfen. Für diese herrschaftskritische und zeitdiagnostische Analyse sind strukturalistisch-politökonomische und kapitalismustheoretische Ansätze nicht hinreichend, weil sie dazu tendieren, alle Herrschaftsverhältnisse aus materiellen Strukturen abzuleiten oder sie darauf zu reduzieren. Ebenso sind Modernisierungs- und Globalisierungstheoreme zu hinterfragen, die einen linearen und nachhaltigen Fortschritt von Gleichheit und Freiheit nach westlichem Modell unterstellen. Auch ist eine poststrukturalistische Zuspitzung des *cultural turn* in den Gesellschaftswissenschaften kritisch zu reflektieren, die als Gegenpol zu einer Viktimisierung soziale Ungleichheiten entökonomisiert, und dabei Differenzen, Diversität und autonome und souveräne Subjektweisen unabhängig von materiellen Bedingungen konstruiert. Feministisch kritischer Theorie geht es dagegen darum, Zusammenhänge herzustellen, strukturalistische und post-strukturalistische Ansätze analytisch zu verweben, und gerade auf die Dialektik zwischen Strukturen und Subjektivitäten sowie auf Gegenläufigkeiten und Ungleichzeitigkeiten der Veränderung von Geschlechterregimen zu fokussieren. Feministisch kritische Theorie wird dabei als Gegenentwurf zu neoliberalen Subjektkonzepten verstanden, die keine Ambivalenzen und Paradoxien zulassen. Allerdings ist im Folgenden weder eine erschöpfende Darstellung noch eine konsistente Theoriebildung das Ziel, sondern es geht darum, konzeptionelle Bausteine einer Kritik vergeschlechtlichter Herrschaftsverhältnisse mit Blick auf Emanzipationsperspektiven zu erarbeiten und zusammenzustellen.

Um diesen herrschaftskritischen feministischen Ansatz zu verdeutlichen, gehe ich zunächst auf Global Gender Governance als normsetzendes institutionalisiertes Machtverhältnis ein. Dann beleuchte ich am Beispiel der Weltbank das Prinzip neoliberalen Empowerments, um schließlich an Fallbeispielen aus Indien die widersprüchlichen Wirkungen des globalisierten Kapitalismus zu dekonstruieren.

1 Global Governance der Geschlechtergleichstellung durch die Vereinten Nationen

Auf der Ebene der Normsetzung durch Global Governance Institutionen beschreibt die Entwicklung zwischen den beiden UN-Konferenzen zu Umwelt und Entwicklung (UNCED) 1992 in Rio de Janeiro und ihrer Nachfolgekonferenz Rio+20 2012 einen Zyklus von zunächst Inklusion, Institutionalisierung und Anerkennung von Geschlechterrechten und Gerechtigkeitszielen und sodann ein konservatives Rollback, eine Dethematisierung von Gender und Entdramatisierung von Unrecht und Ungleichheiten. Diesen Trends entspricht auf der Ebene transnationaler sozialer Bewegungen und Vernetzungen nach einer Perspektive des „going global" und der Rechtskämpfe bei den Vereinten Nationen und der WTO in den 1990er Jahren eine Relokalisierung und Refokussierung auf nationales Management von Problemen.

Die Erfolgsgeschichte der Institutionalisierung von Frauen- und Geschlechterrechten auf globaler Ebene begann als Resultat der Advocacy-Arbeit der „Global Women's Lobby" (vgl. Alvarez 2000, Desai 2002) bei der UN-Konferenz für Umwelt und Entwicklung 1992 in Rio de Janeiro. Handlungsleitender Rahmen war das Frauen-/Menschenrechtsparadigma, das die lobbyierenden Frauenrechtlerinnen transnationalisieren wollten. Trotz aller bewussten Differenzen und ausgetragener Kontroversen sollte eine strategische Verschwisterung auf der identitätspolitischen Grundlage von „Wir Frauen" die für internationale Verhandlungen notwendige, kollektive Interventionsmacht entfalten. Die transnationale Lobby-Elite löste mit ihrer erstmalig systematischen Beeinflussung von UN-Dokumenten eine geschlechtersensible Wende der Sprache aus, die sich in den Dokumenten der weiteren UN-Konferenzen der 1990er Jahre fortsetzte. Die Agenda 21, das Abschlussdokument der Rio-Konferenz, erkannte Frauen als wichtige gesellschaftliche Akteurinnen und politische Subjekte ebenso an wie ihr Recht auf Beteiligung an Entscheidungsmacht und ihre Land- und Erbrechte. Sie setzte damit Mindeststandards in Bezug auf Frauen, die den konstruktiven Kern eines Global Governance Regimes von Geschlechtergleichheit ausmachten und die Frauenrechtskonvention CEDAW von 1979, das einzige völkerrechtlich verbindliche Dokument zu Frauen, fortführten und konkretisierten (vgl. Stienstra 1999).

Die Triebfeder für die Ausformulierung dieses normativen Regimes Frauen-/Menschenrechte nahm mit der Prämisse, dass Menschenrechte Frauenrechte sind, Bezug auf das Ziel der Geschlechtergleichheit und mit der Prämisse, dass Frauenrechte Menschenrechte sind, Bezug auf die Anerkennung von Geschlechterdifferenzen (Rauschenberg 1998, S.107-114). Wie alle Global Governance Regime zielte es auf eine Transnationalisierung von Werten, Rechten und Deutungen, konkret: auf eine universelle hegemoniale Geschlechterordnung, die sich in der Kontinuität der westlichen Aufklärung und von Modernisierungskonzepten den Prinzipien von Freiheit, Gleichheit und bürgerlicher Demokratie verpflichtete (vgl. Ehrmann 2009, Braunmühl 2001).

Die größten Erfolge der von transnationalen Frauennetzwerken vorangetriebenen Normsetzung bestanden darin, Gewalt gegen Frauen als Menschenrechtsverletzung sichtbar und strafbar zu machen, und körperpolitische Rechte festzuschreiben. Damit setzten sie das zentrale Anliegen der zweiten Frauenbewegung des Westens in der globalen Dimension fort: nämlich das Private zu politisieren, national wie international. Es ging den transnationalen feministischen Kräften um die Institutionalisierung ihrer zivilgesellschaftlichen und bewegungspolitischen Empörung über Diskriminierung und Exklusion von Frauen und über Gewalt gegen sie. Dabei enthielten diese Rechtskämpfe mit dem Slogan „Wir wollen kein größeres Stück vom vergifteten Kuchen" auch eine systemkritische und transformatorische Perspektive, die über liberale Inklusion und Gleichstellung hinausging (Wichterich 2009).

Gegen den zunehmenden Widerstand einer sich aus religiösen, fundamentalistischen und neokonservativen Kräften formierenden Allianz setzte sich die Global Women's Lobby vor allem bei der UN-Konferenz zu Bevölkerung und Entwicklung 1993 in Kairo mit ihrem Konzept von reproduktiven und sexuellen Rechten durch. Mit der Aktionsplattform der 4. Weltfrauenkonferenz von Peking formulierten die UN 1995 schließlich einen umfassenden Katalog von Handlungsanweisungen für Regierungen und andere Institutionen, um Frauenempowerment und Geschlechtergleichheit voranzubringen. Mit dem Gender Mainstreaming entwarfen sie ein technisches Instrument zur universellen strategischen Umsetzung von Gleichheit. Das verstärkte jedoch den liberalen Fokus auf formale Gleichstellung und Inklusion innerhalb bestehender Strukturen mit Geschlechtergleichheit als Menschenrechtsnorm. Dagegen marginalisierte es Herrschaftskritik oder beschränkte Kritik auf die extremen Auswüchse kapitalistischer neoliberaler Verhältnisse. Maitrayee Mukhopadhyay (2004) hat konzise aufgezeigt, wie das technische Instrumentarium das politische Projekt der Transformation und der Gerechtigkeit schluckt und ersetzt.

Zusammen mit der Frauenrechtskonvention CEDAW artikulierten die Aktionspläne der UN-Konferenzen der 1990er Jahre und die 2000 ratifizierte UN-Resolution 1325 zur Beteiligung von Frauen an Friedens- und Sicherheitspolitik schließlich einen normativen Rahmen für eine Global Governance der Gleichstellung, ein Regime von harten und weichen Rechten, nämlich verbindlichen, justiziablen Regeln und solchen, die lediglich Empfehlungscharakter haben. Bei vielen Frauenorganisationen aus dem globalen Süden, allen voran dem Süd-Frauen-Netzwerk DAWN, bestanden allerdings große Hoffnungen auf supranationale Regulierung globaler Probleme und auf einen Boomerang-Effekt der globalen Normsetzung –

dass nämlich der Druck von der globalen bzw. UN-Ebene Veränderungen auf der nationalen Politikebene in Gang setzen würde (Keck und Sikkink 1998).

Jedoch bereits bei der Formulierung der Millennium Development Goals (MDGs) im Jahr 2000 zeigte sich, wie wenig die UN die selbstgesetzten Normen und Techniken implementieren, wenn nicht eine Frauenrechtslobby entsprechenden Druck auf die Verhandlungen ausübt. Weder der Rechtsansatz noch das Gender Mainstreaming fanden kohärente Anwendung bei den MDGs. Vielmehr wurden Geschlechterstereotypen, vor allem von Frauen als Mütter und als im Bildungssystem Benachteiligte, bestätigt und ein separates Gleichstellungsziel in MDG 3, – Geschlechtergleichheit und Frauenempowerment – formuliert (vgl. Harman 2012).

Gleichzeitig wurde die Setzung von Gendernormen im Rahmen der Menschenrechtsagenda und die Transnationalisierung einer hegemonialen Deutung von Geschlechterungleichheiten aus kulturimperialismuskritischer und postkolonialer Perspektive mit Gayatri Spivaks Topos, dass „weiße Männer schwarze Frauen vor schwarzen Männern retten", kritisiert. Wissenschaftlerinnen aus dem Globalen Süden legten den missionarischen Gestus der Identitätspolitik von *global sisterhood* (Grewal und Kaplan 1994, S.19) und den imperialen Charakter der westlich aufklärerischen Wertorientierungen, die die westliche Moderne stets als privilegierte Sphäre von Freiheit und Gleichheit unterstellen, offen. Die Rechtfertigung der westlichen Militärintervention in Afghanistan mit der Verletzung von Frauenrechten durch das Taliban-Regime war prototypisch für einen „embedded feminism", der mit der „Rettung" muslimischer Frauen geopolitische Interessen verbrämt (Nachtigall 2014).

Dies stellt eine doppelte kulturrelativistische In-Frage-Stellung des Universalismusanspruchs des Global Governance Regimes zur Geschlechtergleichheit dar: zum einen durch konservative Kräfte verschiedener Kulturen und Religionen, zum anderen durch postkoloniale, tendenziell kulturalistische Stimmen, die Kulturen und Staaten im globalen Süden Souveränität zugestehen und vor westlicher Bevormundung bewahren wollen (vgl. Butler 2010, S.100; Klug 2013).

Die jüngsten Entwicklungen von Global Governance Regimen sind durch eine Krise des Multilateralismus – Beispiel: Stillstand der Doha-Verhandlungen bei der WTO und die Konsensunfähigkeit bei den UN-Klima- und Umweltverhandlungen – und ein weiteres Erstarken neokonservativer Kräfte gegenüber Geschlechterfragen gekennzeichnet. Bei der Bilanz von zwanzig Jahren nach der 4. Weltfrauenkonferenz sprachen Frauenorganisationen von „Shrinking spaces, shrinking finances" und dem gefühlt stärksten Backlash gegen Frauenrechte seit Jahrzehnten.

2 Normsetzung für Geschlechtergleichstellung durch die Weltbank

Nicht die Universalisierung von Menschenrechten, sondern ein Marktuniversalismus bzw. die Universalisierung von Marktliberalisierung ist der zentrale Ausgangspunkt für die Weltbank als Global Governance Institution. Die Fortschrittslogik des Marktes ist die von Effizienz, Privateigentum und Wachstum. Bereits seit den 1970er Jahren forderte die Weltbank, dass Frauen als Humankapital und Ressource nicht „un-" oder „untergenutzt" bleiben dürfen, sondern mobilisiert werden müssen, um die ökonomische Produktivität zu steigern und Armut zu reduzieren (Wichterich 2006, S. 692). Seit den 1990er Jahren zielte die Weltbank verstärkt auf die Inklusion bisher marginalisierter Gruppen in die Marktökonomie – Arme, Frauen, Indigene – eine Strategie, die Craig und Porter (2006, S. 411) „inklusiven Liberalismus" nannten.

Mit der flotten Definition von Geschlechtergleichheit als „smart economics" und dem Lob auf Marktinklusion von Frauen als beste Methode zur Effizienz- und Wachstumsoptimierung formulierte die Weltbank 2006 ihren *Gender Action Plan*. Dies geschah zu einem Zeitpunkt, als sich in der Entwicklungspolitik nach einem Hype des gebergesteuerten Gender-Aktivismus mit einer Vielzahl von Frauenförderprogrammen und durch die institutionellen Verstrickungen in der Technokratiefalle des Gender Mainstreaming eine Gender-Fatigue, eine gleichzeitige Erschöpfung und Genugtuung mit dem bereits Erreichten, einstellte. Gegen diesen geschlechterpolitischen Rückzug profilierte sich die Weltbank mit einem marktkonformen Rechts- und Anti-Diskriminierungsansatz und flexibilisierten Geschlechterrollen durch ein (Menschen-)Recht auf Marktpartizipation als homo oeconomicus und Empowerment durch Unternehmertum des Selbst, ein Recht auf Beseitigung von Marktzugangsbarrieren und des Ausschlusses von Eigentums- und Erbrechten (vgl. World Bank 2006, 2011; Wichterich 2006). In diesem Global Governance Regime von Geschlechtergleichheit ist der Markt der zentrale Ort für Ressourcen- und Rechtsallokation sowie für Gleichstellung. Erklärtes Ziel war die Integration von Frauen zum Zweck der Wachstumsförderung und Marktoptimierung. Den Nationalstaaten kommt die Aufgabe zu, die Rahmenbedingungen für Chancengleichheit und Empowerment durch Marktintegration bereitzustellen. Resultatgleichheit ist in diesem neoliberalen Konzept dann der Eigenverantwortung der konkurrierenden Individuen und den freien Marktkräften überlassen.

Ökonomische Kosten oder Nutzen sind für die Weltbank der zentrale Maßstab zur Bewertung von Geschlechterrollen und -verhältnissen. In dieser Logik rechnen sich *gender gaps* nicht, da sie als Wachstumshindernisse wirken und deshalb beseitigt werden müssen. In der Gap/Ungleichheitsperspektive sind Frauen die Defizitären, die Diskriminierten, Armutsvulnerablen und Opfer. Verwundbarkeit durch Armut bzw. mangelnde Widerstandskraft gegen Armut wird geschlechtsspezifisch zugeschrieben, ja naturalisiert, und wenig klassenspezifisch konnotiert. Bei diesen geschlechtsbinären Modellen setzt sich ein liberaler Tunnelblick auf formale Gleichstellung und Inklusion innerhalb bestehender Strukturen durch, der die system-transformatorischen Potenziale von Geschlechterpolitik schleift und assimiliert. Zudem bleiben alle unangepassten und nicht-normkonformen Identitäten ausgeblendet. Die Analyse von *gender gaps* benennt – wie stets von Frauenbewegungen gefordert – Geschlechterungleichheiten, Diskriminierung und Exklusion von Frauen und macht sie sichtbar. Doch die marktorientierte Rollenflexibilisierung bewegt sich zwischen Gleichheitslogik und einer Instrumentalisierung für die Akkumulationslogik. Es geht um Strukturanpassungen der Individuen, um die für Markthandeln notwendigen Freiheiten und Gleichheit.

So ist auch die Beseitigung der Geschlechterungleichheiten beim Marktzugang höchst ambivalent, ja paradox. Für die Handlungssubjekte eröffnen sich Handlungsräume, in denen sie – im Rahmen kapitalistischer Herrschafts- und Akkumulationsbedingungen – Strategien der Aneignung und Existenzsicherung, Subjektkonstruktion und sozialer Reproduktion verfolgen können. Innerhalb hierarchischer Geschlechterordnungen bedeutet dies für Frauen ein Chancenfeld des Empowerment und eine Aufwertung gegenüber Männern durch Angleichung von Rechten und Chancen. Andererseits ist Markt- und Wettbewerbsfähigkeit ein Maß für die Anpassung an maskuline Normen von Leistung, Effizienz, Produktivität und Nutzenmaximierung und die männlichen Lebensrealitäten des *homo oeconomicus*, vom Lohnarbeiter über den Manager bis zum Aktienanleger (vgl. Habermann 2008). Im Folgenden wird diese Grundkonstellation weiter ausgeführt.

3 Konvergenz von feministischen und neoliberalen Zielen

Das menschenrechtsbasierte Global Governance Regime der UN und das marktliberale Global Governance Regime der Weltbank stehen einander jedoch nicht als zwei konkurrierende Normensysteme gegenüber, sondern waren stets miteinander verwoben. Damit korreliert, dass neoliberale Politiken von nationalen und internationalen Governance-Institutionen und die Forderungen von feministischen und geschlechterrechtlichen Kräften in den vergangenen Jahrzehnten vielschichtige Wechselbeziehungen eingegangen sind. Dichotomien und binäre Logiken müssen in der politischen und lebensweltlichen Praxis eher als Pole eines Kontinuums gedacht werden statt als Entweder-Oder.

Nancy Fraser diagnostiziert für die Phase des neoliberalen Kapitalismus, dass emanzipatorische Ziele der Zivilgesellschaften vom kapitalistischen System aufgenommen, umgedeutet und scheinbar teilweise umgesetzt werden (vgl. Fraser 2009). Ökonomische Wertschöpfung und Wertschätzung bzw. individuelles, ökonomisches Empowerment sind die beiden zentralen Dimensionen neoliberaler Geschlechtergleichheit, die auf den Markt und die Einzelnen orientiert ist. Statt auf Umverteilung und Transformation zu orientieren, wird Geschlecht durch den *cultural turn* mit der Fokussierung von Differenzen, Identitäten und Anerkennung neu konzeptualisiert (vgl. Soiland 2009). Der „Traum vom freien, bindungslosen, sich selbst entwerfenden Individuum" verortet sich im neoliberalen Kapitalismus (Fraser 2009, S. 51). Dabei wird durch die Vermarktlichung aller Lebensbereiche die herrschaftskritische und transformationsgerichtete Perspektive jenseits liberaler Inklusions- und Gleichheitsforderungen zunehmend verdrängt und feministische Herrschaftskritik entradikalisiert.

Die 2010 neu-gegründete UN-Organisation WOMEN übernahm das Weltbank-Konzept marktinstrumenteller Geschlechtergleichheit umgehend als Leitziel. Auch ausgewiesene Frauenrechtlerinnen in der Entwicklungszusammenarbeit – wie Maitrayee Mukhopadhyay – legitimieren Geschlechtergleichheit nun als doppeltes Gut, nämlich zum einen als Menschenrecht und eigenständiges entwicklungspolitisches „Gut", das zum zweiten aber gleichzeitig und gleichwertig „gut für Business" ist, ein Mittel für den ökonomischen Zweck (Royal Tropical Institute u. a. 2012, S. xiv).

Die punktuelle Aufnahme emanzipatorischer Forderungen durch den Staat, um weitergehende Forderungen abzublocken – von Frigga Haug (2006) im Anschluss an Gramsci „passive Revolution" genannt – verknüpft mit staatsfeministischem Gestus zivilgesellschaftliche Gleichstellungsforderungen mit Markterfordernissen und flexibilisiert Geschlechternormen angepasst an den Markt. Dabei machen die Integration und Kooptation liberaler Ziele in die neoliberale Agenda Frauenrechtsbewegungen scheinbar überflüssig und entwerten sie. Die fatale Konvergenz feministischer und neoliberaler Perspektiven spiegelt sich in den konzeptionellen Schnittflächen von individueller Wahlfreiheit, Selbstbestimmung und Selbstermächtigung, Eigenverantwortung, autarker Subjektivität und Flexibilisierung von Geschlechterrollen. Emanzipatorische Selbstentwürfe von Frauen wie von rassistisch Diskriminierten mit der Konstruktion neuer hegemonialer Weiblichkeiten und Männlichkeiten bewegen sich meist im Rahmen des neoliberalen Entwicklungsmodells und des Marktes. So bildeten junge Frauen aus den sogenannten neuen städtischen Mittelschichten in Ostafrika es als einen Lebensstil und Aneignungsmodus heraus, regelmäßige Konsumzuwendungen der Männer als Gegenleistung für Zuwendung und sexuelle Verfügbarkeit zu fordern, und sie entwickeln entsprechende Akkumulationsstrategien und eine aufstiegsgerichtete Konsumorientierung (vgl. Bhana und

Pattman 2011). Auch bei Strategien von Alphamädchen und der F-Klasse liegt die Priorität im Geist eines liberalen Gleichstellungsfeminismus auf Karriere innerhalb des Systems. Häufig findet die Entwicklung neuer Subjektivitäten und des Unternehmertums des Selbst entlang von Marktnormen statt, von Walt Disney's *pink princess* über Casting und Selbstrepräsentationen im Internet bis zum schwulen Unternehmertum (McRobbie 2010). Queertheoretische und postmoderne Ansätze, die identitätskritisch auf die individuelle Gestaltung von Subjektivität und Sexualität fokussieren, entdramatisieren tendenziell die Hierarchien zwischen Männern und Frauen, entpolitisieren soziale Ungleichheiten und machen herrschaftskritische Kämpfe scheinbar überflüssig (vgl. Roßhart 2009).

Die hier kritisierte Konvergenz von Feminismus und Neoliberalismus konterkariert die Vorstellung, dass feministische und neoliberale Logiken in völlig disparaten Bereichen siedelten und nichts miteinander zu tun hätten. Sie wirft auch die Frage nach transformatorischen Potenzialen auf und nach der Grundlage, auf der Solidaritäten für weitere Gleichheits- und Rechtskämpfe gebildet und kollektive Kämpfe organisiert werden können. Wie verhalten sich Feministinnen zu und in den Kämpfen gegen die neoliberale Globalisierung?

Auch bei der Ökonomisierung der Natur und von Umweltdienstleistungen im Kontext der Finanzialisierung des Klimaschutzes durch klimasmarte Landwirtschaft, Handel mit Emissionszertifikaten und Waldschutz oder bei der Patentierung und Kommodifizierung von Biodiversität werden lokale Bevölkerungsgruppen und Indigene, die Böden, Wald und Biodiversität nutzen und als CO_2-Senken erhalten, zunehmend adressiert. Frauen sind als Hüterinnen des Saatguts, als Bewahrerinnen biologischer Vielfalt und lokalen Wissens, als Kleinbäuerinnen und Küchengärtnerinnen und als Zuständige für die Kochenergie ländlicher Haushalte eine besondere Zielgruppe dieses inklusiven Liberalismus und der Nutzung des globalen Südens als Ressourcenquelle und Senke. So werden ihnen Gewinne aus dem Handel mit Emissionszertifikaten angeboten, während der kapitalistische Markt Zugang zu lokalen Ressourcen, Wissen und CO_2 Senken bekommt (für Adivasi in Indien vgl. Ramdas 2009). Gleichzeitig überwölbt und erodiert der Markt Produktions- und Austauschformen, die seiner Verwertungslogik bislang nicht vollständig unterworfen waren, sondern sozialen, ökologischen und moralischen Prinzipien gehorchten.

Ebenso wurde bei den ansonsten konsensunfähigen Klimaverhandlungen in Doha 2012 in einer Erklärung mehr Partizipation von Frauen in den Delegationen und Gremien gefordert. Frauen- und Genderorganisationen feierten dies als Erfolg jahrelanger Lobbyarbeit und als Fortschritt in Bezug auf die Aufmerksamkeit für Gender in der Klimapolitik. Allerdings bedeutet eine Geschlechterbalance bei der Partizipation an Klimaverhandlungen keineswegs automatisch eine geschlechtersensible Klimapolitik. Genauso wenig bewirkt die Vorteilsbeteiligung von Frauen an der Patentierung von genetischen Ressourcen noch keine geschlechtergerechte Biodiversitätspolitik, die Frauen z. B. als Eignerinnen von Saatgut und lokalen Sorten vor Biopiraterie schützen würde (vgl. Wichterich 2008).

In dieser undurchsichtigen Gemengelage stellt sich die Frage, welchen Fortschritt oder Erfolg die langjährigen Kämpfe der Frauenlobby darstellen. Handelt es sich dabei bloß um Partizipationsgewinne ohne Machtgewinn? So scheint die Benennung einer Geschlechterperspektive im Kontext der Krise des Multilateralismus zum Ablenkungs- oder Alibimanöver in ergebnislosen Verhandlungen und zur belanglosen Scheinaktion zu verkommen.

4 Wertschöpfungsketten und Mechanismen zur Flexibilisierung von Geschlechternormen

Der Globalisierungsschub der vergangenen Jahrzehnte ist durch die transnationale Neukonfiguration des globalen Kapitalismus gekennzeichnet, die durch folgende drei Eckpunkte markiert ist: 1) den Ausbau transnationaler Wertschöpfungsketten und transnationaler Produktions-, Reproduktions- und Konsumzusammenhänge, 2) den Ausbau globaler Finanzmärkte und 3) ein Machtzuwachs privatwirtschaftlicher Akteure und der Marktprinzipien durch Privatisierung und Ökonomisierung von allem Außermarktlichen wie Natur und sozialen Beziehungen. Gleichzeitig erscheint der Kapitalismus flexibilisiert, weil zunehmend staatliche Regulierung zur Bändigung der freien Marktkräfte und im Sinne des Gemeinwohls, von Umverteilung und sozialer Gerechtigkeit abgebaut wird. Resultat sind immer komplexere Verflechtungen von Produktions- und Reproduktionsformen, heterogene Akteur_innenkonstellationen und Einbindungen in den kapitalistischen Weltmarkt.

Das Konzept von Wertschöpfungsketten und -netzwerken geht über die Umstrukturierung von Produktion durch Ver- und Auslagerung in den globalen Süden und Unterauftragsvergabe hinaus und schließt Investitionen, Handelsstrukturen, Finanz- und Kreditmärkte, Ressourcen- und Care-Extraktivismus, Migration und Reproduktionszusammenhänge ein (vgl. Fischer 2010). Inklusion von Armen, Indigenen, informell und prekär Arbeitenden, darunter viele Frauen, in diese kapitalistischen Verwertungs- und Wertschöpfungsketten und unterschiedlichen Märkten gilt derzeit als zentrale Strategie der Armutsminderung (vgl. Royal Tropical Institute et al. 2012; GIZ 2011, 2012). In diesen strukturellen Bedingungen verfolgen die Handlungssubjekte mit ihren unterschiedlichen Identitäten eigene Interessen, die teils die vorgeordnete Geschlechterordnung bestätigen oder aber aufbrechen und neuformulieren. Weil die unterschiedlichen Varianten des männlichen Familienernährermodells und die entsprechenden Formen von Maskulinität erodieren, müssen Frauen zunehmend mehr Verantwortung für die materielle Versorgung übernehmen.

Wie feministische Ökonominnen in ihrer Analyse der neuen internationalen Arbeitsteilung, der Produktion in Weltmarktfabriken und der Feminisierung von Beschäftigung durch die Transnationalisierung, Verlagerung und Fragmentierung von Produktion und Dienstleistungen feststellten, ist diese Inklusion höchst paradox, nämlich gleichzeitig Empowerment, das Grundlage für Existenzsicherung, den Bruch mit herkömmlichen Geschlechternormen und neue Subjektweisen sein kann, andererseits bedeutet sie Abhängigkeit und Ausbeutung (vgl. Marchand und Runyan 2000; Barrientos et al. 2004; Kabeer und Mahmud 2004). Zum einen werden Marktsektoren mit Win-Win-Versprechen für bisher Ausgeschlossene und Marginalisierte im Globalen Süden geöffnet, zum anderen bleiben diese Marktakteur_innen von der Kontrolle über die Produktions- und Handelsstrukturen ausgeschlossen, sie werden als Billigressource für die transnationale Kapitalakkumulation und -verwertung instrumentalisiert oder federn diese durch unterbezahlte Sorgearbeit, exemplarisch als migrantische Hausangestellte oder Altenpflegerin, ab (vgl. Pearson 1998; Pun 2005).

Eine Form der Paradoxie, nämlich die Gleichzeitigkeit von Inklusion junger Frauen in moderne Produktions- und Reproduktionsformen mit der entsprechenden Neukonfiguration von Geschlechterrollen bei gleichzeitiger Bekräftigung patriarchal-geprägter Hierarchien klassen- und kastenübergreifenden Unterwerfung und Geringschätzung von Frauen, soll im Folgenden am Beispiel von Indien analysiert werden. Ein extremes Beispiel dafür, dass der Kapitalismus sich selbst immer wieder neu erschafft, indem er hybride Formen maximaler Ausbeutung erfindet, die gleichzeitig vormodern und modern sind, ist das Sumangali-System in der südindischen Textilindustrie für den Export. Sumangali heißt die „glückliche Braut" und meint die sklavenähnliche Lohnarbeit junger Frauen, meist aus der untersten Kaste, den Dalits, in Textilfabriken, mit der sie ihre Mitgift verdienen. Dazu sind sie drei Jahre lang in kleinen schäbigen Wohnheimen einkaserniert, für die Öffentlichkeit unsichtbar gemacht, arbeiten jenseits aller rechtlichen Regulierung und internationalen Standardisierung in transnationalen Textilketten und bekommen – außer einem minimalen Entgelt für Verpflegung – vorgeblich erst am Ende der Vertragszeit den Gesamtlohn bzw. eine Prämie ausgezahlt, um verheiratet werden zu können. Die Norm des Ausschlusses von Frauen aus dem öffentlichen Raum und der Mitgiftzahlungen als Vorbedingung für eine Hochzeit, beides Unterwerfungsmechanismen von Frauen im südindischen Patriarchat, werden durch moderne Schuldknechtschaft für den Export bestätigt und begünstigen die Ausbeutungsbedingungen für die lokalen Unternehmer und die internationalen Handelshäuser (vgl. ICN und Somo 2011; Solidaridad 2012). Aus einer intersektionalen Perspektive muss hier die Überschneidung unterschiedlicher Herrschaftsregime

– Genderordnung, Produktionsverhältnisse, Arbeits- und Ausbeutungsregime, Klassen-/Kastenhierarchie – untersucht werden (siehe auch Rommelspacher 2009). In Indien findet sich diese zeitgleiche Erosion und Bestärkung von Gendernormen keineswegs nur in unteren sozialen Schichten. Auch die Lohnarbeit von jungen gebildeten Mittelschichtsfrauen in Call-Centren und der IT-Industrie in indischen Städten geht mit einer Flexibilisierung der Geschlechterrollen einher bei gleichzeitiger Beharrung von Geschlechternormen wie Ausschluss aus der Öffentlichkeit und Verheiratung nur mit Mitgiftzahlungen. Eine durch moderne Technologie gestützte Lohnarbeit in virtuellen globalen Räumen – viele der indischen IT-Dienstleistungen bedienen die USA oder andere englischsprachige Ökonomien – dient der Finanzierung eines immer noch stark patriarchal-hierarchischen Systems.

Die Einbindung dieser Widersprüche in imperiale, auf Kosten anderer funktionierende Produktions- und Konsummuster der globalen Mittelschichten, vor allem im globalen Norden, zeigt sich noch zugespitzter im Boom der kommerziellen Leihmutterschaft in Indien, die die Reproduktionswünsche kinderloser und schwuler Paare aus dem Norden bedient. Die Vermietung des eigenen Körpers, künstliche Befruchtung als sexuelle Lohnarbeit, sowie Schwangerschaft, Gebären und Stillen als kommerzialisierte Reproduktionsarbeit bricht mit den überbrachten Normen von Sexualität, Fortpflanzung und Mutterschaft. Dafür werden viele Leihmütter nach der zehnmonatigen Vertragszeit durch Diskriminierung, soziale Exklusion und Trennung durch den Ehemann bestraft (Pande 2009). Dagegen betonen vor allem Dalit- und Muslim-Frauen, darunter auch Alleinerziehende, dass für sie von großer sozialer Bedeutung ist, dass diese Einkommensmöglichkeit mit den in Indien sonst üblichen Diskriminierungen bricht, weil Kaste oder Religion der Leihmutter für die ausländischen Auftraggeber_innen des Babys irrelevant sind. Nur der gesunde reproduktionsfunktionale Körper zählt. Gleichwohl sind in diesen neuen Produktionsverhältnissen Gender, Klasse/Kaste, Ethnizität und Kolonialismus/Imperialismus aus intersektionaler Perspektive nicht trennbar, sondern unauflösbar miteinander verwoben.

Der indische Staat erlaubt die transnationale Reproduktion durch Leihmutterschaft für verheiratete heterosexuelle Paare; er reguliert den Sektor jedoch nicht. Für die Einschätzung des Handelns von Nationalstaaten in Bezug auf Geschlechterfragen greife ich auf das von Shalini Randeria (2006) für Schwellenländer vorgeschlagene Theorem des „listigen Staates" zurück. Randeria nennt die politischen Strategien listig, mit denen Staaten zwischen den durch Global Governance Regime erfolgten Norm- und Regelsetzungen, der eigenen eingeschränkten Souveränität, den Forderungen von Zivilgesellschaften und zwischen verschiedenen Rechtssystemen, aber auch zwischen nationalen und globalen Kapitalfraktionen jonglieren. So hat der indische Staat Mitgiftforderungen verboten, greift jedoch nicht regulierend in die

Arbeitsverhältnisse in der Textilindustrie ein. Im Gegenteil: Er fördert ausbeuterische Produktionsverhältnisse durch die Ausdehnung von unregulierten Sonderwirtschaftszonen und -korridoren, weil Exportproduktion als wachstumsfördernd und gewinnmaximierend gilt.

5 Finanzielle Inklusion

Marktinklusion und neoliberales Empowerment der Marginalisierten und Armen werden derzeit vor allem von Seiten der Finanzmärkte fortgesetzt, genau zu dem Zeitpunkt, wo auch in vielen Regionen des Globalen Südens mit einem wachsenden privaten Banken- und Finanzsektor ein finanzdominiertes Akkumulationsregime auf dem Vormarsch ist. Es findet also eine Mehrfachintegration in kapitalistische Systeme oder *tiefe Einbindung* durch Produktion, soziale Reproduktion, Konsum und Finanzialisierung statt. Mikrofinanzierung ist in den letzten beiden Jahrzehnten zu einem stark geschlechtsspezifisch zugeschnittenen Instrument der Inklusion ausgebaut geworden, mit dem die Kommerzialisierung von Finanzdienstleistungen und die Expansion des Finanzsektors in den Alltag hinein voranschreitet.

Der geschlechtsspezifische Topos, über den sich die finanzielle Inklusion von armen und einkommensschwachen Frauen auf den transnationalen Finanzmärkten vollzieht, ist die Zuverlässigkeit. Ob migrantische Rücküberweisungen, an Bedingungen gebundene Cash Transfers oder Mikrokredite – auf Frauen als *homo financialis* ist Verlass wegen dieses quasi natürlichen Dispositivs. Die Verknüpfung von Finanzmarktintegration mit dieser moralischen Zuschreibung finanzialisiert nicht nur den Alltag und die soziale Reproduktion (vgl. Froud et al. 2006), sondern schafft auch neue Marktsubjekte und eine neue Vergesellschaftung der Frauen durch Geld. Finanzialisierung bezeichnet den Kauf von Finanzdienstleistungen, um die Grundbedürfnisse und Daseinsvorsorge zu gewährleisten. Diese Finanzdienstleistungen und -produkte werden wiederum verbrieft, zu risikoreichen oder spekulativen Finanzprodukten gepackt und weiter gehandelt wie bei den Subprime-Krediten in den USA.

Arbeitsmigrantinnen gelten als zuverlässige Rücküberweiserinnen, langfristiger orientiert, sozial verbindlicher und emotionaler gebunden als männliche Migranten (vgl. UNFPA 2006), wobei reale Muster und soziale Zuschreibungen sich wechselseitig bedingen. Verantwortung und finanzielle Disziplin der Frauen erzeugen einen kontinuierlichen Fluss von Rücküberweisungen mit hoher währungs- und entwicklungspolitischer Bedeutung. Zu einem signifikanten Teil funktioniert hier gesellschaftliche Reproduktion über den Export weiblicher Arbeitskräfte, die sehr häufig als Care-Arbeiterinnen in fremden Familien tätig sind, und über ihre Responsibilisierung für die soziale Reproduktion der eigenen Familie durch regelmäßige Rücküberweisungen. „Transnationale Mutterschaft" z. B. von migrantischen Hausangestellten fokussiert auf materielle Zuwendungen (vgl. Parrenas 2001). Von dem sozialen Pflichtbewusstsein der Migrantinnen profitieren zu allererst spezialisierte Finanzdienstleister, allen voran *Western Union*, die bis zu 20 Prozent Gebühren als Transaktionskosten abkassieren.

Das zentrale entwicklungspolitische Instrument des Armutsmanagements durch neoliberale Markteinbindung von Frauen ist der Mikrokredit (vgl. Kabeer 2005). Aufbauend auf der weiblichen Rückzahlungsmoral als Sicherheit hat sich im globalen Süden in den vergangenen beiden Jahrzehnten eine Finanzindustrie mit kommerziellen Mikrofinanzinstitutionen entwickelt, die armen Frauen Mikrokredite mit Zinssätzen von bis zu 40 Prozent anbietet. Sie refinanzieren sich durch Fonds und kommerzielle Banken, unter anderem durch Mikrofinanzfonds, die im globalen Norden als gleichzeitig ethische und profitable Anlagen aufgelegt werden. Dieser Sektor, inzwischen mit eigenen Rating-Agenturen ausgestattet, verspricht hohe Rendite und Wachstumspotenziale, denn nach Einschätzung der Finanzdienstleister sind drei Milliarden Menschen „unterversorgt" und warten weltweit auf „finanzielle Inklusion" – so das World Economic Forum 2011. Die Finanzkreisläufe binden somit arme Frauen in den Dörfern und Slums des globalen Südens über eine Kredit- und Verschuldungskette in die globalen Finanzmärkte ein, gleichzeitig aber auch direkt an Großinvestoren wie Banken und die „kleine" Anleger_in im globalen Norden, deren Rendite wiederum von der Rückzahlungsquote im Süden abhängt. Der Kredit und die Geldanlage als Instrumente für soziale Ziele der Armutsreduktion und des Frauenempowerments verschränken soziale Reproduktion der Armen auf der Alltagsebene mit der Reproduktion der globalen Finanzindustrie (vgl. Wichterich 2013; Klas 2011). Eine Analyse der Mikrofinanzsysteme aus intersektionaler Sicht muss die Interaktion zwischen Finanzregime und Genderordnungen, geschlechtsspezifischer Arbeitsteilung und Eigentumsregimen ausloten.

Der Boom der neuen Mikrofinanzinstitutionen mit kommerzieller Kreditvergabe marginalisierte zum einen die informellen Spar- und Darlehenssysteme – Tontine, Merry-go-round, revolving fund, sanghams – , die überall im globalen Süden als Mechanismus sozialer Reproduktion von den Frauen betrieben wurden, zum anderen NGO-finanzierte Selbsthilfegruppen, die durch Sparen und Kreditvergabe den Frauen ein Startkapital für eine „einkommensschaffende Tätigkeit" vorzugsweise als Selbstbeschäftigte, Kleinstunternehmerin oder Mini-Kooperative bereitstellen sollten (Batliwala und Dhanraj 2006, vgl. auch Visvanathan und Yoder 2011). So wurde die finanzielle Inklusion als Instrument des Armutsmanagements im Tandem mit einer Erwerbsintegration der Frauen konzipiert, so dass die Frauen z. B. mit kleinen Franchisegeschäften als Vorhut der konzerndominierten städtischen

Flexibilisierung von Gender-Normen und neoliberales Empowerment

Konsumökonomie fungieren, Markterschließung für die Unternehmen betreiben, Absatzrisiken übernehmen, den freien Wettbewerb mit den dörflichen Produzent_innen einführen und dadurch die lokale Ökonomie aushöhlen. Milford Bateman (2010) nennt Mikrofinanzierung deshalb den „zerstörerischen Aufstieg des lokalen Neoliberalismus", der die Armen in die Lage versetzt, die Armut eigeninitiativ und unternehmerisch besser zu managen. Als Empowerment-Instrument für die Frauen gepriesen, ökonomisieren die Mikrokredite die existentielle Frage sozialer Reproduktion in marktangepasster Form.

Doch die Mehrheit der Frauen nutzt die Kredite nicht für produktive, sondern für konsumtive Zwecke, immer abhängig davon, wie stark die Frauen in den Haushalten Entscheidungen über die Verausgabung der Kredite beeinflussen können und ob ihre Verhandlungsmacht wächst. In Bangladesh nahm die Gewalt gegen Frauen zu, weil die neue Frauenrolle die hegemoniale Männlichkeit bedroht und die Macht des männlichen Haushaltsvorstands erodiert (vgl. Goetz und Gupta 1996).

Oft wurden als erstes Schulden zurückgezahlt, die die Familie oder der Mann beim lokalen Geldverleiher hatte, der Wucherzinsen von bis zu 100 Prozent verlangt. Häufige Verwendungszwecke sind auch medizinische Kosten für eine Operation und Medikamente oder die Ausrichtung von Hochzeiten sowie Mitgiftzahlungen. Je mehr Geld zirkuliert, je konsumorientierter die Menschen in den Dörfern werden, desto mehr steigen die Mitgiftforderungen. Da die Kredite so viel Cash wie nie zuvor in die Dörfer bringen, tragen sie durch die Mitgift zu einer weiteren Ökonomisierung der Geschlechterbeziehungen bei. Damit erhalten die Kreditnehmerinnen mit dem Kredit, der als Instrument des Empowerments konzipiert war, eine patriarchale Struktur aufrecht, die Frauen zutiefst abwertet.

Gleichwohl eignen sich die Frauen das Überangebot von Krediten auch teils auf ihre eigene souveräne Weise an: Sie nahmen mehrere Kredite von mehreren Anbietern auf, um alle Rückzahlungen prompt leisten zu können. Angetrieben durch die wöchentliche Zinseintreiberei der Mikrofinanzagenten jonglieren sie in einem komplexen System von Kreditierung und Verschuldung mit mehreren formellen und informellen Geldquellen gleichzeitig. Hinter der hohen Rückzahlungsquote wie auch hinter dem zunehmenden Cash-Flow und Konsum in den Dörfern verbirgt sich jedoch eine zunehmend hohe Verschuldung. Die Armen substituieren mit den Krediten weggestrichene staatliche Subventionen und geringere Einkommen auf dem Land und zwischenfinanzieren ihre soziale Reproduktion auf einem höheren Konsumniveau.

So bedeutet die Feminisierung der Kreditnahme, von Verschuldung und Einkommenserwerb ein höchst ambivalentes Empowerment. Aus Bourdieuscher Perspektive erwerben die Frauen mit dem Kredit ein symbolisches und soziales Kapital, das Irritationen und Brüche in der bestehenden Geschlechterordnung und dadurch sozialen Wandel auslösen kann. Vermittelt über den Topos des Empowerment formalisiert der Mikrokredit nun die in Geld und Zins geronnene Form der Übertragung von Eigenverantwortung an Frauen als *homo oeconomicus*. Aus einer Foucaultschen Perspektive sind die kleinen Darlehen eine neoliberale Herrschaftstechnik, durch die Frauen Selbstregulierung erlernen und als selbstverantwortliche Subjekte, „disziplinierte Schuldnerinnen" und erwerbsorientierte Armutsbekämpferinnen in die Märkte integriert werden (vgl. Rankin 2001).

Das sozial-moralische Element von Verantwortungsbewusstsein und Fürsorglichkeit ist auch der Grund dafür, dass Frauen – stets angesprochen als Mütter – in einer wachsenden Zahl von Ländern des globalen Südens konditionalisierte Cash Transfers (CCT) zur sozialen Reproduktion erhalten. Die monatlichen Geldtransfers bekommen die Frauen nur unter der Bedingung ausgezahlt, dass sie ihre Kinder, vor allem die Töchter, zur Schule schicken, impfen oder medizinisch versorgen lassen. Diese Geldtransfers an Mütter gelten als erfolgreiche innovative Instrumente sozialer Sicherung, des Krisenmanagements und der Armutsreduktion (vgl. Franzoni und Voorend 2009). Maxine Molyneux hat jedoch für Lateinamerika, wo fast alle Staaten entsprechende Maßnahmen neoliberaler Wohlfahrtsstaatlichkeit eingeführt haben, festgestellt, dass CCTs Rollensstereotypen, asymmetrische Geschlechterordnungen und die armen Frauen als Bürgerinnen zweiter Klasse eher bestätigen als aufbrechen. Als Mütter werden sie in den Dienst der neuen Armutsagenda der Staaten gestellt. Das Hauptziel – die langfristige soziale Sicherung von Kindern – wird gegen die existentielle Sicherheit der Mütter ausgespielt. Zwar machen die Geldtransfers die Frauen und ihre Sorgearbeit sichtbar, unterstützen und anerkennen sie. Doch in der Regel haben sie weder ein langfristiges ökonomisches Empowerment zur Folge noch schließen sie die Männer in die Sorgearbeit ein (vgl. Molyneux 2009). Für den Staat stellen diese Transfers ein Entlastungsvehikel dar, denn Verantwortung für Daseinsvorsorge geht damit als Ownership im neoliberalen Sinne an die Individuen über, ein Mechanismus, den Colin Crouch (2009) „privatisierten Keynesianismus" mit Bezug auf die westlichen Sozialabbaustaaten genannt hat: Die Armen managen die Armut eigeninitiativ.

6   Entpolitisierung von Geschlechterhierarchie, Entdramatisierung von sozialer Ungleichheit

Staaten und entwicklungspolitische Institutionen nutzen diese Instrumente der finanziellen Integration zur Herstellung von Chancengleichheit mit einer Orientierung am Ziel der Geschlechtergleichheit. Die Kommerzialisierung der Mikrokredite und der Wildwuchs der neuen Finanzindustrie wirken für die Staaten als

Entlastung, um sich aus der Verantwortung für soziale Aufgaben, Umverteilung und direkte Armutsbekämpfung zurückziehen und ein Gros der Verantwortung an die hochgradig motivierten Frauen und ihre „Eigeninitiative" übergeben zu können. Mit den konditionalisierten Geldtransfers kommen sie – unterstützt von der Weltbank – der im globalen Süden zunehmend nachgefragten Aufgabe sozialer Sicherung nach, allerdings in einer neoliberalen disziplinierenden Form, die auf die Eigenverantwortung der Einzelnen statt auf das Gemeinwohl orientiert. Mit dieser neoliberalen Sozialstaatlichkeit stellt auch staatliches Handeln eine Kongruenz von Zielen der Geschlechtergleichheit und des Empowerment mit den Verwertungsdynamiken des kapitalistischen Marktes her. Die Flexibilisierung von Geschlechterrollen wie auch ihre Instrumentalisierung findet in einem Spektrum zwischen Gleichheitslogik und Akkumulationslogik statt (vgl. Lavinas 2013).

Durch die höchst paradoxen Formen der Inklusion und der Anpassung an die akkumulationsgesteuerten Marktprinzipien und -spielregeln des homo oeconomicus, der seine individuelle Nutzenmaximierung anstrebt, werden die Widersprüche des flexibilisierten Kapitalismus in die Subjekte eingelassen. Dies gilt vor allem für einen aus feministischer Perspektive zentralen Widerspruch des kapitalistischen Systems, nämlich dem zwischen dem Ziel der Profitmaximierung und der Notwendigkeit der sozialen Reproduktion der Marktakteur_innen. Hier stößt die Logik der Akkumulation auf die Logik der Sorge, der Produktion und des Erhalts der sozialen und natürlichen Lebensgrundlagen. Die Subjekte sind häufig zerrissen und zerrieben zwischen multiplen Identitäten, zwischen den marktökonomischen Normen und Zumutungen und der sozialen Kontrolle und Disziplinierung durch die außermarktlichen Zugehörigkeiten und Gemeinschaften. Prototypisch dafür sind burn-out-Effekte und sozial-psychologische Desintegration: die migrantische Care-Arbeiterin mit transnationaler Mutterschaft und multilokaler Familie, die Kommerzialisierung der Mutterschaft, die überschuldete Kreditnehmerin, die sich verzweifelt selbst tötet. In der multiplen Krise setzten die Staaten einmal mehr die Marktlogik mit Deregulierung und Austerität gegen die Sorgelogik durch, was mit einer Verschiebung der Verantwortung für soziale Reproduktion an Frauen einhergeht. Dadurch werden asymmetrische Machtverhältnisse nicht aufgehoben, sondern in aktualisierter modernisierter Form fortgesetzt.

Die neoliberale Technokratisierung von Integration durch immer mehr Maßnahmen zur Chancengleichheit und Marktinklusion entpolitisiert Genderfragen und hierarchische Geschlechterordnungen ebenso wie sie andere soziale Ungleichheitsregime entdramatisiert. Diese Instrumente und Mechanismen der Inklusion aktivieren die Einzelnen zur Übernahme von Eigenverantwortung und sollen fit machen, um die multiplen Unsicherheiten des flexibilisierten Kapitalismus, der flexibilisierten Subjekte und die prekären Lebens- und Arbeitsverhältnisse zu managen. Neoliberale

Eigenverantwortung bedeutet in der Foucaultschen Lesart, dass es den Individuen selbst obliegt, Chancen und Chancengleichheit zu realisieren, soziale Rechte und soziale Sicherheit einzulösen. Wem das als Unternehmer_in des Selbst nicht gelingt, ist selbst schuld. Armut wie auch Geschlechterungleichheit gelten als individuell überwindbar und erscheinen nicht als strukturelles und politisches Problem.

Aus einer frauenrechtlichen und Gleichstellungsperspektive entstehen hier jedoch auch strategische Dilemmata. Individuelle Land- und Erbrechte für Frauen waren stets eine Schlüsselforderung der Geschlechtergleichheit. Im Kontext des derzeitigen *land-grabbing* wird jedoch kontrovers diskutiert, welche Formen von Landbesitz und Nutzungsrechten Frauen am meisten Schutz ihrer Lebensgrundlagen (*livelihood*) und vor Enteignung bieten: kollektive Nutzungsrechte und Gemeineigentum oder individuelle Landtitel. Einerseits diskriminieren die lokalen Gemeinschaften Frauen, wenn es um Kontrolle und Entscheidungsmacht über *commons* geht, andererseits stehen individuelle Landrechte in der Logik der Privatisierung von Land durch Landmärkte, wie die Weltbank sie forciert, und der Liberalisierung, die zur Einhegung durch aus- und inländische Großinvestoren führt und die bäuerlichen und nomadischen Nutzer_innen ausgrenzt (vgl. Federici 2011).

Dies rückt Rechtssysteme jenseits moderner staatlicher Gesetzgebung wie Gewohnheitsrechte von Ethnien, orthodoxe religiöse Rechte und lokale Rechtsprechungsregime in den Blick, die lange weitgehend unbeachtet blieben, weil der Fokus auf dem Verhältnis von globaler und nationaler Governance, auf supranationaler Normsetzung und Regulierung und deren nationalstaatlichen gesetzgeberischen Umsetzung lag (vgl. Randeria 2006).

7 Ausblick

In feministischer Forschung und Theoriebildung lassen sich mit Bezug auf den Boom und die multiplen Krisen der Globalisierungen und auf Global Governance Regime drei Ansätze unterscheiden: 1) Benennung des Unbenannten, von Exklusion und Diskriminierung von Frauen, 2) Analyse von geschlechtsinduzierten Machtverhältnissen, 3) Analyse von Intersektionalität, Widersprüchen, Ambivalenzen und Komplizenschaft. Diese drei Phasen feministischer Theoriebildung sind zwar auseinander entstanden und folgten chronologisch aufeinander. Sie schließen einander jedoch nicht in einer linearen Fortschrittlichkeit aus, sondern bedingen sich immer noch wechselseitig und sind alle aktuell und verwoben, auch wenn klare Akzentverschiebungen stattgefunden haben.

Eine herrschaftskritische feministische Theorie nimmt vor allem die Paradoxien und Ungleichzeitigkeiten in spezifischen Kontexten in den Blick und die (Re-)Konstruktion und Verschiebungen in Geschlechterregimen als Machtverhältnissen. Sie dekonstruiert die Varianten neuer Vergesellschaftung und Vergeschlechtlichung und die dahinter stehenden Logiken und verbindet das Konkrete mit dem Ganzen. Sie muss die wachsenden Ungleichheiten zwischen Frauen und unter Männern ebenso erfassen wie auch die ungleichen Entwicklungen verschiedener Dimensionen von Empowerment und Emanzipation zwischen Fortschritt und Backlash. Dafür ist eine Verknüpfung struktur- und subjektzentrierter Ansätze, materialistischer und dekonstruktivistischer Methoden zielführend.

Gender als Kategorie sozialer Ungleichheit und Macht ist nicht abtrennbar von anderen Herrschaftsregimen und verändert auch seine Bedeutung in dem Machtgeflecht. So berichten Dalit-Frauen in Indien, dass im Dorf die Kastenhierarchie das im Alltag wichtigste Regime ist, während beim Leben in den Slums der Städte Geschlecht zur wichtigsten alltagsrelevanten Kategorie wird. Der „listige Staat" im Globalen Süden vermittelt zwischen überbrachten gesellschaftlichen und geschlechtlichen Normen, Werten und Ordnungsregimen und den beiden transnationalen Achsen der Moderne, der formalen liberalen Demokratie mit ihrer westlich aufklärerischen Logik von Freiheit, Gleichheit und Geschwisterlichkeit und dem Kapitalismus mit seiner Fortschrittslogik von Effizienz, Privateigentum und Wachstum. Daraus entstehen neue Dynamiken sozialer Kontrolle, aber auch neue Kämpfe um Subjektweisen und Geschlechterordnungen.

Gerade in Krisen- und Umbruchssituationen muss eine feministische politische Soziologie intersektionale Machtregime analysieren, soziale Ungleichheiten einmal mehr politisieren und auf die kontextuell unterschiedlichen und sich verändernden Bedeutungen von Gender in solch komplexen Herrschaftsregimen fokussieren. Ein Ziel dieser Repolitisierung von sozialen Ungleichheits- und Genderfragen ist auch, Perspektiven zu entwickeln, die emanzipatorische und transformatorische Politik verknüpfen.

Literatur

Alvarez, S. (2000). Der Boom feministischer Nicht-Regierungsorganisationen in Lateinamerika. In: Gabbert, K. u. a. (Hrsg.). *Geschlecht und Macht. Jahrbuch Lateinamerika – Analysen und Berichte* 24, Münster, S. 37-54

Bakker, I. (2002). Who Built the Pyramids? Engendering the New International Economic and Financial Architecture. In: *femina politica*, 1, S. 13-26

Barrientos, S., Kabeer, N., Hossain, N. (2004). *The gender dimensions of the globalization of production*. World Commission on the Social Dimension of Globalization, Policy Integration Department, Working Paper No. 17, ILO, Geneva

Bateman, M. (2010). *Why doesn't Microfinance Work? The destructive rise of local neoliberalims*. London, New York

Batliwala, S., Dhanraj, D. (2006). Gender-Mythen, die Frauen instrumentalisieren. In: *Peripherie* 103, S. 373-385

Bhana, D., Pattman, R. (2011). Girls want money, boys want virgins: the materiality of love amongst South African township youth in the context of HIV and AIDS, In: *Culture, Health & Sexuality* 13, 8, S. 961-972.

Braunmühl, C. (2001). Zur Universalismusdebatte in der internationalen Frauenbewegung: Konzepte einer transnationalen Genderpolitik. In: *femina politica* 2, S. 129-141.

Brodie, J. (2004). Die Re-Formulierung des Geschlechterverhältnisses. Neoliberalismus und die Regulierung des Sozialen. In: *Widersprüche* 46, 24., S. 19-32.

Butler, J. (2010). *Raster des Krieges. Warum wir nicht jedes Leid beklagen*. Frankfurt am Main.

Crouch, C. (2009). Privatised Keynesianism: An Unacknowledged Policy Regime. In: *The British Journal of Politics and International Relations* 11, S. 382-399.

Desai, M. (2002). Transnational Solidarity. Women's Agency, Structural Adjustment, and Globalization. In: Naples, N. & M. Desai (Hrsg.) (2002). *Women's Activism and Globalization*, New York, London, S. 15-34.

Ehrmann, J. (2009). Traveling, Translating and Transplanting Human Rights. Zur Kritik der Menschenrechte aus postkolonial-feministischer Perspektive. In: *Femina Politica* 2, S. 84-95.

Federici, S. (2011). Women, Land Struggles, and the Reconstruction of the Commons. In: *WorkingUSA. The Journal of Labor and Society* 14, S. 41-56.

Fischer, K., Reiner, C., Staritz, C. (Hrsg.) (2010). *Globale Güterketten, weltweite Arbeitsteilung und ungleiche Entwicklung*. Wien.

Franzoni, J., Voorend, K. (2009). Blacks, whites or greys? Conditional cash transfers and gender equality in Latin America http://www.cccg.umontreal.ca/rc19/PDF/Martinez%20Franzoni-J_Rc192009.pdf.

Fraser, N. (2009). Feminismus, Kapitalismus und die List der Geschichte. In: *Blätter für deutsche und internationale Politik* 8, S. 43- 57.

Froud, J., Leaver, A., Williams, K. (2007). New Actors in a Financialised Economy and the Remaking of Capitalism. In: *New Political Economy* 12, 3, S. 339-347.

GIZ (2011). *Wirtschaft stärken – Armut reduzieren. Erfahrungen mit den Wertschöpfungsketten-Ansatz*. Bonn.

GIZ (2012). *Growing Business with Smallholders. A Guide to Inclusive Agribusiness*. Commissioned by BMZ, Bonn. Berlin.

Goetz, A. M. & Gupta, R. S. (1996). Who takes the credit? Gender, power, and control over loan use in rural credit programs in Bangladesh. In: *World Development* 24, 1, S. 45-63.

Grewal, I. & C. Kaplan (Hrsg.) (1994). *Scattered Hegemonies: Postmodernity and Transnational Feminist Practices*. Minneapolis.

Habermann, F. (2008). *Der homo oeconomicus und das Andere. Hegemonie, Identität und Emanzipation*. Baden-Baden.

Harman, S. (2012). Women and the MDGs. In: Wilkinson, Rorden & D. Hulme (Hrsg.). *The Millennium Development Goals and Beyond*. London, New York, S. 84-102.

Hartsock, N. (2006). Globalization and Primitive Accumulation. The Contributions of David Harvey's Dialectical Marxism. In: Castree, N. & D. Gregory (Hrsg.). *David Harvey. A Critical Reader.* New York, 167-190.

Haug, F. (2006). Links und feministisch? Feministische Kapitalismuskritik – Probleme und Perspektiven. In: *Widerspruch* 50, Alternativen, 26, 1, S., 87-99.

ICN/SOMO (2011). *Captured by Cotton. Exploited Dalit girls produce garments in India for European and US markets.* http://idsn.org/wp-content/uploads/user_folder/pdf/New_files/Private_sector/CapturedByCottonReport.pdf.

Kabeer, N. (2005). Is Microfinance a 'Magic Bullet' for Women's Empowerment? Analysis of Findings from South Asia. In: *Economic and Political Weekly* 29.10.2005.

Kabeer, N., Mahmud, S. (2004). *Rags, Riches and Women Workers: Export-oriented Garment Manufacturing in Bangladesh.* http://www.wiego.org/publications

Kannabiran, V. (2005). Marketing Self-Help, Managing Poverty. In: *Economic and Political Weekly* 20.8.2005, S. 3716-3719.

Karim, L. (2008) *Demystifying Micro-Credit – The Grameen Bank, NGOs and Neoliberalism in Bangladesh.* Oregon.

Klas, G. (2011). *Die Mikrofinanz-Industrie. Die große Illusion oder das Geschäft mit der Armut.* Hamburg.

Keck, M., Sikkink, K. (1998). *Activists Beyond Borders: Advocacy Networks in International Politics.* Ithaka.

Klug, P. (2013). Der neue Streit um Differenz? (Queer-)Feministische Perspektiven auf Islam und Geschlechterordnung. In: *femina politica* 2, S. 114-124.

Lavinas, L. (2013). 21st Century Welfare. In: *New Left Review* 84, S. 5-40.

Lenz, I. (2013). Zum Wandel der Geschlechterordnungen im globalisierten flexibilisierten Kapitalismus. In: *feministische Studien*, 31, S. 124-131.

Marchand, M. H., Runyan, A. S. (2000). Feminist Sightings of Global Restructuring: Conceptualization and Reconceptualizations. In: Schuurman, F. (Hrsg.). *Globalization and Development Studies. Challenges for the 21 century.* Amsterdam, S. 135-151.

Molyneux, M. (2009). *Conditional Cash Transfers: A 'Pathway to Women's Empowerment'?* www.pathwaysofempowerment.org/PathwaysWP5-website.pdf

Nachtigall, A. (2014). Stichwort "Embedded Feminism". In: *Peripherie* 133, S. 90-95.

Naples, N., Desai, M. (Hrsg.) (2002). *Women's Activism and Globalization.* New York, London.

Pande, A. (2009). Not an 'angel', not a 'whore'. Surrogates as 'dirty' workers in India. In: *Indian Journal of Gender Studies* 16, S. 141-173.

Parrenas, R. (2001). Mothering from a Distance. Emotions, Gender and Intergenerational Relations in Filipino Transnational Families. In: *Feminist Studies* 27, 2, S. 361-389.

Pearson, R. (1998). 'Nimble Fingers' revisited. Reflections on women and Third World industrialisation in the late twentieth century. In: Jackson, C. & R. Pearson (Hrsg.). *Feminist Visions of Development: Gender Analysis and Policy,* London, S. 171-189.

Porter, D., Craig, D. (2004). The Third way and the Third world: poverty reduction and social inclusion in the rise of inclusive" liberalism. In: *Review of International Political Economy* 11, 2, S. 387-423

Pun N. (2005). *Made in China. Women Factory Workers in a Global Workplace.* Durham

Ramdas, S. (2009). Women, Forestspaces and the Law: Transgressing the Boundaries. In: *Economic and Political Weekly* 44, 65-73.

Randeria, S. (2006). Rechtspluralismus und überlappende Souveränitäten. Globalisierung und der „listige" Staat in Indien. In: *Soziale Welt,* 57, 3, S. 229-258.

Rankin, K. (2001). Governing development: neoliberalism, microcredit, and rational economic woman. In: *Economy and Society*, 30, 1, S. 18-37.
Rauschenberg, B. (1998). *Politische Philosophie und Geschlechterordnung*. Frankfurt.
Rommelspacher, B. (2006). Intersektionalität – über die Wechselwirkung von Machtverhältnissen. In: Kurz-Scherf, Ingrid et al. (Hrsg.). *Feminismus: Kritik und Intervention*. Münster, S. 81-98.
Roßhart, J. (2009). Queere Kritiken, Kritiken an queer. Debatten um die Entselbstverständlichung des feministischen Subjekts. In: Kurz-Scherf, Ingrid et al. (Hrsg.). *Feminismus: Kritik und Intervention*. Münster, S. 48-64.
Solidaridad South & South East Asia (2012). *Understanding the Characteristics of the Sumangali Scheme in Tamil Nadu Textile & Garment Industry and Supply Chain Linkages*. www.digitalcommons.ilr.cornell.edu
Soiland, T. (2009). Gender oder Von der Passförmigkeit der Subversion. Über die Konvergenz von Kritik und Sozialtechnologie. In: *Das Argument* 281, S. 409-420.
Stienstra, D. (1999). Of Roots, Leaves, and Trees: Gender, Social Movements, and Global Governance. In: Meyer, M. & E. Prügl (Hrsg.). *Gender Politics in Global Governance* (S. 260-275) Lanham.
The World Bank (2006). *Gender and Equality as Smart Economics. Action Plan 2007-2011*. Washington.
The World Bank (2011). *World Development Report 2012. Gender equality and Development*. Washington.
Visvanathan, N. & Yoder, K. (2011). Women and microcredit: a critical introduction. In: Visvanathan, N. et.al. (Hrsg.) (2011). *The Women, Gender and Development Reader*. New York, S. 47-54.
Wichterich, C. (2003). Transnationale Frauenpolitik und Partizipation als Elemente im neoliberalen Strukturwandel. In: Scharenberg, A. & Schmidtke, O. (Hrsg.). *Das Ende der Politik? Globalisierung und der Strukturwandel des Politischen*. Münster 2003, S. 316-336.
Wichterich, C. (2006). Globalisierung und Geschlecht. Über neoliberale Strategien zur Gleichstellung. In: *Blätter für deutsche und internationale Politik*, 6, 7, S. 686-695.
Wichterich, C. (2007). *Transnationale Frauenbewegungen und Global Governance*, http://web.fu-berlin.de/gpo/christa_wichterich.htm.
Wichterich, C. (2008). Kleinbäuerinnen, Ernährungssicherung, Ökonomisierung der Biodiversität. In: Z. 76, Dez. 2008, S. 80-86.
Wichterich, C. (2009). *Gleich, gleicher, ungleich, Paradoxien und Perspektiven von Frauenrechten in der Globalisierung*. Königstein, Taunus 2009.
Wichterich, C. (2012). Mikrokredite und die Entdeckung der Frauen. In: *LuXemburg 4*, 2012, 28-36.
Wichterich, C. (2015). Globale Frauenrechte: Der große Backlash. In: *Blätter für deutsche und internationale Politik* 9, 15, S. 29-33
UNFPA (2006). *Weltbevölkerungsbericht 2006. Der Weg der Hoffnung. Frauen und internationale Migration*. Hannover
UN Women (2015). *Progress of the World's Women. Transforming Economies, Realizing Rights*. New York

Genderflexer?
Zum gegenwärtigen Wandel der Geschlechterordnung

Ilse Lenz

Die Erde scheint sich schneller und in flexiblen Runden zu drehen. Feststehende Faktizitäten wie die ‚natürlichen Geschlechterrollen' verdampfen und die geschlechtliche Vielfalt tanzt Tango mit radikalisierten Subjektentwürfen, während sie vom flexibilisierten Kapitalismus umworben wird. Aus der Werbung grüßen hippe Bilder von Frauen oder MigrantInnen im Boss-Look, während die Nachrichten zugleich über die zunehmende Prekarisierung und Flexibilisierung der Beschäftigung oder die ansteigende Armut informieren.[1]

Noch vor fünfzig Jahren, vor dem Beginn der neuen Frauenbewegungen, erschienen die Geschlechterbilder und -realitäten nach männlich/weiblich klar geordnet und stabilisiert. Das Ernährer-/Hausfrauenmodell herrschte ideologisch und kurzfristig auch in der sozialen Wirklichkeit vor. In der Politik bildeten die Frauen, die Hälfte der Bevölkerung, eine Randgruppe. Das geschlechter- und gesellschaftspolitische Denken war fest in den Rahmen des Nationalstaats eingebunden.

Gegenwärtig ist der Löwenanteil der Frauen und die Mehrheit der Mütter in Deutschland erwerbstätig, wenn auch häufig in flexibilisierter oder irregulärer Beschäftigung. In der Regierung und im Parlament bilden sie eine relevante Minderheit von etwa einem Drittel. Gleichheitliche Normen und Regelungen wurden auf nationaler wie auch auf internationaler Ebene u. a. durch die UN und die EU eingerichtet.

---

1 Dieser Beitrag führt drei umfassende Forschungsstränge zu der Entwicklung der Geschlechterforschung, neueren Entwicklungen in der Kapitalismustheorie und zum Konzept der Geschlechterordnung zusammen. In diesem Rahmen ist keine umfassende Darlegung der gesamten Literatur möglich, sondern er fokussiert auf einige ausgewählte weiterführende Beiträge, die bei der zitierten Literatur vor allem berücksichtigt werden. Ich danke herzlich für Diskussionen meinen Koherausgeberinnen Sabine Evertz und Saida Ressel, sowie Brigitte Aulenbacher, Brigitte Hasenjürgen, Reinhart Kößler und Karen Shire.

Vor fünfzig Jahren entsprach das Verständnis von Geschlecht einer unhinterfragten Zweigeschlechtlichkeit, die als unbewusste Norm wirkte: Es erschien natürlich, dass die Menschen sich ausschließlich in zwei Geschlechter einteilen lassen und diese Zuordnung darüber bestimmt, welche Normen für sie gelten oder welche ‚biologischen Rollen' sie haben. Lesben, Schwule, Transgender- oder Inter* Personen waren aus dem öffentlichen Bewusstsein ausgeblendet und ausgeschlossen. Heute wird Geschlecht zunehmend als vielfältige und reflexive Kategorie verstanden: Es umfängt die Vorstellung verschiedener Geschlechter, die vor allem sozial definiert und verstanden werden.[2] Die zweigeschlechtliche nationale Geschlechterordnung, in der Männer die Wirtschaft und Politik dominierten und Frauen qua Geschlecht für die unbezahlte Familienarbeit im Haushalt zuständig waren, hat sich zur Pluralisierung von Geschlecht, zur öffentlichen Teilhabe der Frauen und zum flexibilisierten globalisierten Kapitalismus hin verändert.

Die Geschlechterforschung ist herausgefordert, angesichts dieser grundlegenden Veränderungen zum einen ihre analytischen Begriffe und Ansätze vertieft zu reflektieren. Wie sind Geschlecht, die Geschlechterordnung oder der Kapitalismus so zu begreifen und definieren, dass diese Konzepte sich für die Diagnose und Analyse dieser Transformationen eignen? Und wie kann die Geschlechterforschung ihr kritisches Potenzial zeitadäquat entfalten, wenn die Formen und Mechanismen von Herrschaftsweisen und Ungleichheiten sich verändert haben? Wenn etwa nicht allein der Geschlechtsdualismus mit seinen biologistisch argumentierenden Festlegungen und Normierungen Herrschaft legitimiert, sondern auch queere Identifizierungen oder enge affirmative Spielarten von LGBTI sich als kompatibel mit Neoliberalismus und nationalem Dominanzstreben erweisen (vgl. Ludwig in diesem Band)?

Im Folgenden werde ich zunächst die veränderten Bedeutungen von Geschlecht, von flexibilisiertem vergeschlechtlichtem Kapitalismus und der Geschlechterordnung diskutieren. Mein Ziel ist dabei, den Ansatz der Geschlechterordnung für

---

2 Diese Prozesse des Reflexivwerdens und der Diversifizierung von Geschlecht sind vor allem in den postindustriellen Metropolen und in intellektuellen Kreisen und sozialen Bewegungen im Süden und im Osten zu beobachten. Zugleich hat dies Verständnis von Geschlecht intensive Gegenmobilisierungen vonseiten antifeministischer und rechtspopulistischer Kreise hervorgerufen (vgl. u. a. Hark und Villa 2015). Es handelt sich also um umkämpfte Begriffe, die weltweit unterschiedlich definiert werden; so unterscheiden sich die Semantiken von Geschlecht etwa in der koreanischen, der chinesischen, der japanischen Genderforschung, um ein Beispiel aus Ostasien zu bringen. Das Verständnis von Geschlecht im Südlichen Afrika ist demgegenüber eng mit der Unterdrückung nach ‚Rasse' und Klasse verbunden. All diese Ansätze aber kritisieren den Biologismus und gehen von einer sozialen Bestimmung des Geschlechts im soziokulturellen Kontext aus.

die gegenwärtige Transformation zu öffnen und fruchtbar zu machen. Darauf folgt eine knappe Betrachtung gegenwärtiger Veränderungen aus dieser Sicht.

1 Das flexibilisierte Wunderwort – was heißt heute Geschlecht?

Die Bedeutung von Geschlecht wurde seit den 1970er Jahren in den Wissenschaften heftig diskutiert, wobei die biologistischen Definitionen aus dem 19. Jahrhundert grundlegend hinterfragt wurden. Diese hatten einen biologischen Determinismus und die Zweigeschlechtlichkeit vertreten, also die Vorstellung, dass alle Menschen durch zwei duale biologische Geschlechtskategorien namens ‚männlich' oder ‚weiblich' zu erfassen und zu klassifizieren wären (Gildemeister und Herricks 2012; Honegger 1991). Diese modernen Denkformen legitimierten die ungleiche geschlechtliche Arbeitsteilung und Machtverhältnisse als natürlich oder biologisch vorgegeben (vgl. Gildemeister und Herricks 2012; Becker und Kortendiek 2010). Die Verweisung der Frau auf die Hausfrauen- und Mutterrolle und ihre Abwesenheit in der Politik erschienen danach als Erfüllung ihrer „biologischen Rolle" und nicht als Ergebnis sozialer Ungleichheitsstrukturen.

Die Zweigeschlechtlichkeit wurde grundlegend im Kollektivbewusstsein moderner Gesellschaften, also in den unbewussten, nicht hinterfragten Denkformen im Alltag,[3] verankert und sie legitimierte ihre ungleichen Arbeitsteilungen und Machtverhältnisse. In diesem Kollektivbewusstsein erscheinen die individuellen Menschen in eine Menschheit mit ausschließlich zwei Genusgruppen hineingeboren oder vergemeinschaftet, die als vorgegeben – im Sinne von vorreflexiv gegeben – erscheinen.

Die Ethnologie hat das biologistische Denken der Zweigeschlechtlichkeit seitdem immer wieder relativiert: Da die Geschlechterverhältnisse sich weltweit grundlegend unterscheiden, ist die Annahme einer gemeinsamen biologischen Determination oder Festlegung nicht aufrechtzuerhalten Auch die Schwangerschaft der Frau und die männliche Vaterrolle werden sozial hoch variabel gestaltet: Bei den Trobriandern versorgten vornehmlich Väter die Kleinkinder, während dies in postindustriellen Gesellschaften vor allem die Mütter tun (vgl. Weiner 1976).

---

3 Die Vorstellung des Kollektivbewusstseins wurde von Durkheim eingebracht und bezeichnet seitdem unhinterfragtes hegemoniales Wissen einer Gruppe; Pierre Bourdieu spricht von Doxa.

Grundlegend hinterfragt wurde die Zweigeschlechtlichkeit vonseiten der Frauen- und Geschlechterforschung ab den 1970er Jahren. Sie brach das vorherrschende zweigeschlechtliche Kollektivbewusstsein auf und entwickelte ein reflexives Genderverständnis, das die soziale Gestaltung und die Vielfalt von Geschlecht erfassen kann. Sie bewegte sich von dem sozialen vorgegebenen und biologisch determinierten Genderwissen zu reflexiven kritischen Geschlechterbegriffen.

Zunächst unterschied die damalige Frauenforschung in den 1970er Jahre zwischen Gender als dem sozialen Geschlecht und Sex als dem biologisch angezeigten. Auf dieser Grundlage konnten sich darauf konstruktivistische Ansätze durchsetzen. Darunter wird verstanden, dass die Bedeutung von Geschlecht in gesellschaftlichen Kontexten und Prozessen formuliert und gestaltet wird.[4] Nach diesem epochalen Durchbruch entwickelte sich das wissenschaftliche Verständnis von Geschlecht vor allem in drei Richtungen weiter. Ich will nun kurz ihr jeweiliges Verständnis davon aufführen, wie Geschlecht sozial und oder kulturell hergestellt wird.

Die erste handlungs- und gesellschaftstheoretische Richtung sieht Geschlecht als gestaltende Kraft wie auch als Ergebnis sozialer Strukturen. Denn Geschlecht entsteht und wirkt in einem rekursiven Wechselverhältnis zur Gesellschaft: Es wird als Strukturkategorie von Ungleichheiten und Herrschaft in gesellschaftlichen Verhältnissen hergestellt und durchformt und strukturiert diese Verhältnisse zugleich (vgl. Becker-Schmidt und Knapp 2000; Knapp 2012; Villa 2009). Die feministische kritische Theorie etwa zeigte die doppelte Vergesellschaftung der Frau in den Haushalt/die unbezahlte Hausarbeit und den Arbeitsmarkt im Kapitalismus auf (vgl. Becker-Schmidt 2003). Der Ansatz wurde weitergeführt in den der dreifachen Vergesellschaftung in Haushalt, Kapitalismus und Nationalstaat, womit die Ungleichheiten nach Ethnizität, Klasse und Geschlecht in ihrem Wechselverhältnis untersucht werden sollten (vgl.

---

4   Vgl. die umfassende Darstellung bei Gildemeister, Herricks 2012. Mit der These der sozialen Konstruktion des Geschlechts wird die Bedeutung der Biologie für das Geschlecht nicht negiert, sondern die Frage wird nun auf der Ebene von interdisziplinärer Forschung und Austausch zwischen der Geschlechterforschung und der Biologie auf ihrem heutigen Stand untersucht, wobei komplexe Wechselwirkungen und Vielfalt (u. a. durch Hormone) berücksichtigt werden. Angesichts der heftigen Debatten ist festzuhalten, dass die Frage der Interpretation und Tragweite biologischer und soziologischer Forschungsergebnisse hinreichend zu berücksichtigen ist. So haben biologische Untersuchungen einen Trend zu unterschiedlichen Aktivierungszonen im Gehirn zu Sprachfähigkeit bei der Mehrheit einer kleinen Gruppe von Frauen und Männern festgestellt. Daraus ließe sich ggfs. auf einen tendenziellen Unterschied in einem Bereich menschlicher Fähigkeiten in einem bestimmten soziokulturellen Kontext schließen. Doch angesichts der ungeheuren Variationsbreite der Geschlechterverhältnisse lassen sich daraus keinerlei Folgerungen auf grundlegend unterschiedliche und in sich homogene Geschlechterrollen etwa in der Familie ziehen.

Lenz 1995; 2017). Die Geschlechtsunterscheidung und die Zweigeschlechtlichkeit selbst wurden allerdings ideologiekritisch weniger bearbeitet. Weiterhin wird Geschlecht als ko-konstituierende Kraft in einer intersektionalen Matrix von Ungleichheitsverhältnissen begriffen. Es ko-produziert und organisiert Ungleichheitsverhältnisse entlang der weiteren Achsen der Ungleichheit von Klasse, Nation und Begehren. Die in ihnen relational verbundenen Genusgruppen wie weiße Frauen und Migranten und Migrantinnen sind nur in der Gesamtheit der gesellschaftlichen Verhältnisse zu begreifen (Klinger 2007; Klinger und Knapp 2008; Lenz 2017).[5]

Die zweite, ethnomethodologische Richtung untersucht die soziale Konstruktion von Geschlecht und fokussiert insbesondere die Entstehung von Geschlechtsdifferenzen in Interaktionen (vgl. Wetterer 2010; Gildemeister und Herricks 2012; Hirschauer 1993). Geschlecht wird hier vor allem als Komplex von Unterscheidungen verstanden, die sozial hergestellt werden. Die Leitfragen richten sich auf seine Hervorbringung in Interaktionen und in seiner alltäglichen Darstellung (Performanz), was als *Doing Gender* verstanden wird, wie auch auf die institutionellen Festlegungen und Normierungen von Zweigeschlechtlichkeit. Die Konstruktionsthese wurde dann auf das Feld von Sex, also des ‚biologischen Geschlechts' erweitert. Wurde doch in wissenssoziologischen Studien aufgezeigt, dass die moderne Zweigeschlechtlichkeit vor allem aus der Medizin und Biologie des 19. Jahrhunderts resultierte (vgl. u. a. Schiebinger 1995). Sie stellte eine Vereinseitigung und Reduktion vielfältiger organischer Prozesse dar, die von sozialen Weltdeutungen der andro- und eurozentrischen Wissenschaften des 19. Jahrhunderts beeinflusst war.

Zweigeschlechtlichkeit oder Geschlechterdifferenz werden bei manchen sozialkonstruktivistischen Autorinnen per se als hierarchiestiftend oder -legitimierend angesehen, so dass die Unterscheidung zwischen Geschlechtsdifferenzen und Geschlechterungleichheit unscharf wird. Gegenwärtig wird eine Diffusion oder Relativierung von Hierarchien im Zuge einer Pluralisierung von Geschlecht diskutiert. Bei der Frage, ob Gender omnirelevant ist, also überall wirksam bleibt, oder gegenwärtig in bestimmten Kontexten dethematisiert wird, scheiden sich die Geister. Die einen stellen angesichts des Vordringens der Frauen in qualifizierte Professionen Deinstitutionalisierungsprozesse von Geschlecht fest, während die anderen annehmen, dass die Berufsfelder weiterhin männlich zentriert bleiben, aber Geschlecht nun in Feindifferenzierungen re-konstruiert wird (vgl. Heintz 1997; Blau 2006; Gildemeister und Wetterer 2007). Die Frage der Wechselwirkungen mit

---

5 Weitere wichtige gesellschaftstheoretische Ansätze sind u. a. die feministische Konfigurationssoziologie nach Elias und die feministische Strukturationstheorie nach Giddens (vgl. Kahlert 2015; Treibel 2015).

anderen Ungleichheiten nach Klasse oder Migration bleibt hier eher blass vor der der Omnirelevanz und Hierarchiebegründung durch die Geschlechterdifferenz.

Die dritte, diskurstheoretische Orientierung ist wie die zweite sozialkonstruktivistisch orientiert, geht aber im Anschluss an Judith Butler davon aus, dass Geschlecht und seine Machteffekte in Diskursen hergestellt werden. Wirksam wird es in Performativität, also in einer ständig wiederholenden und zitierenden Praxis der Darstellung von Gender (Butler 1991; Villa 2009: 122). Die radikale Ideologiekritik an einer vermeintlich natürlichen und biologischen Determiniertheit des Geschlechts wird damit begründet, dass auch die Vorstellungen von Sex und Biologie diskursiv konstituiert sind. Das diskursiv konstruierte Geschlecht wird an die Heteronormativität angekoppelt, worunter eine vorbewusste normative Privilegierung von Heterosexualität (nicht von aktuellem heterosexuellem Verhalten) verstanden wird. So produziert es Machteffekte von Normalisierungen, von Einschlüssen und Ausschlüssen. Die Vorstellung von Subjekten wurde dezentriert: Nicht sozial gestiftete Identitäten, sondern diskursive Machtstrategien konstituieren flexible Subjekte. Intersektionalität wurde eher durch die Benennung verschiedener markierter oder unmarkierter Gruppen aufgenommen wie etwa alte weiße Männer oder schwarze Frauen, und weniger auf die soziale Herstellung dieser Ungleichheiten hin ausgelegt. Tendenziell gingen auch hier die Verhältnisse, während die Gruppen kamen.[6]

In den queeren interdisziplinären Ansätzen wurde die diskurstheoretische Richtung anschließend an die Heteronormativitätskritik fruchtbar weitergeführt. In Kritik an den vorigen Ansätzen sexueller politischer Identität untersuchen sie zum einen Ausschlüsse, Grenzziehungen und auch neue Einschlüsse entlang des LGBTTI-Spektrums. Zum Anderen betrachten sie queere Subjektivierungen und Praktiken, teils auch in intersektionaler Sicht. Die sozialkonstruktivistische, diskurstheoretische und die queeren Richtungen haben zu einer Dezentrierung und Pluralisierung des Verständnisses von Geschlecht geführt. Geschlecht geht nicht mehr in einer starren Dualität von Frau und Mann auf, sondern wird in der sozialen Welt in Diskursen ausgehandelt.

Wie verhalten sich diese Richtungen zueinander? Zwischen den sozial- und diskurstheoretischen Ansätzen findet ein gewisser Austausch und Dialog statt. Eine faszinierende Synthese von queerer, diskurstheoretischer und performativer Perspektive hat Rüdiger Lautmann geleistet: Zunächst beleuchtet er verschiedene Formen der sexuellen Vielfalt nach Unterschieden und Anschlussstellen. Darauf betont er die Performativität und das Sich-Begegnen dieser Formen, die so zum Aufbrechen dualer Geschlechterklassifikation und der Heteronormativität führen können (Lautmann 2015).

---

6 So äußerte sich Tove Soiland zum US-Ansatz der Intersektionalität (2008).

Von der feministischen Kritischen Theorie ausgehend hat sich u. a. Gudrun Axeli Knapp mit sozial- und diskurstheoretischen Ansätzen auseinandergesetzt (Knapp 2012). Diese aber nahmen die strukturtheoretischen Richtung weniger wahr und grenzten sie teils aus der Geschlechterforschung in ihrem Sinne aus (Gildemeister und Herrick:2012).

Zudem zeichnen sich zwei bemerkenswerte. Tendenzen ab: Zum einen reflektieren die sozial- und diskurstheoretischen Ansätze intensiv die Prozesse der Konstruktion von Gender, kommen aber kaum zu eigenen Definitionen von Geschlecht. Anders gesagt, geht es eher darum, wie Geschlecht gemacht wird als um das, was es bedeutet. Dem mögen die Scheu oder Verweigerung vor neuen Naturalisierungen und Verdinglichungen zugrunde liegen. Doch kann dieser Zustand von wenig verbundenen Ausarbeitungen wichtiger Teilperspektiven auf Dauer nicht befriedigend erscheinen. In diesem Zusammenhang ist eine Unterscheidung wichtig zwischen statischen Definitionen, die ‚Ist-Zustände' beschreiben und dem, was ich Prozesskategorien nennen will. Letztere sind sinnvoll für neue Konzepte von Geschlecht, da sie ermöglichen, Prozesse der Wechselwirkungen und Widersprüchlichkeiten etwa von Diskursen, Performativitäten und Strukturierungen zu erfassen.

Zum Zweiten sind in diesen beiden Richtungen die herrschaftskritischen Perspektiven tendenziell dekontextualisiert worden. Sowohl die Geschlechterunterscheidung wie auch die Heteronormativität als Erklärung für Hierarchien bzw. für Inklusion und Exklusion sind auf langzeithistorischer oder anthropologischer Ebene jenseits gesellschaftlicher und historischer Zusammenhänge verortet.[7] Sie treten in fast allen Gesellschaften auf und die moderne Form der Zweigeschlechtlichkeit stellt nur eine der vielen historischen oder kulturellen Ausprägungen von Genderdualismen dar (vgl. Schröter 2002). Herrschaftskritik aber bedarf sozialer Bezüge, der Analyse von strukturellen, institutionellen und symbolisch-kulturellen Wechselverhältnissen und ihrer widersprüchlichen Aneignung durch die und in den Subjekten. Ausgerechnet bei ihrer Kernfrage geschlechtlicher Macht- und Herrschaftsverhältnisse weist die Geschlechterforschung zunehmend eine Leerstelle auf.

Ich sehe in jeder der drei Richtungen neue Erkenntnisse und finde nun Debatten über Anschlussstellen und mögliche Synthesen wesentlich. Sie eignen sich für Analysen der gegenwärtigen Transformationen, da sie deren Widersprüche, Spannungen und Bewegungen aus verschiedenen Perspektiven wahrnehmen und reflektieren lassen. Sie ermöglichen, die Vielfalt, die prozesshaften Darstellungen

---

7 Wenn die Aufhebung des Geschlechtsdualismus das angestrebte Ziel ist, so wäre es auf seine historisch-anthropologischen Prämissen und Konsequenzen hin zu überdenken. Immerhin handelt es sich um ein langfristig etabliertes Wissenssystem, nach dem Gesellschaften weltweit grundlegend organisiert wurden.

und Aushandlungen von Geschlecht und die Strukturierungen von geschlechtlichen und intersektionalen Ungleichheiten zu erfassen.

Im Ergebnis hat die neue Geschlechterforschung also reflexive und kritische Genderbegriffe erbracht und das moderne Kollektivbewusstsein einer vorreflexiven Zweigeschlechtlichkeit hinterfragt und aufgebrochen Wie hier kurz umrissen, sind diese Ansätze in sich unterschiedlich und richten sich offen und kritisch auf die großen historischen und sozialen Variationen von Geschlechterverhältnissen. Der Geschlechterforschung wird gelegentlich unterstellt, Ideologien zu verbreiten. Das Gegenteil ist festzustellen, solange man dem zustimmen mag, dass kritische Reflexion über die untersuchte Frage und Ideologie einander grundsätzlich ausschließen. Denn ‚Geschlecht' ist reflexiv geworden oder anders gesagt, bildet sich gesellschaftlich ein Reflexivwerden von Gender heraus. Auch wer von der biologischen Determination des Geschlechts ausgeht, muss das nun begründen. Zugleich sind das individuelle Nachdenken über Geschlecht und die eigene Auseinandersetzung damit weithin relevant geworden.

2 Wie ist Geschlecht als Strukturkategorie zu verstehen – auf dem Weg zu einer Arbeitsdefinition

Im Folgenden soll ein Verständnis von *Geschlecht als Strukturkategorie* vorgeschlagen werden, das das Verhältnis von Ungleichheit, Herrschaft und Geschlecht fokussiert. Damit wird nicht auf eine umfassende Definition von Geschlecht abgezielt, die mir momentan auch noch nicht möglich erscheint. Stattdessen beschränke ich mich auf eine Prozessdefinition von Geschlecht als Strukturkategorie: Es geht um eine Arbeitsdefinition, die erfassen soll, wie Geschlecht als ungleichheitsstrukturierende und -normierende Kategorie hergestellt wird und wie es – in vielfältigen Weisen – wirkt. Sie wird weiter unten auf den Ansatz der Geschlechterordnung bezogen.

Geschlecht wird als ein Komplex von Diskursen, Symbolen und Praktiken verstanden, nach dem Geschlechterunterscheidungen und -ungleichheiten gesellschaftlich geschaffen, organisiert, institutionalisiert und persönlich dargestellt (performiert) werden. In diesem Sinne hat Geschlecht als Strukturkategorie drei Dimensionen.

1. Die erste ist die Strukturierungsdimension: Nach ihr werden Ungleichheiten in Politik, Gesellschaft und Familie entlang von Geschlecht (wie auch von Klasse und Ethnizität) strukturiert. In der Moderne wirken dabei zwei ungleiche Strukturen zusammen, die entlang des sozial (neu) geschaffenen Geschlechtsdualismus von Mann und Frau organisiert wurden. Die eine ist die hierarchische Trennung

zwischen Öffentlichkeit und Politik und der Privatsphäre der Familie, wobei beide Bereiche zweigeschlechtlich definiert und normiert werden. Im modernen Nationalstaat wurden Öffentlichkeit, Politik und Macht zum Reich des Mannes. Die Frau wurde auf die Familie verwiesen und diese wiederum dem Mann als dem Hausvater und als deren Vertreter in Staat und Wirtschaft unterstellt (Pateman 1988; Becker-Schmidt und Knapp 2000).

Die andere grundlegende Ungleichheitsstruktur ist die geschlechtliche Arbeitsteilung zwischen Produktion und menschlicher Reproduktion, d. h. der unbezahlten Familien- und Versorgungsarbeit im Kapitalismus. Nach der modernen geschlechtlichen Arbeitsteilung wurde die unbezahlte Reproduktionsarbeit überwiegend von Frauen geleistet und die Lohnarbeit in der Produktion für den Markt von Männern und Frauen (Hausen 2012; Becker-Schmidt 2003). Doch auch in der Lohnarbeit verankerte sich eine tiefgehende geschlechtliche Segregation des Arbeitsmarktes. Qualifizierte Arbeitsplätze mit langfristigen Beschäftigungsaussichten wurden mit beruflich gebildeten männlichen Beschäftigten besetzt. Frauen erhielten überwiegend un- oder angelernte Tätigkeit, die oft Sackgassenpositionen ohne langfristige Perspektive bildeten oder irregulär waren wie etwa in der Heimarbeit.

Homosexuelle Männer und Frauen mussten versuchen, ihr Begehren zu verheimlichen und als ‚normal' zu passieren, und sie waren von Diskriminierung und Entlassung bedroht. Mit dem Sichtbarwerden von Homosexuellen und von Transgender-Personen und der rechtlichen Antidiskriminierung könnten nun Strukturierungsprozesse entlang vielfältiger Geschlechtskonzepte einsetzen. Werden zum Beispiel betriebliche Ungleichheiten zwischen verheirateten Managern und Homosexuellen einsetzen und wie werden sie ggfs. verhandelt?

Geschlecht wirkt in der Strukturierung von Verhältnissen mit anderen Ungleichheitskategorien wie der Klasse und der Migration zusammen. Die Lage etwa von Unternehmerinnen und migrantischen Niedriglohnarbeiterinnen unterscheidet sich klar, auch wenn beide Gruppen den Weiblichkeitsnormen unterliegen – aber eben in anderen Verhältnissen.

2. Weitere Dimensionen von Geschlecht als Strukturierungskategorie sind die hegemonialen Normierungen von Begehren und von Geschlechtskörpern, die umfassende *Einschlüsse und Ausschlüsse* in dem sozialen Strukturgefüge vermitteln. Dabei wird zunächst zwischen den Strukturen und der legitimen Teilhabe daran unterschieden, die durch diese Normierungen eröffnet oder ausgeschlossen wird.[8]

---

8 Die Ausschlüsse wirken auf die Strukturen zurück wie etwa die Exklusion von Homosexuellen von der heteronormativen Ehe, aber das geschieht in anderer Form als in ihrer zweigeschlechtlichen Strukturierung von Arbeitsteilungen und Machtverhältnissen.

Die Strukturkategorie Geschlecht normiert und reguliert die Formen der Sexualität. Sie etabliert bestimmte Formen wie etwa die Heterosexualität als einzig legitime Norm. Die Zweigeschlechtlichkeit legitimierte diese Vorstellung weiter.[9] Als Gegenpol werden irreguläre oder dissidente sexuelle Formen definiert, die dann ausgeschlossen, tabuisiert und sanktioniert werden wie etwa die Prostitution oder die Homosexualität bis zur Mitte des zwanzigsten Jahrhunderts. Ferner entwickeln sich Grau- und Zwischenzonen für sexuelle Praktiken, die illegitim sind, aber verborgen bleiben wie etwa gleichgeschlechtliche Freundschaften, in denen Homosexualität versteckt oder sublimiert wurde.

Doch bedeutete die hegemoniale Normierung der Sexualität, dass Menschen mit davon abweichenden Formen, die als illegitim stigmatisiert werden, von sozialer Teilhabe umfassend ausgeschlossen werden. Dies galt für homosexuelle und dissidente heterosexuelle Sexualitäten. So waren Prostituierte aufgrund der vorherrschenden Sexualmoral bis vor kurzem aus der bürgerlichen Gesellschaft exkludiert. In der Bundesrepublik wurde männliche Homosexualität auch unter Erwachsenen bis 1969 strafrechtlich verfolgt. In der DDR wurde sie seit Ende der 1950er Jahre praktisch geduldet und 1968 wurde sie auch formal straffrei. Das Bekanntwerden von Homosexualität aber auch der Prostitution konnte bei Frauen und Männern den „bürgerlichen Tod", das Ausgeschlossensein aus Politik, Beruf und Gesellschaft bewirken. Die Ausgrenzung dissidenter Heterosexualität wird in einem dualistischen Verständnis von Heteronormativität ausgeblendet, was von queeren TheoretikerInnen kritisiert wird (Hark 2013). Die Strukturkategorie Geschlecht wirkt also durch die Normierung der Sexualität entlang der sozial konstruierten Pole von Legitimität und Illegitimität; entsprechend dieser Normierungen reguliert sie Einschlüsse und Ausschlüsse von sozialer Teilhabe. Wie das Beispiel Prostitution illustriert, sind die hegemonialen Normierungen des Begehrens und nicht die Heteronormativität per se leitend für die Ausschlüsse.

Gegenwärtig, so lautet meine These, wird sexuelle Vielfalt tendenziell anerkannt und zugleich Kommodifizierungs- und Vermarktlichungsprozessen unterworfen und insbesondere in betrieblichen Strategien aufgenommen und genutzt (Hark und Laufenberg 2013), so dass sich nun die Grenzen von Legitimität/Illegitimität verschieben und verfeinern könnten.

Schließlich werden auch die Körper entlang der Strukturkategorie Geschlecht Normierungen unterzogen: Die Medizin des 19. Jahrhunderts definierte und vermaß

---

9 Geschlecht organisiert insgesamt das weite Feld der Sexualität und des Begehrens mit, worauf schon Freud hingewiesen hat. In diesem Zusammenhang konzentriere ich mich aber auf die Geschlechterordnung und die damit verbundenen Hierarchien und Ungleichheiten.

Körper, insbesondere von Frauen als Geschlechtskörper: Weibliche Gebärmütter, Gerippe und Gehirne wurden erfasst, untersucht und normiert (vgl. u. a. Honegger 1991). Dies biologistische Verständnis von Geschlecht baute auf eindeutigen Geschlechtskörpern und primären Geschlechtsorganen im Sinne der Zweigeschlechtlichkeit auf. Zwischenstufen und Mischformen wurden als anormal oder abweichend eingestuft. Körper werden auch heute noch entlang der Strukturkategorie Geschlecht normiert und nach regulären wie auch irregulären Formen unterschieden. Regelkonforme Körper werden beim Zugang zu sozialer Teilhabe vorausgesetzt. Dieser Mechanismus wirkt bei Inter*Personen im Sinne eines vertieften Ausschlusses.

Ich habe Geschlecht als Strukturkategorie gefasst, die Geschlechterunterscheidungen und -ungleichheiten begründet und die Dimensionen von Strukturierung von Ungleichheiten und die Normierungen von Einschlüssen und Ausschlüssen nach Sexualität und Körpern umfasst. Diese drei Dimensionen wirken nicht einlinig in einer Richtung und nach einem Leitprinzip. Manchmal werden Zweigeschlechtlichkeit oder Heteronormativität als monokausale Ursachen dargestellt, die Ungleichheiten und Ausgrenzungen alleinig begründeten.[10] Aber würden mit deren Aufhebung auch die geschlechtlichen Ungleichheiten und Herrschaft verschwinden? Die vorgeschlagene Arbeitsdefinition soll zumindest ermöglichen, jenseits von monokausalen langzeithistorischen Modellen die unterschiedlichen Prozesse der Herstellung geschlechtlicher Ungleichheiten analytisch zu trennen und in ihren sozialen Kontexten zu untersuchen.

Im Folgenden will ich dieses Verständnis von Geschlecht nun auf die Entwicklung des Kapitalismus und der Geschlechterordnung beziehen.

3   Wie den globalisierten und flexibilisierten Kapitalismus begreifen?

Denn der Kapitalismus stellt eine Kraft sowohl der gesellschaftlichen Veränderungen wie auch der dauernden Re-Organisation von Ungleichheiten dar. Die neuere Debatte zum Kapitalismus, die auch durch die beschleunigte Globalisierung und Modernisierung hervorgerufen wurde, stimmt darin weitgehend überein.[11]

---

10 Vgl. etwa einige Beiträge in Haberler 2012, die auf Heteronormativitätskritik und Aufhebung von Ausschlüssen als Strategie fokussieren.

11 Vgl. Kößler 2013 zu Kapitalismus und Moderne, sowie Aulenbacher et al. 2015; Dörre et al. 2009; Dörre et al. 2012; Kocka 2014; Streeck 2016; Wallerstein et al. 2013; sowie

Deswegen steht er in einem widersprüchlichen Verhältnis zu modernen Geschlechterordnungen: Zum einen stützt er sich auf Geschlechterhierarchien und -ungleichheiten, um ungleiche Arbeitsteilungen und betriebliche Organisationen zu begründen und zu stabilisieren. Im fordistischen Kapitalismus hat sich z. B. im Zusammenspiel mit dem modernen Wohlfahrtsstaat das Ernährer-/Hausfrauenmodell herausgebildet, nach dem die männlichen Stammarbeiter einen Familienlohn bekommen und die Hausfrau und ihre unbezahlte Versorgungsarbeit davon mit erhalten wird. Zum anderen aber unterspült und reorganisiert er zugleich durch die ständige Erschließung und kapitalistische Re-Organisation oder Marktsubsumtion neuer Bereiche die bisherigen hegemonialen geschlechtlichen Arrangements und Grenzziehungen.[12] So rekrutierte er die vorigen Hausfrauen in den postindustriellen Wohlfahrtsstaaten für die expandierenden Arbeitsmärkte – und dies zunehmend in flexibilisierten Formen wie Teilzeitarbeit. Zugleich beschäftigte er in den letzten Dekaden Millionen von jungen Frauen vom Land oder aus dem informellen Sektor als Lohnarbeiterinnen in den neuen Weltmarktfabriken im Süden. Der Kapitalismus wirkt so als innovative Kraft im Verhältnis zur Geschlechterungleichheit, die diese zugleich unterspült *und* reorganisiert. Die Gleichheit der VerkäuferInnen der Ware Arbeitskraft auf dem kapitalistischen Arbeitsmarkt wird konterkariert durch die Ungleichheiten der Arbeitsteilung und im Kapitalvermögen, die systematisch mit Ungleichheiten nach Klasse, Ethnizität und Geschlecht gekoppelt werden. Maßgeblich dafür ist die Systemlogik des Kapitalismus, die sich auf vorgängige Ungleichheiten bezieht und sie für den Akkumulationsprozess nutzt und reorganisiert.

Ich werde nun zunächst auf die Globalisierung und Flexibilisierung des Kapitalismus eingehen und einige Prozesse aufführen, die relevant für die Theorieentwicklung sind. Darauf diskutiere ich exemplarisch neue Kapitalismusdefinitionen, die im Kontrast zu industrialistischen Ansätzen diese Herausforderungen aufnehmen. Zum Schluss des Abschnitts folgen Zugänge, die auf eine Zusammenführung neuerer Kapitalismus- und Genderansätze zielen.

Die folgenden Grundprozesse sind als wesentlich für die Globalisierung und Flexibilisierung benannt worden: 1) die Entwicklung internationaler Produktions- und Wertschöpfungsketten verbunden mit dem Aufstieg transnationaler Konzerne; 2) die Subsumtion internationaler Reproduktionszusammenhänge unter den globalen Kapitalismus u. a. durch Arbeitsmigration und MigrantInnen in der Care-Arbeit; 3) die Dominanz globaler Finanzmärkte; 4) die Hegemonie der neoli-

---

die neuere Rekonstruktion der Marxschen Gesellschafts- und Kapitaltheorie bei Kößler und Wienold 2013.

12 Werlhof et al. (1983) sahen dies als fortgesetzte ursprüngliche Akkumulation, Klaus Dörre u.a sprechen von Landnahme (2014, s. u.).

beralen Wirtschafts- und Gesellschaftsideologie, die leitende Institutionen verändert und die Gouvernmentalität bei den Subjekten aller präferierten Geschlechter und ethnischen Gruppen durchformt hat.[13] Die kapitalistischen Unternehmen nutzen die zunehmende Flexibilisierung von Raum und Zeit sowohl in ihren Koordinations- und Vernetzungsstrategien wie auch in der flexibilisierten und ungleichen Nutzung von Arbeitskräften weltweit (vgl. auch Pugh in diesem Band).

So hat sich der Kapitalismus globalisiert und flexibilisiert. Die industrielle Produktion wurde in weiten Teilen in den globalen Süden und Osten verlagert, wobei die Unternehmen vor allem durch niedrige Lohnkosten, sowie durch den Zugang zu neuen Märkten motiviert wurden (Lenz 2010a). Dadurch gerieten die IndustriearbeiterInnen wie auch die Gewerkschaften im Norden unter Druck. Zugleich bildeten sich im Süden große Heere von LohnarbeiterInnen in den neuen Industrien heraus, zu denen u. a. wegen der Auslagerung arbeitsintensiver Fertigung und Produktionsschritte auch viele Frauen zählen.

Die Flexibilisierung von betrieblicher Organisation und Beschäftigungsformen schritt auch im Norden rasch voran. Wie die Geschlechterforschung aufzeigte, beruhen diese Prozesse auf Veränderungen und Reorganisationen der geschlechtlichen Arbeitsteilung. Die Frauenerwerbstätigkeit wuchs insgesamt rasch an, sowohl in un- und angelernten wie auch erstmals in qualifizierten Tätigkeiten (Gottfried 2013; Aulenbacher und Riegraf 2015). In Europa und den US führten große Unternehmen Diversityansätze nach Ethnizität und Geschlecht (unter Einschluss von Homosexualität) für mittlere und höhere Positionen ein. Die diskursive Pluralisierung von Geschlecht wurde also teils auch in institutionelle betriebliche Regelungen aufgenommen.

Parallel dazu führten die Betriebe verschiedene Formen der Flexibilisierung ein.[14] Arbeitsmarkt- und Beschäftigungsflexibilisierung ist zunächst ein neutraler Begriff, der analytisch von Prekarisierung zu trennen ist. Flexibilisierung bezeichnet die variable Gestaltung von Arbeitsnormen im Gegensatz zu einer allgemeinen Standardisierung. Sie bezieht sich u. a. auf Zeit, Ort, den Betrieb und die Sicherung der Beschäftigten Sie kann durch Deregulierung oder Re-Regulierung (etwa

---

13 Vgl. Fußnote 11, sowie Altvater und Mahnkopf 2007; Aulenbacher et al. 2015; Edgell 2016; Gottfried 2013; Hirsch-Kreiensen und Minssen 2013, Lenz 2014a; Pries 2010; Wallerstein et al. 2013; sowie die Zusammenfassungen der Forschungsstände in Boehle et al. 2010; Edgell 2016; Hirsch-Kreiensen und Minssen 2013; sowie Pugh, Schild, Wichterich in diesem Band. In diesem Rahmen kann ich nicht auf den Finanzkapitalismus eingehen, da dies eine eigene umfassende Analyse erfordern würde (vgl. Jessop et al. 2014; Young et al. 2011).

14 Vgl. zum Folgenden u. a. Apitzsch et al. 2015; Atzmüller et al. 2015; Bosch 2010; Heinrich 2015; Pugh in diesem Band.

Zulassung von Leiharbeit oder Steuernachlässe für geringfügige Beschäftigung) erreicht werden und im Interesse der Betriebe oder der Beschäftigten erfolgen. Weltweit wurden in großem Umfang irreguläre Beschäftigungsformen von der Teilzeitarbeit, über Zeitarbeit, befristete Beschäftigung, abhängige Soloselbständigkeit zur Kontraktarbeit eingeführt, wobei die Verlaufsformen sich etwa zwischen den Wohlfahrtsstaaten unterscheiden. Die Flexibilisierung der Arbeitsformen verläuft vergeschlechtlicht, wobei sich aus intersektionaler Sicht unterschiedliche Chancen für Sicherheit, Lohn, Aufstieg oder auch nur auf gute und menschenwürdige Arbeit ergeben. Vor allem Frauen werden in Teilzeitarbeit und Heimarbeit beschäftigt; ferner werden viele qualifizierte Frauen zunehmend irregulär angestellt. Bei Männern wird vorige Lohnarbeit teils durch Soloselbständigkeit und Kontraktarbeit abgelöst, also durch Arbeitsformen, die formal eigenständig erscheinen, aber dem Kapital subsumiert sind.

Daraus resultierte eine Prekarisierung, die zunächst Frauen in Teilzeitarbeit betraf und sich nun auf einen großen Teil aller Beschäftigten erstreckt. Überdies wirkt sie sich auch verunsichernd auf die schwindende Gruppe der stabil und langzeitlich beschäftigten vorigen Stammarbeiter aus dem Fordismus aus.

So zeichnen sich eine starke Ökonomisierung und Flexibilisierung der Beschäftigung ab. Eher bei qualifizierten Beschäftigten zeigt sich ein Trend zur Subjektivierung der Lohnarbeit, die widersprüchlich erscheint: Eigene Sinngebung und intrinsische Arbeitsmotivation wird mit Tendenzen zur Selbststeuerung und Selbstkontrolle anstelle der vorigen Leistungskontrollen von außen verbunden (Bröckling 2007). Damit gehen Gefahren der Selbstausbeutung und -überforderung einher.

Im globalisierten Kapitalismus sind jedoch nicht nur die Sicherung oder Prekarisierung der Arbeit, sondern auch Freiheit oder Unfreiheit und Zwang relevant. Denn neben freier Lohnarbeit und komplementär zu ihr werden Formen unfreier Arbeit (re-)organisiert wie Schuldabhängigkeit,[15] Zwangsarbeit und Zwangsprostitution, die teils vergeschlechtlicht sind. Weltweit arbeiten etwa 4,5 Millionen Frauen in sexueller Zwangsarbeit und 2,2, Millionen Menschen, zu 85% Männer, in staatlich organisierter Zwangsarbeit. Ferner arbeiten 14,2 Millionen schuldabhängige Arbeiter in der Privatwirtschaft – oft ohne oder zu sehr geringem Lohn, um ihre Verschuldung abzuarbeiten, Häufig sind sie hoher Gewalt und persönlicher Kontrolle ausgesetzt (ILO 2014, S. 7). Diese Formen unfreier Arbeit sind keine traditionellen Überbleibsel, sondern sie werden im Kontext des kapitalistischen Weltsystems organisiert und ihm subsumiert. Diese Subsumtion erfolgt in verschiedenen Formen: über den Markt wie im Fall der schuldabhängigen Arbeiter in der Heimarbeit für den Weltmarkt,

---

15 *Debt bondage*; statt der klassischen Übersetzung Schuldknechtschaft verwende ich den geschlechtsneutralen Begriff Schuldabhängigkeit.

oder zwischen Markt und Staat wie bei Zwangsarbeitern in Gefängnissen oder durch geschlechtlichen Zwang und Gewalt wie im Fall der Zwangsprostituierten. Im Kapitalismus hat also sich neben und komplementär zur freien Lohnarbeit ein Spektrum halb- oder unfreier Tätigkeiten entwickelt, die auf Zwang und Gewalt in verschiedenen Kontexten aufbauen (ILO 2014).

Insgesamt treten Trends zur Ökonomisierung und Vermarktlichung, zur Variation von Arbeitsformen im globalen Kapitalismus, zur Flexibilisierung und zur Diversität nach Geschlechtern und Ethnizität hervor.

Schließlich verändern sich auch die Formen der Reproduktion der Arbeitskraft in den kapitalistischen Industrieländern: Dort hatte sich die ungleiche geschlechtliche Arbeitsteilung zwischen der Produktion durch LohnarbeiterInnen etabliert (mit den männlichen Stammarbeitern im Mittelpunkt) und der unbezahlten Reproduktionsarbeit, die aufgrund der biologistischen modernen Geschlechtszuschreibung alleinig auf die Hausfrauen/Mütter im Haushalt verlagert wurde. Das Ernährer-/Hausfrauenmodell bricht auf. Auf der einen Seite durch eine erhöhte Müttererwerbstätigkeit, die allerdings häufig in prekären Formen verläuft. Auf der anderen Seite beteiligt sich eine wachsende Minderheit von Vätern in Kinderversorgung und Hausarbeit. So hat sich die geschlechtliche Arbeitsteilung von dem fordistischen Ernährer-/Hausfrauenmodell in Richtung von teils prekärer Müttererwerbstätigkeit und eingegrenzter Vätersorgearbeit verschoben und flexibilisiert und das Verständnis von Geschlecht und Elternschaft hat sich pluralisiert und flexibilisiert.[16]

In der Reproduktion treten neue Verbindungen von unbezahlter Care-Arbeit und Monetarisierung oder Kommerzialisierung auf und es zeigen sich verschiedene Konstellationen und teils vertiefte Ungleichheiten nach Klasse, Migration und Geschlecht. Zugleich wird Managerinnen zunehmend Social Freezing ihrer auf Eis zu legenden Eizellen angeboten. So werden sie zugleich als weibliche Führungskräfte im Betrieb, als künftige Mütter wie auch als Objekt der Kommerzialisierung durch die Reproduktionsmedizin konstruiert.[17] In der Mittelschicht wird Versorgungsarbeit im Haushalt zunehmend bezahlt und meist von irregulär beschäftigten Migrantinnen ausgeführt. Helma Lutz hat auf die Konsequenzen der informellen Bezahlung von Care-Arbeit hingewiesen: Die Ungleichheiten zwischen einheimischen Frauen (und Männern) mit regulärer Lohnarbeit und hochprekarisierten Migrantinnen vertiefen sich. Zugleich wird der Haushalt vom privaten zum öffentlichen Arbeitsort (Lutz 2008). Die Ideologien der privaten Familie und Mutterschaft erodieren angesichts der Vermarktlichung (Kommodifizierung) der Versorgung zwischen

---

16 Allerdings mobilisieren gegenwärtig geschlechtskonservative und antifeministische Kräfte für die Beibehaltung von oder Rückkehr zu zweigeschlechtlichen Gendernormen.
17 Ich danke Annette Schad-Seifert für diesen Hinweis.

Konsum, irregulärem Arbeitsmarkt und neuen Medien. Alle diese Entwicklungen stellen Herausforderungen für Kapitalismustheorien dar, die ermöglichen sollen, die gegenwärtigen Transformationen von Produktion und Reproduktion und von Geschlecht zu analysieren.

Jedoch fokussierte die Kapitalismustheorie lange vor allem das Verhältnis von industrieller Lohnarbeit und Kapital im Nationalstaat und sie war in einem industrialistischen Denken, also der Zentrierung auf industrielle und industriegesellschaftliche Zusammenhänge, befangen. Johannes Berger etwa definiert den Kapitalismus als eine Wirtschaftsordnung, in der „die Eigentümer von Produktionsmitteln in Produktionsprozessen beliebiger Art die Arbeitskraft von Personen, die kein solches Eigentum besitzen, mit dem Ziel verwenden, die Ergebnisse der Produktion gewinnbringend auf Märkten abzusetzen" (Berger 2014, S. 2). Danach veräußert der Lohnarbeiter seine Arbeitskraft auf dem Markt und ist doppelt frei – freigesetzt von vorigen Bindungen und Besitz, aber auch frei, sich auf dem Markt und in der Gesellschaft zu bewegen. Deswegen erschien Lohnarbeit als die eigentlich kapitalistische oder moderne Form der Arbeitsorganisation, während andere Arbeitsformen wie die Hausarbeit, die Heimindustrie oder die Sklavenarbeit als vorkapitalistisch und vormodern eingestuft wurden. Dies Verständnis zeigt eine tiefgreifende Rezeptionssperre vor den langen Debatten zu Kapitalismus, Geschlecht und Rasse und zum Verhältnis von Produktions- und Versorgungsarbeit (*care*).

Neuere Definitionen des Kapitalismus antworten auf die Herausforderungen der Globalisierung und haben das Verständnis von Kapitalismus über das industrialistische Paradigma hinaus erweitert. Jürgen Kocka definiert den Kapitalismus als Wirtschaftsweise, in der Privateigentum und dezentrale Akteursentscheidungen gelten, die Koordination über den Markt (einschließlich des Arbeitsmarkts) vorherrschend ist und Kapital über Gewinnerwartungen in der Zukunft und Innovationen zu deren Umsetzung erneuernd und beschleunigend wirkt (Kocka 2013, S. 20-21).

Reinhart Kößler sieht den dynamischen Kern des Kapitalismus in der Lohnarbeit in modernen Betrieben und dem von der Konkurrenz und der Kapitalverwertung angetriebenen Zwang zu fortwährender Innovation. Sie treiben die kapitalistische Produktionsweise zur Gewinnung des Lebens unter Einschluss der Reproduktionsverhältnisse voran. Ferner sind sie mit der gegliederten Moderne in ihren verschiedenen Formationen, also industriekapitalistischen und postkolonialen Gesellschaften sowie solchen sowjetischen Typs, verbunden. Daraus schlussfolgert er die grundlegende Heterogenität von Arbeitsweisen im Kapitalismus wie Reproduktionsarbeit, Eigenproduktion, und unfreie Arbeitsformen, die vor allem in der Reproduktion verortet sind. In ihre Organisationsformen werden Ungleichheiten nach Geschlecht und ‚Rasse' eingebaut, wenn auch in grundsätzlich kontingenter Weise. Die globalen Ungleichheiten erfasst er quer dazu in dem Konzept verschiedener Produktionsweisen in der regional gegliederten Moderne, die sich im Zusammenhang der kapitalistischen Akkumulation auf Weltebene formiert haben: dem hegemonialen industriellen Kapitalismus, der etatistischen und der postkolonialen Produktionsweise (Kößler 2013). Dieser Ansatz bietet zum einen einen relationalen Ansatz zur globalen Ungleichheit im Kontext der kapitalistischen Akkumulationsdynamik, der mit seiner Dreiertypologie den einfachen Dualismus zwischen Norden und Süden überwindet. Zum anderen verweist er auf den Austausch des Kapitalismus als System, das von seinem Anfang an weltweit operierte, mit seiner gesellschaftlichen Umwelt der multiplen Moderne.

Nun will ich noch kurz einige Ansätze aufführen, die Kapitalismustheorien und Genderperspektiven systematisch zusammenführen. Zunächst gehe ich auf den kapitalismustheoretischen Zugang der Gruppe um Klaus Dörre ein. Darauf fasse ich Beiträge aus der kritischen Theorie, aus der Regulationstheorie und queere Ansätze zusammen.

Klaus Dörre, Martin Ehrlich und Tine Haubner haben neulich die systematischen Koppelungen zwischen Mehrwertproduktion auf Grundlage von Lohnarbeit und der ‚Landnahme' anderer kapitalistischer Arbeitsverhältnisse umrissen (Dörre et al. 2014). Unter Landnahme verstehen sie die Unterordnung und Einbeziehung von unterschiedlichen Formen unfreier, prekärer und nur teilweise kommodifizierter Arbeit, so dass sich hybride Verbindungen aus Lohnarbeit und vorkapitalistischen Arbeitsformen in unterschiedlich strukturierten Märkten herausbilden (2014, S. 108ff.).[18]

Sie konzipieren das Zusammenwirken von drei Mechanismen (2014, S. 113ff.): Der erste beschreibt die *Freisetzung* von Arbeitskräften für die benannten Formen unfreier, prekärer und nur teilweise kommodifizierter Arbeit, die sich aus der Erosion und Flexibilisierung u. a. gesicherter Lohnarbeit ergibt. Ein klassisches Beispiel wäre die Umschulung von Industriearbeitern oder von Hausfrauen für die Altenpflege. Der zweite Prozess ist die Einrichtung eines *Stoffwechsels* zwischen zwei unterschiedlichen Abteilungen oder zwei Ausbeutungsmodellen im Kapitalismus. Die primäre Ausbeutung beziehe sich auf die freie, vertraglich gesicherte Lohnarbeit in der Produktion von Mehrwert. Die sekundäre Ausbeutung beruhe auf außerökonomischem Zwang und Gewalt gegenüber nichtkapitalistischen, unfreien oder prekären ArbeiterInnen. Die Grenze zwischen beiden Formen wird mit kulturellen oder staatlich-politischen Disziplinierungsmechanismen konserviert, um niedriger entlohnte oder unbezahlte Arbeitskräfte einzusetzen (2014, S. 114).

---

18 Sie beziehen sich auf Rosa Luxemburgs Theorie der fortgesetzten ursprünglichen Akkumulation, wie auf Burkhard Lutz und den feministischen Subsistenzansatz von Veronika Bennholt-Thomsen et al. (1983).

Diese Koppelung von primärer und sekundärer Ausbeutung wird als marktvermittelter *Stoffwechsel zwischen inneren und unterschiedlich strukturierten äußeren Märkten* konzipiert. Wie Kocka nehmen sie neben der Lohnarbeit weitere Formen der Marktvermittlung auf. In einem dritten Prozess der *Amalgamierung* werden Mischformen zwischen etwa freier und vergeschlechtlichter oder rassifizierter Arbeit geschaffen. Zusammengefasst sehen sie Landnahme als Freisetzung, als Neustrukturierung des Stoffwechsels zwischen inneren und unterschiedlich strukturierten äußeren Märkten und als Amalgamierung alter und neuer Reproduktionsweisen und Ausbeutungsmechanismen (2014, S. 115).

Mir scheint fraglich, warum die Abteilungen als getrennt gesehen und sie als primäre und sekundäre Ausbeutung bezeichnet werden? Denn in der Entwicklung des Kapitalismus haben Unternehmen regelmäßig beide Ausbeutungsformen kombiniert z. B. in der Koppelung von Industriearbeit und Rohstoffbeschaffung etwa von Plantagen, und die als sekundär bezeichnete Ausbeutungsform entwickelte sich parallel zu oder vor der freien Lohnarbeit (van der Linden 2008). Auch gegenwärtig sind globale Produktketten dadurch gekennzeichnet. Die Amalgamierung etwa von vergeschlechtlichter oder rassifizierter Lohnarbeit müsste auch für die Lohnarbeit untersucht werden wie im Fall der fordistischen industriellen Massenarbeit, in die MigrantInnen und ledige Frauen einbezogen wurden. Insgesamt bringt diese Konzeptualisierung des Stoffwechsels von institutionell unterschiedenen Märkten für Arbeit und das Konzept der Amalgamierung, also der intersektionalen Wechselwirkungen, neue Zugänge zum globalisierten Kapitalismus und sie bietet Anschlüsse zur Geschlechterforschung.

Die Frauenforschung hat bereits in ihrem Neuaufbruch in den 1970ern das Verhältnis von Kapitalismus und Patriarchat, also unter dem zweigeschlechtlichen Vorzeichen der Männerherrschaft über Frauen, intensiv diskutiert. Sie stimmte überwiegend in der These zweier unabhängiger Systeme von Klassen- und Geschlechtsherrschaft überein, die sich wechselseitig verstärken. Wie erwähnt, entwickelten Feministinnen aus der Kritischen Theorie Strukturanalysen, die das Verhältnis von kapitalistischer Produktion und Reproduktion im gesamtgesellschaftlichen Zusammenhang herausarbeiteten (Becker-Schmidt 2003; Knapp 2012).

Feministische Theorieansätze der gegenwärtigen Veränderungen beziehen sich vor allem auf die enorme Bedeutung von Carearbeit zwischen rückgehender Vergeschlechtlichung und minimaler Monetarisierung, auf alte und neue Ungleichheiten im Kontext von Flexibilisierung und Prekarisierung und entsprechende

Subjektivitäten, sowie auf den Finanzkapitalismus und zugrundeliegende männlich zentrierte Abstraktionen und Rationalitäten.[19]

Cornelia Klinger nimmt die Veränderungen der Reproduktion in ihren Ansatz der modernen Selbstsorge im privaten Feld der Reproduktion auf, das der Systemwelt von Kapitalismus entgegengesetzt wird und ihm doch untergeordnet und komplementär ist. Sie untersucht die Re-formierung der Reproduktion von im Kontext von neuen Reproduktionstechnologien und emotionalem Kapitalismus (Klinger 2013, 2014).

Regina Becker-Schmidt fragt nach dem Zusammenwirken von Abstraktionen im Kapitalverhältnis, die wie der Waren- und Geldfetisch und die Entwirklichung der Arbeit gesellschaftliche Prozesse verkehrt widerspiegeln, mit den unbewussten Rationalisierungen männerbündlerischer Strukturen, während die männliche Herrschaft erodiert. Diese Abstraktionen beruhen im weiteren auf Verdrängungen der Körper und des Weiblichen im männlichen Unbewussten (2014). So entfaltet sie eine Ideologiekritik fortwirkender männlicher Herrschaft in der reorganisierten kapitalistischen Akkumulation, in der das Finanzkapital an Macht gewinnt und das Leben wie auch der Sozialstaat abgewertet werden. Brigitte Aulenbacher spricht von den veränderten Relationen zwischen der Inwertsetzung durch Subsumtion unter die Akkumulation und Abwertung von Teilen des Lebens (2013).

Queere Ansätze fokussieren darauf, welche Ungleichheiten nach Geschlecht und ‚Rasse' in die Arbeitsteilungen zwischen Produktion/Akkumulation und Reproduktion ‚eingebaut' werden. Aus Gruppenungleichheiten folgern sie eher deskriptiv, wie welche ungleichen Positionen innerhalb der kapitalistischen Strukturen verteilt werden. Rückschlüsse auf die Kapitalismustheorie wie auch eine Wahrnehmung der neuen Differenzierungen treten eher selten auf. Hanna Meissner schlägt aus queerer Perspektive vor, die Kapitalismustheorie von Marx mit einem neuen Verständnis von Reproduktion zu verbinden, das nicht mehr zweigeschlechtlich aufgeladen ist: Reproduktion soll mit Butler als Feld heteronormativer Praktiken und mit Foucault als Terrain moderner Biopolitik zur diskursiv verfassten Herstellung der Bevölkerung verstanden werden (Meissner 2015).

Aus diesen neueren Debatten lässt sich ein Verständnis des Kapitalismus auf allgemeiner Ebene gewinnen, das die neueren Entwicklungen aufnimmt. Er wird als Wirtschaftsweise begriffen, die die Verwertung von Lohnarbeit innerhalb kapitalistischer Unternehmen und die Unterordnung (indirekte Subsumtion) und Inwertsetzung nichtkapitalistischer Bereiche für die kapitalistische Akkumulation kombiniert und fortlaufend erweitert betreibt und deshalb weltweite Expansion

---

19 Vgl. die Zusammenfassung feministischer Ansätze und empirischer Entwicklungen bei Aulenbacher et al. 2015; Gottfried 2013.

und dauernde Innovation von Wissen, Verhältnissen und Praktiken vollzieht. Die Produktion mit verschiedenen Arbeitsverhältnissen vom dynamischen Pol freier Lohnarbeit bis etwa zu unfreien Formen setzt die Reproduktion der Arbeitskräfte voraus, die bisher überwiegend in unbezahlter Subsistenzarbeit oder in Carearbeit von Frauen geleistet wurde. Im Kapitalismus sind Produktion und Reproduktion von seiner Struktur her sowohl formal voneinander getrennt wie auch durch Wechselbezüge in der Reproduktion der Arbeitskräfte notwendig miteinander verbunden, was Regina Becker-Schmidt als Trennungen und Ligaturen bezeichnet. Sowohl in der Produktion und der ihr eingebauten Organisation wie auch zwischen Produktion und Reproduktion sind hierarchische Arbeitsteilungen nach Klasse, Geschlecht und Ethnizität oder ‚Rasse' entsprechend gesellschaftlicher Ungleichheiten tief verankert.

In Anschluss an Kößler kann man den Kapitalismus als System im Wechselverhältnis zu Ungleichheiten in seiner sozialen modernen Umwelt begreifen. In Auseinandersetzung mit der gegliederten oder multiplen Moderne differenziert er als System intern Hierarchien und Ungleichheiten aus. Dabei nimmt er vorhandene gesellschaftliche Ungleichheiten auf, baut sie in sein System ein und verstärkt sie (zeitweilig) dadurch. Wenn der Kapitalismus sich tiefgreifend verändert, kann, wie oben überlegt, auch die systemische Struktur, in der Geschlechter- und andere Ungleichheiten eingebaut wurden, aufbrechen und es können sich neue Konstellationen herausbilden.

Die Ausgestaltung dieser Hierarchien ist letztlich historisch und regional divers und kontingent. Der Kapitalismus ist, vereinfacht gesagt, nicht auf die homogene Ausbeutung von allen Frauen in Produktion und Reproduktion notwendig angewiesen. Vielmehr haben die geschlechtlichen Ungleichheitstrukturen sich historisch kontingent im regionalen Kontext wie auch durch globale Verbreitung von ungleichen Arbeitsteilungen zuerst in der Industrialisierung, dann im Fordismus verbreitet und verankert. Konnte bisher die unbezahlte Reproduktionsarbeit nach dem modernen geschlechtlichen Kollektivbewusstsein allgemein ‚der Frau und Mutter' aufgeherrscht werden, so könnten sich mit dem Reflexivwerden und Pluralisierung von Geschlecht komplexere Strukturen und Grenzziehungen herausbilden. Dabei spricht viel dafür, dass die unbezahlte Care-Arbeit weiterhin im Kern Frauen zugewiesen wird, sich dabei aber Ungleichheiten nach Klasse und Migration verstärkt auswirken.

Zugleich werden sich rasch ausweitende Bereiche der Produktion und Dienstleistungen in irregulärer Beschäftigung organisiert. Auf verschiedenen hierarchischen Ebenen vom Management bis zu dem neuen Prekariat können Tätigkeiten in Produktion und Reproduktion vergeschlechtlicht oder tendenziell auch degendered werden. Festzuhalten sind Verschiebungen und Restrukturierungen zwischen

Produktion und Reproduktion und ein Reflexwerden und eine Pluralisierung von Geschlecht, die sowohl intensivere subjektivierte Nutzungskonzepte durch das Kapital wie auch neue Aushandlungen ermöglichen könnte.

Bisher habe ich einen Arbeitsbegriff für die Strukturkategorie Geschlecht vorgeschlagen und Kapitalismustheorien zum globalisierten und flexibilisierten Kapitalismus betrachtet. Im Folgenden will ich beide Ansätze mit dem Konzept der Geschlechterordnung und ihrer Modernisierungen in der Moderne verbinden.

4 Geschlechterordnungen und Herrschaft in der Moderne

Wie ist Geschlechterherrschaft in der Moderne zu theoretisieren? Die neue Frauenforschung setzte den Begriff des Patriarchats relativ diffus und allgemein für alle Formen geschlechtlicher Unterordnung und Herrschaft vonseiten ‚der Männer' über ‚die Frauen' ein. Darauf wurde der Patriarchatsansatz vor allem durch vergleichende ethnologische und historische Forschung und die konstruktivistische Wendung relativiert und entkräftet.

Doch hat die Demobilisierung des Patriarchatsbegriffs eine Leerstelle hinterlassen: Die Frage geschlechtlicher Ungleichheiten und Herrschaft wurde nicht mehr systematisch in ihren Kontexten und Komplexitäten bearbeitet, sondern tendenziell auf die symbolisch-diskursiven Ebenen von Zweigeschlechtlichkeit oder Heteronormativität verlagert. Wie oben angedeutet, halte ich es für problematisch, wenn die Geschlechterforschung diese ihr ureigenen Grundfragen nicht mehr für sich theoretisiert.

Ein weiterführender Ansatz für diese Fragen verbindet sich mit der Geschlechterordnung. Er wurde von Raewyn Connell eingebracht und von Birgit Pfau-Effinger für die vergleichende Forschung zum weiblichen Erwerbsverhalten weiterentwickelt (Connell 1999; Pfau-Effinger 2000). Der Begriff der Ordnung bezieht sich auf Strukturgefüge, deren Stabilität durch Institutionen gefestigt wird. In Anlehnung an Connell[20] sehe ich vier Grundelemente dieser Gefüge, nämlich die geschlechtliche Machtverteilung, die Arbeitsteilung in Produktion und Reproduktion, die

---

20 Connell schließt mit dem Element von Arbeitsteilung in Produktion und Reproduktion an die Kapitalismustheorie an, ohne die Geschlechterordnung vom Kapitalismus abzuleiten. In dem Element der Kathexis, des Begehrens, bezieht er sich auf psychoanalytische Subjekttheorien (vgl. 1999, S. 92-97). Die Geschlechterordnung wird also relativ autonom vom Kapitalismus konzipiert, aber dennoch auf seine Entwicklung bezogen.

Normierung des Begehrens und die Normierung der Körper. Diese Ordnung wird durch kulturelle Werte, Normen und Diskurse legitimiert (Pfau-Effinger 2000), wobei die Kultur als eigenständiger Bereich und komplementäre Entsprechung der Struktur gesehen wird. Den Begriff des Geschlechts möchte ich im obigen Sinne als zweigeschlechtliche Strukturierung und als Normierung nach Begehren und Körpern fassen.

Zwischen der Geschlechterordnung und den hegemonialen Geschlechternormen besteht ein dauerndes Wechselverhältnis: So legitimierte die Norm des starken Mannes und Ernährers die Strukturen, die geschlechtliche Ungleichheit reproduzieren, vor allem die ungleiche Arbeitsteilung in der Familie. Zugleich ist sie heteronormativ, da sie fraglos voraussetzt, dass der Ernährer in einer heterosexuellen Ehe lebt. So werden die hegemonialen Leitbilder und Normen durch Strukturen, Normierungen und Institutionen wiederum bekräftigt.

In der multiplen Moderne nehmen Gesellschaften unterschiedliche Entwicklungswege und entwickeln also auch multiple Geschlechterordnungen. Blicken wir etwa auf den konservativen Wohlfahrtsstaat Deutschland, das postkoloniale Südafrika oder die Volksrepublik China zwischen Markt und Parteiherrschaft, so zeigen sich unterschiedliche Strukturgefüge und institutionelle Arrangements im Geschlechterverhältnis, die durch verschiedene Geschlechterkulturen legitimiert werden.

Ferner haben sich diese multiplen Geschlechterordnungen im Zuge der fortlaufenden Modernisierung selbst wieder verändert. Denn die Modernisierung bringt eine fortlaufende Erneuerung und Ausweitung des Wissens, der Institutionen und des Selbst mit sich. Was gestern noch natürlich und modern erschien – wie etwa die moderne Hausfrau in den 1950er Jahren in Deutschland – wird morgen schon als herkömmlich eingestuft und es bilden sich neue Formen heraus. Die Frauenbewegungen[21] und andere soziale Bewegungen, der Staat und internationale Einflüsse wirken auf diese Modernisierungen ein. Ferner nehmen sie in der multiplen Moderne verschiedene Entwicklungspfade, wobei sie zugleich von den weltweiten Entwicklungen mitbeeinflusst werden.

Im Folgenden diskutiere ich die Modernisierung der Geschlechterordnung in den kapitalistischen postindustriellen Gesellschaften. Denn die Entwicklung in den kapitalistischen und ehemaligen kolonialen Machtzentren unterscheidet sich wesentlich von der in den postkolonialen Gesellschaften, die durch Abhängigkeit

---

21 Zum Einfluss von Frauenbewegungen auf den Wandel der Geschlechterordnungen in internationaler Sicht vgl. Lenz 2017a.

und strukturelle Heterogenität gekennzeichnet ist.[22] Für die Geschlechterordnung in den kapitalistischen postindustriellen Gesellschaften lassen sich idealtypisch drei aufeinanderfolgende Stufen der Modernisierung der Geschlechterordnung festhalten. In der nationalen Modernisierung wird eine *neopatriarchale Geschlechterordnung* etabliert.

- In der organisierten Moderne entwickelt sie sich zu einer *differenzbegründeten Geschlechterordnung* fort.
- In der gegenwärtigen reflexiven Modernisierung, die die bisherigen Fundamente der Moderne hinterfragt und erschüttert, zeichnet sich der Übergang zu einer *flexibilisierten Geschlechterordnung* ab.

Ich will diese Entwicklungen kurz am Beispiel Deutschlands umreißen. In der nationalen Modernisierung wurde eine neopatriarchale Geschlechterordnung verankert: Sie beruhte auf der Herrschaft von Männern – insbesondere der Eliten – in Gesellschaft und Politik, die durch ihre familiale Autorität als Gatten und Väter über ihre Frauen und Kinder abgestützt wurde.[23] Sie schloss sowohl den Geschlechterkonflikt zwischen Ehemann und Ehefrau ein wie auch den Vater-Sohn-Konflikt zwischen männlichen Autoritäten und jüngeren Männern, die um die Macht konkurrierten. Legitimiert wurde sie durch das moderne zweigeschlechtliche Kollektivbewusstsein wie auch die Vorstellung einer Überlegenheit und entsprechenden Höherstellung der Männer.

Der Vorrang der Männer/Väter wurde systematisch und klassenübergreifend in die Machtstrukturen, die Verteilung ökonomischer und Bildungsressourcen und die geschlechtliche Arbeitsteilung eingebaut. Die Politik, wirtschaftliche Entscheidungspositionen wie auch die Wissenschaft entwickelten sich als Reich männlicher nationaler Eliten. Frauen waren in Deutschland bis 1919 vom Wahlrecht ausgeschlossen. Das Studium wurde ihnen erst ab etwa 1900 eröffnet und an Wissenschaft und Forschung konnten sie sich erst mit der Demokratisierung nach dem Ersten Weltkrieg beteiligen.

Diese Geschlechterordnung war mit dem sich herausbildenden modernen Klassensystem systematisch verknüpft. Die Entwicklung des Industriekapitalismus stützte sich auf eine tiefgehende geschlechtliche Arbeitsteilung. Männer wurden

---

22 In der verflochtenen Moderne sind diese Entwicklungen miteinander verbunden, doch ist eine Darstellung der dieser multiplen Modernisierung und ihrer ungleichen Wechselbeziehungen in diesem Rahmen nicht möglich.
23 Vgl. zur nationalen Geschlechterordnung u. a. Beachy 2015; Frevert 2001; Gerhard 1997; Hausen 2012. Zum Ansatz der nationalen und organisierten Moderne vgl. Wagner 1995.

vorrangig als Lohnarbeiter und ab 1900 zunehmend als Familienernährer definiert. Frauen wurden vor allem als Mütter und Hausfrauen betrachtet. Im modernen Familienrecht im BGB von 1900 wurde ihnen die unbezahlte Versorgungs- und Familienarbeit zugeordnet und sie wurden weitgehend der Autorität des Ehemannes und Vaters unterstellt, auch wenn sie häufig etwa in an- oder ungelernter Lohnarbeit erwerbstätig waren.

Allein die hegemoniale Norm der ehelichen Heterosexualität galt als legitim und dissidente sexuelle Formen wie Homosexualität und illegitime Heterosexualität wurden abgewertet und ausgeschlossen. Dissidente Heterosexualität bei Frauen, wie Liebschaften, ledige Mutterschaft oder Prostitution, war tabuisiert und wurde als unsittlich, anormal oder triebhaft gebrandmarkt. Homosexualität begründete bei Bekanntwerden einen kastenartigen Ausschluss, der kaum mehr aufzuheben war und die ganze Person betraf. Schwulen und Lesben drohte ein sozialer Ausschluss und eine Ächtung, die einer Art „bürgerlichen Todes" gleichkam. Männliche Homosexualität wurde nach dem Paragraph 175 des Strafgesetzbuches von 1871 mit Gefängnis bestraft.

Die Geschlechterungleichheit wurde mit biologistischen Geschlechtertheorien begründet, nach denen alle Menschen biologisch eindeutig als Mann oder Frau einzustufen seien und Männer das höherstehende Geschlecht bildeten. Gegenüber Menschen mit einem uneindeutigen Geschlechtskörper, die sich heute Inter*Personen nennen, fand eine grundlegende Entnennung und Exklusion statt.

4   Zur differenzbegründeten Geschlechterordnung

Die neopatriarchale Geschlechterordnung wurde durch die fortschreitende Modernisierung ab dem frühen 20. Jahrhundert erschüttert. Im Zuge der Demokratisierung erreichten Frauen Zugang zu höherer Bildung und zum Wahlrecht. Sie hatten also eine politische Stimme und gewisse öffentliche und berufliche Präsenz errungen.

Die weitere Entwicklung des Kapitalismus führte zur Massenproduktion und zum Fordismus. Die fordistische Arbeitsorganisation stützte sich auf männliche Massenarbeiter, später auf männliche Stammbelegschaften, die als Industriearbeiter lebenslang Löhne zum Erhalt einer Familie erhielten. Vor allem junge Frauen wurden als einfache oder angelernte Arbeitskräfte in der Industrie beschäftigt und zogen zugleich in die rasch zunehmenden Büro- und Angestelltenberufe ein. Die Geschlechterdifferenz wurde in Form des Ernährer-/Hausfrauenmodells in den sich herausbildenden Wohlfahrtsstaat eingebaut und dadurch verstärkt.

Während die Bedeutung der männlichen Überlegenheit und der väterlichen Autorität gegenüber Frau und Familie zurückging, wurde nun die „biologische Geschlechterdifferenz" zum Strukturierungsprinzip der neuen Geschlechterordnung. Deswegen spreche ich von einer differenzbegründeten Geschlechterordnung. Sie wurde vor allem durch das Kollektivbewusstsein der Zweigeschlechtlichkeit – und weniger durch eine neopatriarchale Überlegenheit des Mannes – legitimiert. Dies Kollektivbewusstsein begründete die Vergemeinschaftung der Frauen in die unbezahlte Haus- und Sorgearbeit und die Vergesellschaftung der Männer auf den Arbeitsmarkt und damit die ungleiche Arbeitsteilung. Der „kleine Unterschied" brachte sozusagen die großen Folgen einer ungleichen Macht- und Arbeitsteilung per se mit sich. Die Lohnarbeit zur Absicherung der Familie wurde „dem Mann" zugeordnet und die unbezahlte Familien- und Versorgungsarbeit „seiner Hausfrau". Entscheidend war die biologistisch begründete Geschlechterdifferenz selbst und nicht mehr vorrangig die männliche Superiorität.

Die „zwei Geschlechter" wurden zunehmend als „unterschiedlich, aber gleichwertig" gesehen. In der differenzbegründeten Geschlechterordnung wurde die geschlechtliche Ungleichheit also neu mit biologischer Differenz bei sozialer Gleichwertigkeit begründet. Die Zweigeschlechtlichkeit wurde durch die Betonung des Unterschieds vertieft, aber sie wurde durch den Gleichwertigkeitsmythos zugleich nivelliert. Homosexuelle und Inter*personen wurden weiterhin marginalisiert.

Die differenzbegründete Geschlechterordnung verankerte eine tiefe geschlechtliche Ungleichheit. Aber dennoch konnte sie u. a. aufgrund der Normen der Gleichwertigkeit und der polaren funktionalen Arbeitsteilung der Geschlechter mit ihren anerkannten, aber abgegrenzten Feldern breite Mehrheiten von Frauen und Männern integrieren. Es schien, als sei der Geschlechterkonflikt in ihr stillgestellt: Die Frauenbewegungen befanden sich in einer anhaltenden Flaute. Ab den späten 1960er Jahren meldeten sie sich wieder zu Wort und kritisierten nun die differenzbegründete Geschlechterordnung fundamental. Damit läuteten sie zusammen mit der Globalisierung und Flexibilisierung des Kapitalismus den Übergang zu einer neuen Geschlechterordnung ein (vgl. Lenz 2010).

5   Im Übergang zu einer flexibilisierten Geschlechterordnung?

Meine These lautet, dass sich gegenwärtig eine mögliche Transformation zu einer flexibilisierten Geschlechterordnung ankündigt. Wie oben erwähnt, verwende ich Flexibilisierung als wertfreien, eher deskriptiven Begriff, der den Übergang zu variablen und dezentral gestaltbaren Normen im Gegensatz zu einer allgemeinen Standardisierung anzeigt. Damit soll nun nicht ein Universaltrend gesellschaftlicher Entwicklung bezeichnet werden wie etwa in der Annahme einer allgemeinen Individualisierung in der reflexiven Modernisierung bei Ulrich Beck. Vielmehr zeichnen sich Veränderungen durch Flexibilisierungen vorheriger national standardisierter Normen und Regeln ab, deren Ausgang gegenwärtig ausgehandelt wird und letztlich kontingent ist. Drei Entwicklungen liegen dieser These zugrunde:

1. Die Geschlechterkultur hat sich grundlegend gegenüber der differenzbegründeten Geschlechterordnung verändert. Das Verständnis von Geschlecht hat sich in den postindustriellen Wohlfahrtsstaaten flexibilisiert und pluralisiert (s. o.). Die neuen Frauen-, Lesben- und Schwulenbewegungen hatten die differenzbegründete Geschlechterordnung ab den späten 1960er Jahren radikal angegriffen (Lenz 2010, 2014). Auf der Ebene der Wissenschaft hat die Geschlechterforschung zur Pluralisierung und Entbiologisierung von Geschlecht beigetragen. Sie hat mit Ansätzen zur Intersektionalität und Diversität den Blick auf die Vielfalt von Geschlechterverhältnissen nach Klasse, Kultur, Migration und Begehren eröffnet. Queere Theorieansätze konzipierten auch das Begehren als vielfältig und flexibel. Inter*Personen gewinnen allmählich eine öffentliche Stimme und haben die zweigeschlechtliche Normierung des *Sex*, des Körpergeschlechts, hinterfragt.

Tendenziell wird Geschlecht nicht mehr als biologisch bestimmtes Schicksal, sondern eher als Frage variierender persönlicher Lebensentwürfe aufgefasst. In ihnen wird Geschlecht weiterhin von den Einzelnen (kritisch) individuell angeeignet und biographisch in Genderprojekte aufgenommen, also in Strategien, mit Geschlechternormen und den eigenen Ambivalenzen damit umzugehen (Connell 2013, S. 141 ff.). Weiblichkeiten oder Männlichkeiten erscheinen als persönlich formbar und gestaltbar: Die Einzelnen wählen Lebenswege für sich und konstruieren sie in biographischen Selbstentwürfen entsprechend vorgegebener institutioneller Normen. Strukturelle Anreize, Vorgaben oder Zwänge wirken aber weiter, auch wenn im öffentlichen Diskurs behauptet wird, dass „Geschlecht keine Rolle mehr spielt" oder „wir selber emanzipiert sind" (vgl. Wetterer 2003).

2. Im globalisierten Kapitalismus und Postfordismus wurden Arbeitsmarkt und Familien tiefgehend flexibilisiert, fragmentiert und pluralisiert. Während die vorigen Geschlechter- und ethnischen Grenzen durchlässig werden, vollzieht sich in miteinander verkoppelten Prozessen eine grundlegende Veränderung zwischen Produktion und Reproduktion (s. o.): Arbeitsmarkt und Beschäftigung werden insgesamt flexibilisiert und teils prekarisiert. Im oberen und mittleren Segment zeigt sich eine Ökonomisierung nach dem individuellen Humankapital. Insgesamt

aber vertiefen sich Ungleichheiten entlang der Achsen von Klasse, Migration und Geschlecht. Zugleich wird die Vergeschlechtlichung der bezahlten und unbezahlten Carework zunehmend hinterfragt und nicht mehr einfach nach (weiblichem) Geschlecht organisiert. Die Flexibilisierung der Produktion und Reproduktion wirkt komplex mit den Prozessen der Reflexivierung und Pluralisierung von Geschlecht zusammen.

3. Auch die geschlechtlichen Machtverhältnisse haben sich verändert: Wie schon aufgezeigt, wurde Gleichheit zur globalen Norm und Frauen werden in den meisten demokratischen Gesellschaften an Machtpositionen beteiligt, wenn auch weiterhin als Minderheit. Sie wirken also mit an den Debatten um und Festsetzung von institutionellen Normen. Diese Teilhabe lässt sich als grundlegender Demokratisierungsprozess einschätzen. Allerdings sind die gesellschaftspolitischen Positionen der nun neu beteiligten Frauen sehr unterschiedlich: Sie können von einer Kooperation von Feminismus und Neoliberalismus über nationalistische oder kulturalistische Ansätze in der Familien- und Mutterpolitik bis zur grundlegenden Kritik an wechselwirkenden Ungleichheiten reichen.

Im Folgenden will ich diese Veränderungen der Geschlechterordnung im Kontext postindustrieller Gesellschaften empirisch kurz umreißen.

6 Die Flexibilisierung der Geschlechterordnung in vergleichender Sicht

Ich will also einige Entwicklungen zusammenfassen, die auf eine Flexibilisierung der Geschlechterordnung in postindustriellen Wohlfahrtsstaaten hinweisen. Dabei werde ich eine vergleichende Sicht anstreben, um mögliche Entwicklungspfade und Variationen sichtbar werden zu lassen. Ich ziehe jeweils zwei Varianten der Genderwohlfahrtsregimes (vgl. Betzelt 2007) herbei: Schweden und Dänemark werden für das sozialdemokratische, Großbritannien und die USA für das liberale und Deutschland und Japan für das konservative Wohlfahrtsregime betrachtet. Das postkoloniale konservative Wohlfahrtsregime in Südkorea wird zum Kontrast einbezogen.

Die Geschlechterordnung wurde oben definiert durch die geschlechtliche Machtverteilung und Arbeitsteilung, die Normierung des Begehrens und der Körper. Legitimiert und stabilisiert wird sie durch die Geschlechterkultur. Zunächst will ich fragen, inwiefern in den verschiedenen Wohlfahrtsregimes tatsächlich eine

Pluralisierung von Geschlecht und eine Ablösung des biologistischen Geschlechtsdualismus zu beobachten ist. Im nächsten Schritt betrachte ich die Zunahme der Frauenerwerbsquoten, die in der differenzbegründeten Geschlechterordnung sehr begrenzt waren, und die Flexibilisierung und Prekarisierung der Beschäftigung nach Geschlecht. Darauf werde ich die Flexibilisierung von Familie- und Lebensformen umreißen. Schließlich fasse ich die politische Partizipation von Frauen zusammen, die in der differenzbegründeten Geschlechterordnung trotz gleicher politischer Rechte minimal war.

7 Pluralisierung von Geschlecht

Die Vorstellung der biologistischen Zweigeschlechtlichkeit wurde von den Wellen der Frauen- und Homosexuellenbewegungen angegriffen. Die institutionelle Akzeptanz oder Gleichstellung von Homosexualität kann als ein Indikator für die Pluralisierung von Geschlecht gesehen werden.[24] Ein weiteres Anzeichen ist die Haltung zu Transgender.

Während in der ersten nationalen Modernisierung männliche Homosexualität in vielen Nationen verboten wurde, zeigt sich nun weltweit eine Entwicklung zumindest zur Tolerierung von oder staatlichen Indifferenz vor intimen Begegnungen und Lebensformen, die allerdings auf Gegenbewegungen trifft.[25] 2015 war gleichgeschlechtliche Sexualität in 118 Staaten, also der großen Mehrheit, legal, aber in 75 Staaten verboten. In 103 Staaten waren die Altersgrenzen bei homo- und heterosexuellen Akten gleich. Die Menschenrechtspolitik der UN wie auch Amnesty International und Homosexuellenverbände wie die ILGA haben auf globaler Ebene darauf hingewirkt.

In einigen skandinavischen Wohlfahrtsregimes wurde Homosexualität relativ früh legalisiert, so in Dänemark um 1933 und in Schweden um 1944; andere wie

---

24 Vgl. zum Folgenden u. a. die Zusammenstellungen vonseiten der UNHCR, Amnesty International und der ILGA; https://en.wikipedia.org/wiki/LGBT_rights_by_country_or_territory#North_America; http://old.ilga.org/Statehomophobia/ILGA_State_Sponsored_Homophobia_2015.pdf; http://www2.ohchr.org/english/bodies/hrcouncil/docs/19session/A.HRC.19.41_English.pdf (Abruf am 22.9.2016).

25 Allerdings wurde gleichzeitig in anderen Gesellschaften Homosexualität stärker sanktioniert und strafrechtlich verboten, was auch auf den Einfluss fundamentalistischer evangelikaler, christlich-orthodoxer und islamistischer Kräfte zurückgeht. Die imperialistische Einflussnahme westlicher ultrareligiöser Kreise auf die Sexualpolitiken von Gesellschaften im Süden wird bisher wenig beachtet.

Finnland und Norwegen zogen zu Beginn der 1970er Jahre nach. Die registrierte Partnerschaft führten Dänemark (1989) und Schweden (1995) ebenfalls früh ein, worauf in beiden Ländern die Etablierung der gleichgeschlechtlichen Ehe und das Adoptionsrecht für homosexuelle Paare folgten. Sie verabschiedeten umfassende Antidiskriminierungsgesetze. Geschlechtswechsel (Transgender) ist rechtlich aufgrund der eigenen Entscheidung möglich.

In liberalen Wohlfahrtsregimes wie Großbritannien und den USA ist Homosexualität legal. Gleichgeschlechtliche Partnerschaften sind weitgehend institutionalisiert und seit einigen Jahren auch die Ehe und die Adoption. Allerdings sind diese Rechte wie auch homosexuelle Lebensformen sehr umstritten, da religiöse und geschlechtskonservative Kreise heftig dagegen mobilisieren. Geschlechtswechsel ist auf Antrag möglich. In Großbritannien ist Antidiskriminierung umfassend rechtlich verankert, aber in den USA sind die Ansätze dazu nach Bundesstaaten wie auch nach dem Bundesgesetz eher fragmentarisch vorhanden.

Die ausgewählten konservativen Wohlfahrtsregimes unterscheiden sich deutlich. In Deutschland wurde die Homosexualität zunächst in der DDR (1968) dann in Westdeutschland (1969) legalisiert. 2001 wurde die gleichgeschlechtliche Partnerschaft etabliert, während die Ehe und die völlige Adoption für Homosexuelle noch ausstehen. Diskriminierung nach sexueller Orientierung ist seit 2006 verboten. Geschlechtswechsel ist in Gerichtsverfahren mit gutachterlicher Empfehlung rechtlich möglich. In Japan war Homosexualität seit 1880 legal und wurde in der Subkultur toleriert, wenn sie nicht öffentlich gelebt wurde. Auf kommunaler Ebene gibt es erste Ansätze zur Anerkennung gleichgeschlechtlicher Partnerschaften, allerdings ohne rechtliche Bindung, und erste Richtlinien zu Antidiskriminierung. Im konservativen postkolonialen Regime in Südkorea war Homosexualität nie strafbar. Ein Geschlechtswechsel ist rechtlich möglich.

In allen postindustriellen Wohlfahrtsregimes außer Japan wird Homosexualität und damit die Pluralisierung von Geschlecht in rechtlich-institutionellen Regeln zur Partnerschaft anerkannt. Die Verlaufspfade unterschieden sich, wobei die sozialdemokratischen Staaten eine Pionierrolle hatten. In den liberalen Wohlfahrtsregimes entbrannten heftige Kontroversen um die Institutionalisierung und die konservativen Regimes folgten zögerlich.

8 Zur Flexibilisierung und Prekarisierung der Beschäftigung

Ich betrachte die Veränderungen in Arbeitsmarkt und Beschäftigung anhand folgender Kriterien: die Zunahme der Frauenerwerbsquoten, die Flexibilisierung der Beschäftigung nach Geschlecht, insbesondere die Zunahme von Teilzeitarbeit und befristeter Beschäftigung und Anzeichen für Lohnprekarisierung, also der Gender Wage Gap und der Niedriglohn.[26]

Die weiblichen Erwerbsquoten sind in allen betrachteten postindustriellen Wohlfahrtsregimes auf etwa 65 – 75% angestiegen und liegen nah unter den männlichen. In Südkorea betragen sie mehr als die Hälfte (vgl. Tabelle 1 im Anhang). Damit haben sich die Erwerbsquoten zwischen den verschiedenen Regimes auf hohem Niveau angenähert, während die Ausgangslagen je nach Regime sehr unterschiedlich waren.

Allerdings verlaufen die Flexibilisierung und Prekarisierung der Beschäftigung in unterschiedlichem Ausmaß zwischen den betrachteten Wohlfahrtsregimes (vgl. Tabelle 2, 3, 4). In den sozialdemokratischen Regimes liegt der Anteil der Frauen in Teilzeitarbeit bei 18 – 26%, aber in den konservativen Regimes bei etwa 37%. Bei den liberalen Regimes ergibt sich ein gespaltenes Bild zwischen 37% in Großbritannien und 17% in den USA, wo sich auch andere Formen der räumlichen und zeitlichen Flexibilisierung verbreiteten (vgl. Tabelle 2 im Anhang). In dem betrachteten Zeitraum weitete sich auch der Teilzeitanteil unter den Männern außer in Japan und den USA aus, so dass die Flexibilisierung allmählich beide Geschlechter umfasst.[27]

Auch der Anteil der befristet Beschäftigten hat zugenommen, wobei der Frauenanteil leicht unter oder über der Hälfte lieget außer bei Japan mit 60% (vgl. Tabelle 3 im Anhang). Allerdings zeigt sich dabei keine klar unterscheidbare Entwicklung nach Regimes. Zählt man die Anteile von Teilzeitarbeit und Befristung zusammen, so erreichen bereits diese irregulären Beschäftigungsformen einen Anteil von etwa

---

26 Aufgrund der Vergleichbarkeit ziehe ich dazu die OECD-Daten heran, da nur sie europäische und ostasiatische Wohlfahrtsstaaten vergleichend erfassen. Allerdings sind die Definitionen in den aufgenommen Ländern teils uneinheitlich, so dass breite Definitionen auf der Metaebene gefunden wurden, wie etwa Teilzeitarbeit als Arbeit bis zu 30 Stunden (OECD 2016, S. 227). Verglichen mit nationalen Statistiken etwa zu Deutschland und Japan sind die OECD-Trends etwa in bezug auf Teilzeitarbeit und Prekarität eher niedriger. Trotz des Vorzugs einer grundsätzlich vergleichenden Sicht auf unterschiedliche Wohlfahrtsregimes sind die OECD-Daten also begrenzt nutzbar.

27 Um die langfristige Dynamik der Teilzeitarbeit in der Frauenbeschäftigung zu erfassen, wären Zeitreihen seit den 1970er Jahren wichtig, die in diesem Rahmen nicht eingebracht werden können.

30 – 35% an der Gesamtbeschäftigung (mit Ausnahme der USA) und dieser nimmt weiter zu (OECD 2016, S. 227, 228). Dabei ist die wuchernde Vielfalt der flexibilisierten Beschäftigungsformen wie Kontraktarbeit, Leiharbeit, Soloselbständigkeit usw. noch nicht einbezogen.

Die zunehmende Prekarisierung zeigt sich nicht nur in der zunehmenden Unsicherheit der Beschäftigung, sondern auch in der Entwicklung des Niedriglohnbereichs. Dieser schwankte in Dänemark zwischen 8 – 10%. Bei einem Fünftel oder Viertel der Beschäftigten lag er 2014 in den liberalen Regimes Großbritannien (20,4%) und den USA (24,9%). In Deutschland stieg er von 2000 -2010 von einem Sechstel auf fast ein Fünftel aller Beschäftigten und fiel dann wieder leicht ab.[28] Der Gender Wage Gap war in den sozialdemokratischen Regimes am geringsten. In den liberalen Regimes und in Deutschland lag er gleich hoch bei einem Sechstel und in Japan bei einem Viertel (vgl. Tabelle 4 im Anhang).

Zusammenfassend lässt sich feststellen, dass sich eine Konvergenz in allen Regimes bei den steigenden Frauenerwerbsquoten zeigte. In den liberalen und den konservativen Regimes trat eine markante Flexibilisierung und Prekarisierung bei Frauen auf, erfasst aber zunehmend auch die männlichen Beschäftigten. Der Niedriglohnsektor war in diesen beiden Regimeformen erheblich umfangreicher als in dem sozialdemokratischen dänischen Regime. Insgesamt war eine zunehmende öffentliche Erwerbsbeteiligung von Frauen verbunden mit einer Flexibilisierung und Prekarisierung der Beschäftigten festzustellen, wie sie der These vom Übergang zu einer flexibilisierten Geschlechterordnung zugrunde liegt.

9 Zum demographischen Wandel und der Flexibilisierung der Lebensformen

Die Flexibilisierung von Lebensformen und Familie betrachte ich anhand der Entwicklung der Geburtenzahlen, der ledigen Geburten und der Scheidungszahlen.[29] Der Rückgang der Geburtenraten von 1970 bis 1995 fällt am stärksten in den konservativen Wohlfahrtsregimes Japan und Deutschland aus. In sozialdemokra-

---

28 Parallel zum demographischen Wandel und zur Bewältigung der Finanzkrise zeigt sich in Deutschland ab 2010 eine Stagnation der befristeten Beschäftigung und es Niedriglohns auf weiterhin hohem Niveau (http://stats.oecd.org/Index.aspx?QueryId=64193#; Abruf am 22.9.2016).

29 Auch hier ziehe ich aufgrund der Vergleichbarkeit mit den obigen Kautelen OECD-Daten heran; vgl. http://www.oecd.org/els/family/database.htm (Abruf am 22.9.2016)

tischen und liberalen Regimes ging die Geburtenrate weniger deutlich zurück und blieb knapp unter 2%. Frankreich hat seit langem aus bevölkerungspolitischen Motiven breite Kinderversorgung und Vereinbarkeitsmaßnahmen verankert, was sich in einer Geburtenrate von 2% auf dem Selbsterhaltungsniveau ausdrückt (vgl. Tabelle 5 im Anhang). Da der Geburtenrückgang in konservativen Wohlfahrtsregimes sich mit einer raschen Alterung der Gesamtbevölkerung verbindet, ist deren demographische Entwicklung besonders dramatisch.

Bemerkenswert ist die Zunahme lediger Geburten und Partnerschaften, auch mit Kindern (vgl. Tabelle 5, sowie http://www.oecd.org/els/family/database.htm). Besonders hoch sind sie in sozialdemokratischen Regimes und Frankreich, aber auch in Großbritannien, den USA und Deutschland sind sie beträchtlich. Die Ehe hat das Monopol der legitimen Nachkommenschaft eingebüßt. Oft wird sie konsekutiv, als nächste Stufe, nach einer Partnerschaft eingegangen, die bereits eine klare Verbindlichkeit zueinander und zu den möglichen Kindern enthält. Auch homosexuellen Ehen und Partnerschaften sind weithin anerkannt.

In Japan und Korea ist legitime Elternschaft demgegenüber weiterhin vor allem in der Ehe möglich, was sich in der sehr niedrigen Zahl nichtehelicher Kinder und Partnerschaft ausdrückt (vgl. Tabelle 5). Informelle Liebesverhältnisse nehmen zu, aber ledige Mütter werden stigmatisiert und sozial ausgeschlossen. Schließlich sind Ehen und Partnerschaften durch die Zunahme von Scheidungen (vgl. Tabelle 5) und Trennungen flexibler geworden, während sie weiterhin ein wesentliches Lebensziel darstellen.

Insgesamt zeigt sich in der Pluralisierung und Flexibilisierung von Beziehungen, Ehen und Elternschaft auch eine gestiegene Handlungsmacht von Frauen. Doch trifft diese noch kaum auf neue gleichheitliche Institutionen und Regeln, die Sicherheit und Zusammenhalt angesichts der neuen Herausforderungen zwischen flexibilisiertem Arbeitsmarkt und persönlichen Lebensformen bieten. Neue Ungleichheiten setzen an diesem Widerspruch an, indem Sorgeverantwortung (wer kümmert sich um die Kinder und die alten Eltern?) und Relationalität in die ‚selbstverantwortete Subjektivität' eines Teils der Frauen eingelassen werden, während die öffentliche Fürsorge und entsprechende Infrastruktur fragmentiert und zurückgefahren wird.

10 Zur erhöhten politischen Partizipation von Frauen

Seit den 1970er Jahren hat sich in allen betrachteten Wohlfahrtsstaaten außer in Japan die politische Partizipation der Frauen grundlegend vom weitgehenden Ausschluss zum Einschluss als bedeutende Minderheit verändert. Allerdings zeigen sich deutliche Unterschiede nach dem Regimetyp: In den sozialdemokratischen Regimes lagen sowohl der Frauenanteil in der Regierung wie auch im Parlament zwischen 40 – 55%. Im konservativen deutschen Regime erreichte er ein Drittel in Regierung und Parlament. In den liberalen Regimes lag er in der Regierung bei einem Drittel, im Parlament aber nur bei etwa einem Fünftel (vgl. Tabelle 6 im Anhang).

11 Ausblick

Die These der flexibilisierten Geschlechterordnung legt eine offene Zukunft zugrunde. Geschlecht ist reflexiv und vielfältig geworden. Der flexibilisierte und globalisierte Kapitalismus hat Ungleichheiten reorganisiert und differenziert. Humankapital, Ökonomisierung und Subjektivierung der Lohnarbeit laufen auf eine unmittelbare individuelle Unterordnung unter die kapitalistischen Leistungsnormen heraus, die in die eigene Subjektivität eingewoben wird. Doch zugleich wirken Flexibilisierung, Prekarisierung und die allgemeine Verunsicherung auf zunehmende individuelle Distanzierung und ein Bewusstwerden von Entfremdung hin (vgl. Pugh 2015 für die USA), was durch die wachsenden wechselwirkenden Ungleichheiten vertieft wird.

In den postindustriellen Wohlfahrtsstaaten sind das zweigeschlechtliche Kollektivbewusstsein und die Vergemeinschaftung der Frauen in die abhängige und unbezahlte Versorgungsarbeit in der nationalen und differenzbegründeten Geschlechterordnung aufgebrochen. Dekonstruktive Genderansätze haben diese kollektiv-weibliche Vergemeinschaftung in die Care-Arbeit relativiert. Während sie weiter wirkmächtig ist, wird die (Arbeits-) Marktsubsumtion vorrangig. Mit dem Eintritt auf den Markt sind Frauen teils unmittelbarer geschlechtlicher Unterordnung und Abhängigkeit entkommen und finden sich nun in der Abhängigkeit von Marktnormen und kapitalistischer Arbeits- und Produktionsorganisation. Das Wort von der erschöpften Gesellschaft trifft auf die vereinbarkeitsjonglierenden Mütter und Väter wie auch die Managerinnen zwischen Überstunden und Sportstudio oder die flexibilisierten Teilzeitarbeitskräfte mit wechselnden Einsatzplänen zu.

Das Reflexivwerden von Geschlecht versperrt den Weg zurück in das unterhinterfragte Kollektivbewusstsein. Es kann der (Selbst-)Anpassung an die Anforderungen im kapitalistischen Spektrum der Arbeitsformen zwischen betrieblich-qualifiziert und irregulär-prekarisiert dienen, indem diese Anforderungen in den Habitus der Beschäftigten eingehen, die so herkömmliche Grenzen für Frauen überschreiten. Aber dies Reflexivwerden kann auch Kritik und neue Aushandlungen für Gleichheit befördern. Die Zukunftsfrage lautet für mich nicht, ob Sex und Gender durchgehend sozial konstruiert sind. Ich habe argumentiert, dass bereits Geschichtswissenschaft,

Ethnologie und Soziologie die Gestaltbarkeit und Variabilität von Geschlecht in der Entwicklung der Menschheit jenseits des biologistischen Determinismus belegt haben. Vielmehr geht es darum, welche neuen Freiheits- und Solidaritätsräume, aber auch welche neuen Problemlagen das Reflexivwerden von Geschlecht eröffnet. Wichtig ist bei der Gestaltung dieser offenen Zukunft schließlich die erhöhte soziale und politische Partizipation von Frauen aus verschiedenen Klassen und Gruppen, die sie in der Gestaltung der zukünftigen Geschlechterordnung einbringen können.

Anhang: Tabellen 1 – 6

Tab. 1 Frauenerwerbsquoten[1] in verschiedenen Wohlfahrtsregimes (%)

	Frauenerwerbsquote in %			
	1973	1995	2011	2016
Dänemark	61,2	67,0	70,4	70,4
Schweden	60,8	70,9	71,9	74,0
Großbritannien	52,7	62,5	65,3	68,8
USA	48,0	64,0	62,0	63,4
Deutschland	49,7	55,3	67,7	69,9
Japan	53,4	56,4	60,3	64,6
Korea	–	50,5	53,1	55,7

1) Anteil der erwerbstätigen Frauen im Erwerbsalter (15-64) unter den Frauen dieser Altersgruppe in der Bevölkerung.
Zusammengestellt aus OECD Employment Outlook 1996: 186, 2012: 225; 2016: 217.

Tab. 2 Flexibilisierung und Prekarisierung in verschiedenen Wohlfahrtsregimes: Anteil der Teilzeitarbeit[1] an der Gesamtbeschäftigung (%)

	Anteil der Teilzeitarbeit an der Beschäftigung in %					
	1995		2011		2015	
	M.	F.	M.	F.	M.	F.
Dänemark	9,7	25,8	13,8	25,2	15,0	25,8
Schweden	6,8	24,1	9,8	18,4 l	10,6	18,0
Großbrit.	7,4	40,8	11,7	39,3	11,9	37,7
USA	8,3	20,2	8,4	17,1 l	8,4	17,4
Deutschld	3,4	29,1	8,5 l	38,0 l	9,3	37,4
Japan	–	–	10,3	34,8	12,0	36,9
Korea	2,8	6,6	10 l	18,5 l	6,9	15,9

1) Unter Teilzeitarbeit werden Beschäftigte mit weniger als 30 Stunden Wochenarbeitszeit gefasst.
l=Bruch in der Statistik
Zusammengestellt nach OECD Employment Outlook 2012: 240, 247; 2016: 227.

Tab. 3 Flexibilisierung und Prekarisierung in verschiedenen Wohlfahrtsregimes: Anteil der befristet Beschäftigten[1] an der Gesamtbeschäftigung 2015 (%)

	Anteil der befristet Beschäftigten an der Beschäftigung in %	
	Anteil der befristet Beschäftigten	Frauenanteil an befristet Beschäftigten
Dänemark	8,6	52,8
Schweden	17,2	54,6
Großbritannien	6,2	52,7
USA	4,2	48,2
Deutschland	13,1	48,4
Japan	7,5	60,5
Korea	22,3	48,2

1) Befristet Beschäftigte sind definiert als Beschäftigte mit einem festgelegten Vertragsende; dazu gehören 1) Saisonarbeiter 2) Beschäftigte in Zeitarbeit, die von ihrem Betrieb an andere Unternehmen delegiert werden 3) Personen mit spezifischen Ausbildungsverträgen (Trainees, Forschungsassistenten, Probezeiten usw.).
Zusammengestellt nach OECD Employment Outlook 2016: 229.

Tab. 4 Lohnentwicklung der Beschäftigung: Gender Wage Gap[1] und Niedriglohn[2] (%)

	Gender wage gap %		Anteil Niedriglohn unter den Beschäftigten %		
	2010	2014	2000	2010	2014
Dänemark	12	7	8,8	13,4	7,9
Schweden	14	13	–	–	–
Großbrit.	18	17	20,4	20,6	20,4
USA	19	17	24,7	25,3	24,9
Deutschl.	21	17	15,9	20,5	18,4
Japan	29	26	14,6	14,5	13,9
Korea	39	37	25,6	25,9	23,7

1) Der Gender Wage Gap ist nicht bereinigt und wird als die Differenz zwischen dem Lohnmittelwert von Frauen und Männern zu dem Lohnmittelwert von Männern berechnet (OECD Employment Outlook 2016: 239).
2) Der Niedriglohn wird als Lohn unter zwei Dritteln des Lohnmittelwerts (Median) definiert.
Zusammengestellt nach OECD Employment Outlook 2012: 240, 247; 2016: 238, 239.

Tab. 5 Entwicklung der Geburtenraten, der nichtehelichen Kinder und der Scheidungsraten

	Bruttoreproduktionsrate (TFR)[1]			Anteil nichtehelicher Geburten %			Scheidungsraten[2]	
	1970	1995	2013	1970	1995	2014	1970	2012
Dänem.	2,0	1,8	1,7	11,0	46,5	52,5	1,9	2,8
Finnl.	1,8	1,8	1,7	5,8	33,1	42,8	1,3	2,4
Norw.	2,5	1,9	1,8	6,9	47,6	55,2[3]	0,9	2,0
Schwed.	1,9	1,7	1,9	18,6	53,0	54,6	1,6	2,5
Großbrit	2,4	1,7	1,8	8,0	33,5	47,6[4]	1,0	2,1[5]
USA	2,5	2,0	1,9	10,7	32,2	40,2	3,5	2,8[5]
Deutschl	2,0	1,2	1,5	7,2	16,1	35,0	1,3	2,2
Frankr.	2,5	1,7	2,0	–	41,7	56,7[4]	0,8	2,1[5]
Japan	2,1	1,4	1,4	0,9	1,2	2,3	0,9	1,9
Korea	4,5	1,6	1,2	–	1,2	1,9	0,4	2,3

1) Die Bruttoreproduktionsrate
2) Scheidungen pro Tausend der Bevölkerung.
3) Angaben für 2013.
4) Angaben für 2012.
5) Angaben für 2011.
Zusammengestellt aus http://www.oecd.org/els/family/database.htm; Abruf am 22.9.2016.

Tab. 6 Frauenanteil in der Regierung und im Parlament 2014 (%)

	Frauenanteil in der Regierung	Frauenanteil im Parlament
Dänemark	45,5	45,0
Schweden	56,5	39,1
Großbritannien	15,6	22,6
USA	31,8	18,3
Deutschland	33,3	36,0
Japan	11,1	8,1
Korea	11,8	15,7

Zusammengestellt nach der UN Women Map on Women in Politics und der Interparlamentary Union (http://www.unwomen.org/en/what-we-do/~/media/8FD64A-021C8840AC9AE6906D50658487.ashx; http://www.ipu.org/wmn-e/classif.htm)

Literatur

Altvater, E. & Mahnkopf, B. (2007). *Grenzen der Globalisierung. Ökonomie, Ökologie und Politik in der Weltgesellschaft.* Münster: Westfälisches Dampfboot.

Appelt, E. et al. (Hrsg.) (2013). *Gesellschaft. Feministische Krisendiagnosen.* Münster: Westfälisches Dampfboot.

Atzmüller, R. et al. (2015). *Die zeitgemäße Arbeitskraft. Qualifiziert, aktiviert, polarisiert.* Weinheim et al.: Beltz Juventa.

Aulenbacher, B. et al. (Hrsg.) (2014). *Sorge: Arbeit, Verhältnisse, Regime.* In: Soziale Welt, Sonderband 20. Baden-Baden: Nomos.

Aulenbacher, B. et al. (2015). *Feministische Kapitalismuskritik.* Münster: Westfälisches Dampfboot.

Beachy, R. (2015). *Das andere Berlin. Die Erfindung der Homosexualität. Eine deutsche Geschichte 1867–1933.* München: Siedler.

Becker, R. & Kortendiek, B. (Hrsg.) (2010). *Handbuch Frauen- und Geschlechterforschung. Theorie, Methoden, Empirie.* 3. erw. Aufl. Wiesbaden: VS Verlag.

Becker-Schmidt, R. (2003). *Die doppelte Vergesellschaftung von Frauen.* http://www.fu-berlin.de/sites/gpo/soz_eth/Geschlecht_als_Kategorie/Die_doppelte_Vergesellschaftung_von_Frauen/index.html (Abruf 6.12.2016).

Becker-Schmidt, R. & Knapp, G.A. (2000). *Feministische Theorien zur Einführung.* Hamburg: Junius.

Berger, J. (2014). *Kapitalismusanalyse und Kapitalismuskritik.* Wiesbaden: Springer VS Verlag.

Betzelt, S. (2007). *„Gender Regimes": Ein ertragreiches Konzept für die komparative Forschung.* Literaturstudie. ZeS-Arbeitspapier 12. Bremen.

Blau, F. et al. (Hrsg.) (2006). *The Declining Significance of Gender.* New York: Russell Sage.

Böhle, F. (2010). *Handbuch Arbeitssoziologie.* Wiesbaden: VS Verlag.

Butler, J. (1991). *Das Unbehagen der Geschlechter.* Frankfurt am Main, Suhrkamp.

Bröckling, U. (2007). *Das unternehmerische Selbst : Soziologie einer Subjektivierungsform.* Frankfurt am Main: Suhrkamp.

Connell, R. (1999). *Der gemachte Mann.* Opladen: Leske+Budrich.

Connell, R. (2012). *Gender.* Wiesbaden: VS Verlag.

Fleig, A. (Hrsg.) (2014). *Die Zukunft von Gender. Begriff und Zeitdiagnose.* Frankfurt, New York: Campus.

Dörre, K. et al. (2009): *Soziologie – Kapitalismus – Kritik. Eine Debatte.* Frankfurt am Main: Suhrkamp.

Dörre, K. et al. (Hrsg.) (2012). *Kapitalismustheorie und Arbeit. Neue Ansätze soziologischer Kritik.* Frankfurt, New York: Campus.

Dörre, K. et al. (2014): Landnahmen im Feld der Sorgearbeit. In: Aulenbacher et al. a.a.O., S. 107-124.

Edgell, S. et al. (Hrsg.) (2016). *The SAGE Handbook of the Sociology of Work and Employment.* Los Angeles et al.: Sage.

Frevert, U. (1986). *Frauen-Geschichte. Zwischen bürgerlicher Verbesserung und neuer Weiblichkeit.* Frankfurt am Main: Suhrkamp.

Gerhard, U. (Hrsg.) (1997): *Frauen in der Geschichte des Rechts. Von der frühen Neuzeit bis zur Gegenwart.* München: Beck.

Gildemeister, R. & Wetterer, A. (2007). *Erosion oder Reproduktion geschlechtlicher Differenzierungen? Widersprüchliche Entwicklungen in professionalisierten Berufsfeldern und Organisationen.* Münster: Westfälisches Dampfboot.

Gildemeister, R. & K. Herricks (2012). *Geschlechtersoziologie. Theoretische Zugänge zu einer vertrackten Kategorie des Sozialen.* München: Oldenbourg.

Gottfried, H. (2013). *Gender, Work, and Economy. Unpacking the Global Economy.* Cambridge et al.: Polity

Haberler, H. et al. (Hrsg.) (2012). *Que[e]r zum Staat. Heteronormativitätskritische Perspektiven auf Staat, Macht und Gesellschaft.* Berlin Querverlag.

Hark, S. (2013). *Heteronormativität revisited. Komplexität und Grenzen einer Kategorie.* 1. LSBTI* Kongress 2013. http://www.zifg.tu-berlin.de/fileadmin/i44/DOKU/oeffentlich/Heteronormativitaet_Revisited_-_Komplexitaeten_und_Grenzen_einer_Kategorie_-_Sabine_Hark.pdf. (Abruf 9.12.2016).

Hark, S, Laufenberg, M. (2013). *Sexualität in der Krise. Heteronormativität im Neoliberalismus.* In: Appelt, E. et al. a. a. O., S. 227-245.

Hark, S. & Villa, P. (Hrsg.) (2015). *Antigenderismus. Sexualität und Geschlecht als Schauplätze aktueller politischer Auseinandersetzungen.* Bielefeld: transcript.

Heintz, B. (1997). *Ungleich unter Gleichen : Studien zur geschlechtsspezifischen Segregation des Arbeitsmarktes.* Frankfurt, New York: Campus.

Hirsch-Kreinsen, H. & Minssen, H. (Hrsg.) (2013). *Lexikon der Arbeits- und Industriesoziologie.* Berlin: Edition Sigma.

Höll, B. et al. (Hrsg.) (2013): *Queer. Macht. Politik. Schauplätze gesellschaftlicher Veränderung.* Hamburg: Männerschwarm

Hausen, K. (2012): Geschlechtergeschichte als Gesellschaftsgeschichte. Göttingen: Vandenhoek.

Hirsch-Kreinsen, H. & Minssen, H. (Hrsg.): *Lexikon der Arbeits- und Industriesoziologie.* Berlin: edition sigma.

Honegger, C. (1991). *Die Ordnung der Geschlechter. Die Wissenschaften vom Menschen und das Weib 1750 – 1850.* Frankfurt am Main, New York: Campus.

ILO (2014). *Profits and Poverty. The Economics of Forced Labour.* Genf: ILO.

Jessop, B. et al. (Hrsg) (2014). *Financial Cultures and Crisis Dynamics.* Oxford, Routledge.

Kahlert, H. & Weinbach, C. (Hrsg.) (2015). *Zeitgenössische Gesellschaftstheorien und Genderforschung. Einladung zum Dialog.* Wiesbaden: Springer VS.

Klinger, C. (2013). Krise war immer ... Lebenssorge und geschlechtliche Arbeitsteilungen in sozialphilosophischer und kapitalismuskritischer Perspektive. In: Appelt, E. a. a. O., S. 82-104.

Klinger, C. (2014). Selbst- und Lebenssorge als Gegenstand sozialphilosophischer Reflexionen. In: Aulenbacher et al. a. a. O., S. 21-40.

Knapp, G. A. (2012). *Im Widerstreit. Feministische Theorie in Bewegung.* Wiesbaden: Springer VS.

Lautmann, R. (2015). Sexuelle Vielfalt oder ein Ende der Klassifikationen. In: Lewandowski, S. & Koppetsch, C. (Hrsg.). *Sexuelle Vielfalt und die UnOrdnung der Geschlechter* (S. 29 – 67). Bielefeld: transcript.

Lenz, I. (1995). Geschlecht, Herrschaft und internationale Ungleichheit. In: Becker-Schmidt, R. & Knapp, G. A. (Hrsg.). *Das Geschlechterverhältnis als Gegenstand der Sozialwissenschaften* (S. 19 – 47). Frankfurt am Main, New York: Campus.

Lenz, I. (2010). *Die Neue Frauenbewegung in Deutschland. Abschied vom kleinen Unterschied. Eine Quellensammlung.* 2. Aufl.. Wiesbaden: VS Verlag.
Lenz, I. (2010a). Gender, Inequality, and Globalization. In: Schuerkens, Ulrike (Hrsg.): *Globalization and Transformations of Social Inequality* (S. 175-203). London: Routledge.
Lenz, I. (2013). Geschlechterkonflikte um die Geschlechterordnung im Übergang. Zum neuen Antifeminismus. In: Appelt, E. et al., a. a. O., S. 204-227.
Lenz, I. (2014). Geschlechter in Bewegung? Die neuen Frauenbewegungen und der Wandel der Geschlechterordnungen. In: Rendtorff, B. (Hrsg.). *40 Jahre Feministische Debatten. Resümee und Ausblick* (S. 12-30). Weinheim, Basel: Beltz Juventa.
Lenz, I. (2014). Räume in Bewegung. Zur Dynamik und Strukturierung globaler und transnationaler Geschlechterräume. In: Riegraf, B. & Gruhlich J. (Hrsg.) (2014): *Geschlecht und transnationale Räume: Feministische Perspektiven auf neue Ein- und Ausschlüsse* S. (22-44). Münster: Westfälisches Dampfboot.
Lenz, I. (2017). *Einwanderung, Geschlecht, Zukunft? Wie Deutschland sich verändert.* Leverkusen: Barbara Budrich
Lenz, I. (2017a). Equality, Difference and Participation: Women's Movements in Global Perspective. In: Berger, S. (Hrsg.). *The History of Social Movements in Global Perspective. A Survey.* London u. a.: Sage, S. 449-483.
Van der Linden, M. (2008). *Workers of the World. Essays toward a Global Labor History.* Leiden, Boston: Brill.
Lutz, H. (2007). *Vom Weltmarkt in den Privathaushalt. Die neuen Dienstmädchen im Zeitalter der Globalisierung.* Leverkusen, Opladen.
Meissner, H. (2015). Totalität und Vielfalt – gesellschaftliche Wirklichkeit als multidimensionaler Zusammenhang. In: *Prokla* 165, 41, 4, S. 543-560.
Nadai, E. & Nollert, M. (Hrsg.) (2015): *Geschlechterverhältnisse im Post-Wohlfahrtsstaat.* Weinheim, Basel: Beltz Juventa.
Nickel, Hildegard (2015): ‚Vermarktlichung' und ‚Subjektivierung'. Eine widersprüchliche und spannungsreiche Rahmung für Geschlechterverhältnisse. In: Nadai & Nollert a. a. O. S. 28-49.
Pateman, C. (1988). *The Sexual Contract.* Stanford: Stanford UP.
Pfau-Effinger, B. (2000): *Kultur und Frauenerwerbstätigkeit in Europa. Theorie und Empirie des internationalen Vergleichs.* Opladen.
Pries, Ludger (2010). *Erwerbsregulierung in einer globalisierten Welt.* Wiesbaden: VS-Verlag.
Schiebinger, L. (1995). *Am Busen der Natur. Erkenntnis und Geschlecht in den Anfängen der Wissenschaft.* Stuttgart : Klett-Cotta.
Schröter, S. (2002). *FeMale. Über Grenzverläufe zwischen Geschlechtern.* Frankfurt am Main: Fischer.
Soiland, T. (2008). *Die Verhältnisse gingen und die Kategorien kamen. Intersectionality oder Vom Unbehagen an der amerikanischen Theorie.* https://www.querelles-net.de/index.php/qn/article/view/694/702 (Abruf 6.12.2016).
Streeck, W. (2016). *How Will Capitalism End? Essays on a Failing System.* London: Verso.
Treibel, A. (2015).‚Frauen sind nicht von der Venus und Männer nicht vom Mars, sondern beide von der Erde, selbst wenn sie sich manchmal auf den Mond schießen könnten' – Elias und Gender. In Kahlert & Weinbach a. a. O. S. 83-104.
Villa, Paula (2009). Feministische und Geschlechtertheorien. In: Schroer, M. & Kneer, G. (Hrsg.). *Soziologische Theorien. Ein Handbuch.* S. 201-217. Wiesbaden: VS,

Völker, S. (2015). Prekarisierung als Herausforderung für die Geschlechterforschung. In: Nadai & Nollert a.a.O. S. 72-94.
Voß, H.J. & Wolter, S. A. (2013). *Queer und (Anti)Kapitalismus*. Stuttgart: Schmetterling.
Wagner, P. (1995). *Soziologie der Moderne: Freiheit und Disziplin*. Frankfurt am Main, New York.
Weiner, A. (1976). *Women of Value, Men of Renown. New Perspectives in Trobriand Exchange*. Austin et al.: University of Texas Press.
Wetterer, Angelika (2003): Rhetorische Modernisierung. Das Verschwinden der Ungleichheit aus dem zeitgenössischen Differenzwissen. In: Knapp, G.A. & Wetterer, A. (Hrsg.) (2003): *Achsen der Differenz. Gesellschaftstheorie und feministische Kritik II* (S. 286-319). Münster: Westfälisches Dampfboot.
Wetterer, Angelika (2010): Konstruktion von Geschlecht: Reproduktionsweisen der Zweigeschlechtlichkeit. In: Becker, R. & Kortendiek a.a.O., S. 126-136.
Young, B. et al. (Hrsg.) (2012). *Questioning Financial Governance from a Feminist Perspective*. Milton Park: Routledge.

Verzeichnis der Autor*innen

Mechthild Bereswill, Prof. Dr., Universität Kassel. Arbeitsschwerpunkte: Geschlechterforschung insbesondere zum Zusammenhang von sozialer Kontrolle, sozialer Ungleichheit und Geschlecht, Intersektionalität, Inklusion, methodologische Ansätze einer rekonstruktiven Sozialforschung.

Raewyn Connell, Prof. em. Dr., Universität Sidney, Professuren u. a. in den USA, Marie-Jahoda Gastprofessorin für Internationale Geschlechterforschung an der Ruhr-Universität Bochum (1999). Arbeitsschwerpunkte: Geschlechtertheorie, kritische Männlichkeitenforschung und postkoloniale Machtverhältnisse in Gesellschaft und Wissenschaft. Beraterin der UN zu Geschlechtergleichheit und Friedenspolitik.

Sabine Evertz, M.A., wissenschaftliche Mitarbeiterin an der Hochschule Düsseldorf. Kooperatives Promotionsprojekt im Bereich der Bildungssoziologie an der Hochschule Düsseldorf und der Universität Duisburg-Essen. Arbeitsschwerpunkte: Bildungssoziologie, Soziale Ungleichheit, Intersektionalität.

Diana Lengersdorf, Prof. Dr., Universität zu Köln, Humanwissenschaftliche Fakultät & GeStiK. Arbeitsschwerpunkte: Geschlechtersoziologie, Arbeits- und Organisationssoziologie, Science & Technology Studies, Soziologie sozialer Praktiken.

Ilse Lenz, Prof. em. Dr., Ruhr-Universität Bochum, Gastprofessuren in Japan. Arbeitsschwerpunkte: Frauenbewegungen in globaler Perspektive, Globalisierung, Arbeit, Geschlecht; wechselwirkende Ungleichheiten zwischen Klasse, Migration und Geschlecht.

Gundula Ludwig, Dr., Universität Wien, APART-Stipendiatin der Österreichischen Akademie der Wissenschaften; Gastwissenschaftlerin u. a. an der University of California/Berkeley und am Zentrum für transdisziplinäre Gender Studies der Humboldt-Universität zu Berlin; Arbeitsschwerpunkte: Politische Theorie (v. a. Staats-, Macht- und Demokratietheorien), Feministische Theorie, Queer Theorie, Körpertheorien.

Michael Meuser, Prof. Dr., TU Dortmund, Fakultät 12, Institut für Soziologie. Arbeitsschwerpunkte: Soziologie der Geschlechterverhältnisse, Wissenssoziologie, Soziologie des Körpers, Methoden qualitativer Forschung.

Allison Pugh, Prof. Dr., University of Virginia Sociology Department, Marie-Jahoda-Gastprofessorin für Internationale Geschlechterforschung an der Ruhr-Universität Bochum (2013), Mitherausgeberin für Kultur der Zeitschrift Contexts zur breiten Vermittlung soziologischer Forschung. Arbeitsschwerpunkte: Flexibilisierung; Emotionen und Geschlecht in Arbeit und Beziehungen; Beziehungsarbeit in Familien, Konsumkultur, Ungleichheit und Geschlecht, qualitative Methoden.

Saida Ressel, Dipl. Pol., aktuell Jugendbildungsreferentin beim Deutschen Gewerkschaftsbund, zuvor wissenschaftliche Mitarbeiterin an der Ruhr-Universität Bochum mit folgenden Arbeitsschwerpunkten: Intersektionalität, Arbeits- und Geschlechterverhältnisse, Soziale Bewegungen und Gewerkschaften im globalisierten Kapitalismus, Feministische Theorie und Marxismus, Care-Arbeit.

Verónica Schild, Prof. Dr., University of Western Ontario, Centre for the Study of Theory and Criticism für Politikwissenschaft. Arbeitsschwerpunkte: Vergleichende Politikwissenschaft und Politik in Lateinamerika, Geschlecht, Sexualität und Gerechtigkeitskämpfe in Lateinamerika, kritische Theorie insbesondere zu feministischen Fragen, neoliberaler Gouvernmentalität und Citizenship.

Paula-Irene Villa, Prof. Dr., Lehrstuhlinhaberin für Soziologie/Gender Studies an der LMU München, seit 2013 Mitglied im Vorstand der Deutschen Gesellschaft für Soziologie und Mitbegründerin der Wiss. Fachgesellschaft GeschlechterStudies, dort 2010 – 2014 im Vorstand. Arbeitsschwerpunkte: Biopolitik, soziologische und Geschlechtertheorie, Science & Gender, Körper- und Kultursoziologie, postkoloniale Perspektiven.

Christa Wichterich, Dr. rer. pol., freie Publizistin, Gastprofessorin für Geschlechterpolitik an der Universität Kassel. Mitglied im wissenschaftlichen Beirat von attac und im europäischen Netzwerk Women in Development Europe (WIDE+). Arbeitsschwerpunkte: Globalisierung und Gender, internationale Frauenbewegungen, feministische Ökologie; regionaler Schwerpunkt: Süd- und Südostasien, Ost- und Südafrika.

Druck

Canon Deutschland Business Services GmbH
Ferdinand-Jühlke-Str. 7
99095 Erfurt